D1734200

Cora G. Molloy

Die wertlose Gesellschaft

Roman

Bibliographische Informationen der Deutschen Nationalbibliothek:

Die Deutsche Nationalbibliothek verzeichnet diese Publikation in der Deutschen Nationalbibliographie ; detaillierte bibliographische Daten sind im Internet unter: http://dnb.dnb.de abrufbar.

Verlag: BoD · Books on Demand GmbH, In de Tarpen 42, 22848 Norderstedt
Druck: Libri Plureos GmbH, Friedensallee 273, 22763 Hamburg

ISBN: 978-3-7597-9551-9

Für alle Rosies

Wenn ich mich nur erinnern könnte! Aber die Erinnerungen sind wie ausgelöscht und wollen sich einfach nicht wieder einstellen. Es sind schon ein paar Wochen vergangen, aber immer noch weiß ich meinen Namen nicht. Noch immer hat sich niemand gefunden, der mich kennt. Es ist, als ob ich gar nicht existieren würde. Meine Gedanken erscheinen mir wie eine Schale kleiner Splitter, die einmal eine Form hatten, aber nun zerbrochen sind und in keiner Weise erkennen lassen, wie sie mal zusammengehörten. Am Anfang, nach meinem Unfall, kam mir die Welt fremd vor, kam mir auch mein Körper ganz fremd vor. Er fühlte sich so an, als würde er nicht zu mir gehören. Wie ein unpassendes Kleidungsstück, das man anbehalten muss, weil nichts anderes zur Verfügung steht. Nun habe ich mich langsam wieder an diesen Körper gewöhnt und wir fangen an, wieder eine Einheit zu bilden. Aber trotzdem traue ich ihm nicht so richtig, weil mein Kopf zwar nach außen gesund erscheint, mir jedoch nicht gehorchen will und die Schubladen meiner Vergangenheit einfach nicht für mich öffnet. Wie soll ich meinem Körper und meinem Geist vertrauen, wenn er doch Geheimnisse vor mir hat? Wenn er mich vor mir selbst verbirgt?

Andere Patienten kommen und gehen, wie eine vergessene Puppe im Spielzeugladen sitze ich hier und beobachte die Menschen um mich herum. Nicht nur ich habe mich vergessen, die anderen offensichtlich auch. „Frau-ohne-Chip" nennen sie mich insgeheim. Als ob ich das nicht mitbekommen würde. Während alle anderen ihre Identität auf einem implantierten Chip mit sich herumtragen, habe ich nun mal keinen. Warum, weiß nur die vor mir verborgene Hälfte. Mir wurde gesagt, dass der Chip, der zur Identifizierung dient, seit 50 Jahren jedem Säugling implantiert wird. Die wichtigsten Daten sind darauf gespeichert: Name, Geburtsdatum und -ort, Wohnort, Aufenthaltsorte der letzten 48 Stunden, neben medizinischen Informationen zu Krankheiten, Allergien, Operationen und sonstigen im Notfall relevanten Dingen. Auch Zahlungen und Bankgeschäfte können mit dem Chip erledigt werden, genauso, wie er als Zugangsschlüssel zur eigenen Wohnung dient.

Nun, was Krankheiten und Allergien angeht, so habe ich wohl keinen Chip nötig, alle Untersuchungen haben ergeben, dass ich ausgesprochen gesund bin. Wie ich es bisher geschafft habe, zu bezahlen, ist mir nicht klar, aber offensichtlich ging das ja - auch ohne Chip.

Ohne einen Namen fühle ich mich nicht existent. Aber es gibt mich ja, wenn ich in den Spiegel schaue, dann sehe ich mich immerhin. Mein Bild wurde in den Nachrichten und sozialen Medien weltweit verbreitet, dennoch fand sich niemand, der etwas über mich zu sagen hatte. Also, vielleicht gibt es mich gar nicht, und ich glaube nur, dass ich existiere?

Ich schlafe schlecht. Manchmal erinnere ich mich an merkwürdige Träume, von denen ich nicht einschätzen kann, ob sie mir meine Vergangenheit, meine Zukunft oder meine Hirngespinste, Hoffnungen und Ängste zeigen. Wahrscheinlich ein bisschen von allem, aber wie sollte ich das auseinanderhalten?

Heute ist Silvester. Um Mitternacht beginnt nicht nur ein neuer Tag, sondern gleich ein neues Jahr. Um mich herum herrscht ziemliche Aufregung. Es gibt eine Party. Silvester scheint wichtig und muss offensichtlich gefeiert werden. Die aufgeregte Stimmung, die leise Erwartung auf ein neues Jahr, Hoffnungen, dass alles besser wird, übertragen sich ein Stückweit sogar auf mich, auch wenn ich die Hoffnungen nicht so wirklich teilen kann.

Rosie, eine ungefähr 80-jährige, fröhliche Frau, die unter Demenz leidet und sich nicht an ihre eigenen Verwandten erinnern kann, wenn sie sie sieht, strahlt mich an. „Silvester habe ich meinen Gustaf kennengelernt. Nachher holt er mich ab und wir gehen tanzen, wie jedes Jahr. Sehe ich denn gut aus?" – „Wunderschön", bestätige ich ihr und wenn ich ihre glänzenden Augen ansehe, dann ist das auch kein bisschen gelogen. Traurig stimmt mich, dass ich weiß, dass Gustaf vor ungefähr 5 Jahren verstorben ist und sie in keinem Fall mit ihm tanzen gehen wird. „Was für ein wundervoller Tag", schwärmt sie und bemerkt plötzlich, dass ich nicht so glücklich bin wie sie und setzt hinzu: „Warum bist du so traurig? Holt dich niemand zum tanzen ab?" – „Nein", antworte ich ehrlich. „Die Welt hat mich vergessen. Ich weiß ja nicht einmal wie ich heiße!" Eine Welle der Hoffnungslosigkeit und Trauer reißt mich mit und die Tränen beginnen zu fließen. Rosie schaut mich aufmerksam an und unvermittelt streicht sie mir mit einer Hand über die Wange. „Ach Mädchen, wenn keiner weiß, wer du bist, dann kannst du doch sein, wer du willst!" Und ihr Blick ist so klar und intensiv und tut mir so gut. Sie sieht in diesem Moment MICH - wer auch immer ich bin.

Es spielt keine Rolle, dass sie nichts von mir weiß. Ich bin da und sie ist da und sie nimmt mich wahr und schenkt mir ihre volle Aufmerksamkeit. In mir entzündet sie mit diesen Worten eine kleine Flamme. „Wenn keiner weiß, wer du bist, dann kannst du doch sein, wer du willst!" Die Worte hallen durch meinen Körper, mein Kopf schreit „Hurra, das ist es!", mein Herz sagt: „So findest du dich selbst wieder, auch ohne Erinnerung!" Und mein Bauch jubiliert: „Das fühlt sich so gut an!"

„Rosie", setze ich an und möchte ihr danken, aber die Klarheit ist aus ihren Augen verschwunden, sie schaut in die Ferne. „Haben Sie Gustaf, meinen Mann, irgendwo gesehen?", fragt sie mich und hat offensichtlich jede Erinnerung an diesen Moment gerade schon verloren. „Er kommt sicher gleich, Sie wollen doch heute tanzen gehen", antworte ich ihr freundlich und sehe, wie ihr Gesicht aufleuchtet. Ich mag keine Erinnerung an die Vergangenheit haben, aber ich erinnere mich an das, was gerade geschieht und ich kann meine Zukunft sehen. Plötzlich gibt es eine Perspektive auf eine Zukunft für mich, die ich bis vor ein paar Minuten noch nicht gesehen habe. Rosie steht auf und geht in den Raum, aus dem die Musik für die Silvesterparty erklingt. „Danke, Rosie", flüstere ich ihr hinterher.

„Wenn keiner weiß, wer du bist, dann kannst du doch sein, wer du willst!"

Zum ersten Mal seit Wochen lächle ich aus tiefstem Herzen. Die Hoffnungslosigkeit und Schwere, die mich fast erdrückt und jeden meiner Gedanken dominiert haben,

haben nun einen Gegenspieler bekommen: ich kann sein, wer ich will, und kann neue Erinnerungen schaffen! Dass ich keinen Namen habe und keine Vergangenheit bedeutet nicht, dass ich nicht existiere. Rosie hat mich gesehen! Und andere werden folgen.

„Ich kann sein, wer ich will!" – ein Satz, der alle Türen für mich öffnet, eine Chance und ein Lichtblick und eine neue Welt voller Fragen.

Anstelle der Frage „Wer bin ich?", zu deren Beantwortung mir die Erinnerung an die Vergangenheit fehlt, kann ich nun auf das Hier und Jetzt und die Zukunft blicken: „Wer will ich sein?", denn das ist eine Frage, auf die ich Antworten finden kann! In der die Vergangenheit eine untergeordnete Rolle spielt. Ein wohliges Gefühl breitet sich in mir aus, Aufbruchstimmung zu einem neuen Anfang …

*D*as war gestern doch etwas zu viel Alkohol zur Silvesterparty, mein Kopf dröhnt etwas, und ich verfluche mich innerlich, dass ich mich für den Dienst am Neujahrstag eingeteilt habe. Andererseits ist es in der Regel ein sehr ruhiger Tag und insofern hoffe ich, dass das auch heute so ist, während ich an meinem Kaffeeccino nippe und mit leerem Kopf vor mich hinstarre.

Es klopft leise an meiner Tür. „So viel zum Thema ruhiger Tag", denke ich noch, während mein Mund schon automatisch mit einem deutlich vernehmbaren „Herein" antwortet. Mein Blick liegt auf der Tür, die sich vorsichtig öffnet. Zu meiner Überraschung ist es keine der Schwestern, sondern eine Patientin, die schüchtern durch den Türspalt lugt. Es ist die Frau-ohne-Chip, wie wir sie mangels irgendwelcher Anhaltspunkte ihrer Identität heimlich nennen - an ihrem Blick sehe ich sofort, dass irgendetwas anders ist, sie hat ein hoffnungsvolles Funkeln in den Augen. Vielleicht hat sie sich nun doch an etwas erinnert, obwohl ich damit nicht mehr wirklich gerechnet habe. In den letzten Wochen zeigte sie zunehmende Anzeichen einer depressiven Verstimmung – was aufgrund ihrer Gesamt-situation ja nicht überraschend ist. Die Sitzungen mit ihr wurden zunehmend schweigsamer, aber heute hat ihr Blick etwas Kraftvolles und Entschlossenes. „Hätten Sie einen kurzen Moment für mich?", fragt sie zögernd. „Aber sicher, kommen Sie herein", lächle ich sie an und mache eine einladende Bewegung in Richtung meines Besucherstuhls, „setzen Sie sich doch." Ich bemerke, wie vorsichtig und leise sie sich bewegt, als sie die Tür schließt und anschließend Platz nimmt. Zunächst sagt sie nichts, als ob es ihr schwerfiele einen Anfang oder die richtigen Worte zu finden, und eine merkwürdige Stille entsteht. Gespannt warte ich, bis sie das Gespräch eröffnet.

„Ich ..., ich ... weiß nicht so recht, wie ich es ausdrücken soll", beginnt sie, „aber ich hatte gestern ein Gespräch mit Rosie und sie hat zu mir gesagt, dass ich doch sein kann, wer ich will, wo doch keiner weiß, wer ich bin. Und ... auch wenn ich nicht weiß, wer ich war, dann kann ich doch vielleicht herausfinden, wer ich bin ... und vielleicht ja die beste Version von mir selbst werden?" Sie verstummt und

blickt mich mit fragenden Augen an. Mir ist klar, dass meine Reaktion jetzt für sie extrem wichtig ist.

Ich erwidere ihren Blick und lächle sie an, als ich sage: „Das ist ein ganz großartiger Ansatz!" Sie strahlt mich erleichtert an, was mir klar macht, dass mein bisheriger Fokus unserer Gespräche auf die Vergangenheit für sie dazu geführt hat, nur auf das zu schauen, was fehlt, sozusagen auf ihr Defizit. Aber dass sie natürlich trotzdem eine Persönlichkeit hat und „jemand ist", ist mir dabei aus dem Blick geraten. Ich schäme mich in diesem Moment dafür, denn damit habe ich dazu beigetragen, dass sie sich unvollständig und schlecht gefühlt hat. Statt sie zu bestärken, habe ich sie mit meinen Fragen, die ihr helfen sollten, sich an Vergangenes zu erinnern, dazu beigetragen, dass sie bei sich selbst nur die fehlende Erinnerung wahrgenommen hat. Als Ent-schuldigung vor mir selbst halte ich mir zugute, dass es einen Fall wie den ihren ja in meiner ganzen Berufspraxis noch nicht gegeben hat. Während wir sonst klare Behandlungsmuster haben, die auch harte Fälle von Amnesie durchbrechen konnten, indem die Patienten mit ihrer Vergangenheit konfrontiert wurden, hatte ich bisher bei dieser Frau so keinen richtigen Plan, wie ich ihre Erinnerungen reaktivieren kann. Aber sie hat recht. Rosie, diese schlaue Füchsin, hat recht: Es kommt ja nicht nur darauf an, was in der Vergangenheit war, sondern es ist wichtig, was im Jetzt ist. Und eine Gegenwart und eine Zukunft hat diese Frau! „Wir werden uns also in unseren zukünftigen Sitzungen darauf fokussieren, wie Sie die beste Version von sich selbst sein können", fasse ich die Essenz unseres Gespräches zusammen und sehe, wie sie meine Worte mit einem eifrigen Nicken bekräftigt.

In diesem Augenblick klingelt mein Telefon und sie steht schnell auf mit den Worten: „Das wollte ich nur kurz besprechen, ich gehe jetzt wieder.", während sie mit erstaunlicher Leichtigkeit den Raum verlässt. „Domas", nehme ich den Anruf an, während ich ihr lächelnd und auch noch etwas verwundert über dieses überraschende Gespräch nachblicke. „Ein schönes neues Jahr, Doro", erklingt die Stimme meiner Mutter. Das Gespräch mit meiner Patientin beschäftigt mich noch, so dass ich ihr gar nicht richtig zuhöre, sondern während ich ihre Worte ganz entfernt höre, meine Gedanken noch bei der Patientin verweilen und der neu aufkeimenden Hoffnung, dass ich doch etwas für sie tun kann, und sie vielleicht doch ihren Platz in unserer Gesellschaft finden kann. Als mein Blick zufällig auf die Fahne der „Globalen Union" fällt, die ich schon lange nicht mehr so richtig angesehen habe, dringt mir unser Landesmotto gefühlt zum ersten Mal wirklich ins Bewusstsein, das in gelben Buchstaben darauf zu lesen ist: „Sei wer du willst!" Wie konnte ich diesen Grundpfeiler unserer Gesellschaft vergessen? Wir sind schließlich stolz darauf, dass jeder Mensch das Leben leben kann, das für ihn/sie/es passt.

„Doro? ... Doro!", dringt die Stimme meiner Mutter wieder in mein Bewusstsein, „Bist du noch da?" – „Sorry, Mum, ich hatte hier gerade eine Patientin.", entschuldige ich mich. „Ach ja, die Arbeit... Ich hatte dich gefragt, was du heute Abend gerne essen möchtest. Du kommst doch?" – „Ja,

sicher, das ist doch unsere Tradition! Und ich freue mich darauf!" Und daraufhin setze ich das Gespräch mit meiner Mutter mit meiner ungeteilten Aufmerksamkeit fort.

Das Gespräch mit Dr. Domas hat mich bestärkt, und ihre Unterstützung für mein Unterfangen, mich selbst zu finden oder sollte ich sagen, mich selbst zu „erfinden"? Denn diesen Aspekt sehe ich darin auch. Nachdem meine anfängliche Euphorie am gestrigen Abend verschwunden war, waren nämlich auch Zweifel hochgekommen. Eine innere Stimme, die mir immer wieder sagte: „So funktioniert das nicht! Ohne eine Vergangenheit hast du keine Zukunft. Nur die Vergangenheit zeigt dir, wer du wirklich bist, und alles was du jetzt herausfindest, ist nur Augenwischerei und sagt nichts darüber, wer du wirklich bist. Du kannst selbst glauben, ein netter, guter Mensch zu sein, aber wer weiß, was du in der Vergangenheit getan hast? Vielleicht hast du gestohlen, gelogen oder sogar jemanden umgebracht? Oder wenn du nicht Täter warst, dann warst du vielleicht ein Opfer und warst dein Leben lang irgendwo eingesperrt, wurdest missbraucht und hast deshalb keinen Chip. Und vielleicht verweigert dein Gehirn den Zugang zu deiner Vergangenheit als Schutz vor den traumatischen Erlebnissen, weil du einfach ein kaputter Mensch bist!" Und diese Worte taten unendlich weh. Aber gleichzeitig erwiderte hier die andere Stimme, Rosies freundliche, leise Stimme: „Was auch immer in deiner Vergangenheit war, auch wenn es dich geprägt hat, so kannst du doch einfach schauen, wer du jetzt bist und wer du sein möchtest und über deine Persönlichkeit herausfinden, wie deine Vergangenheit war, aber noch wichtiger, wie du deine Zukunft gestalten möchtest! Und vor allen Dingen lebst du JETZT – und jetzt ist das, was zählt, denn nur im Jetzt stellst du die Weichen für deine Zukunft!"

Während ich letzte Nacht versuchte zu schlafen, unterhielten sich diese Stimmen die ganze Zeit und mal fühlte ich mich zuversichtlich, mal sehr niedergeschlagen, aber letztlich gewann die Stimme Rosies und die Entscheidung, mich selbst kennenzulernen und auf mich im Jetzt zu schauen, statt unbeweglich auf den Nebel der Vergangenheit zu starren und darauf zu warten, dass er sich lichtet, um mir zu zeigen, wer ich bin. Die Kraft dieser Erkenntnis gab mir den Mut, bei Dr. Domas vorzusprechen, denn ich wollte wissen, ob sie mich in diesem Unterfangen unterstützen würde oder ich das allein mit mir ausmachen müsste. Jetzt fühle ich mich stark und entschlossen wie noch nie in meinem Leben – und das ist einfach zu sagen, wenn der Teil des Lebens, an den man sich erinnert, so kurz ist – und ein glückliches Strahlen möchte einfach nicht mehr aus meinem Gesicht weichen.

Graciella

Im Aufenthaltsraum, dem „Wohnzimmer", setze ich mich in die Ecke am Fenster neben dem Buchregal. Die Sonne scheint leicht durch die Scheiben herein und ich denke: „Was für ein schöner Tag ist das heute!", während ich meinen Blick im Raum umherschweifen lasse. Bisher hatte ich immer wenn ich mich umsah, darüber nachgedacht, ob mich irgendwas in diesem Raum an etwas erinnert oder erinnern könnte, heute sehe ich mich einfach um, ohne meine Wahrnehmung mit dieser Erwartung zu überfrachten. Ich sehe Brandon, wie er über seinem Smartable gebeugt dasitzt, völlig absorbiert und um sich herum gar nichts wahrnimmt. So ein Smartable, das habe ich inzwischen gelernt, ist ein modular zusammengesetzter Computer, der flexibel zum Telefonieren, Internet konsumieren, Arbeiten und in Kombination mit Kopfhörern auch zum Filme schauen und Musik hören eingesetzt wird. Offensichtlich kann er auch mit dem Chip verbunden werden, was weitere Funktionalitäten ermöglicht, die sich mir aber noch nicht erschlossen haben und, um ehrlich zu sein, auch ziemlich egal sind. Ein Smartable hat heute eigentlich jede/r/s, wurde mir gesagt. Nun, ich nicht und wenn ich mir Brandon so ansehe, dann halte ich das für ein Gerät mit ziemlichem Suchtfaktor. Ich sehe Jackie, die wie ein Tier im Käfig mit schnellen Schritten immer wieder den Gang auf- und abläuft und dabei vor sich hinmurmelt. Rosie und Agnes spielen in der anderen Fensterecke Schach. Obwohl in Rosies Gedächtnis die Demenz so viel auslöscht, ist Schach etwas, woran sie sich erinnert, und sie ist ziemlich gut darin. Ich kann mich nicht erinnern, dass ich schon einmal gesehen habe, dass Agnes gewonnen hat. Ganz in sich selbst versunken sitzt Kiki auf einem Stuhl und zeichnet irgendetwas auf ihrem Smartable. Viktor betritt den Raum und telefoniert. Er telefoniert eigentlich immer und ich frage mich, warum er eigentlich hier ist, wo er doch ständig Geschäftsanrufe tätigt und nicht den Eindruck macht, als ob er irgendetwas vergessen hätte oder Erinnerungslücken hat. „Verkaufen, auf jeden Fall verkaufen", höre ich ihn sagen, während er mit raschen Schritten vorbei geht, als wäre er unterwegs zu seinem nächsten Termin.

Graciella tanzt in den Aufenthaltsraum. Mit kleinen Kopfhörern schottet sie sich gegen die anderen ab und mit anmutigen Bewegungen der Arme gleitet sie elegant durch den Raum, als wäre er ihre Bühne, obwohl sie ihre Zuschauer nicht wahrnimmt, und – wenn ich mich so umsehe – ihre potenziellen Zuschauer sie auch nicht wahrnehmen. Ich beobachte sie, wie sie sich rhythmisch bewegt und bedauere, die Musik nicht hören zu können, denn es ist wirklich ein schöner Anblick, und sie scheint großes Talent zu haben. Sie wirkt so eins mit der Musik, eins mit sich selbst, zufrieden und glücklich, dass ich sie fast schon ein wenig darum beneide. Sie ist noch nicht lange hier, durch ihren Zugang zur Musik oder besser: den Zugang zu sich selbst durch die Musik, hat sie sich im Vergleich zu den ersten Tagen schon sehr verändert und ist aufgeblüht.

Als sie kam, sah sie grau und „welk" aus. Sie dürfte so um die vierzig Jahre sein, eine hübsche Frau mit graugrünen Augen, einer flotten Kurzhaarfrisur und einem eleganten Anzug bekleidet. Gleichzeitig wirkte ihr Gesicht verbraucht und leer, sie war fürchterlich geschminkt, der Lippenstift war sehr dick und ungleich über die Lippenränder geschmiert, der Mascara um die Augen verwischt und der Lidschatten auf beiden Augen von unterschiedlicher Farbe, ziemlich übertrieben bis zu den Augenbrauen, auf der einen Seite auch darüber hinweg aufgetragen. Es wirkte fast, als hätte ein Kleinkind hier mit dem Schminkkasten experimentiert und die grellen Farben standen im krassen Gegensatz zu den ausdruckslosen Augen. Als ich sie so kurz nach ihrer Ankunft sah, berührte und schockierte mich ihr Anblick. Weniger wie sie aussah, sondern mehr, was sie ausstrahlte, dass sie wie eine leere Hülle wirkte, die Gestalt eines Menschen, in der aber niemand zuhause war. Wahrscheinlich - so wird mir gerade klar - hat mich das so sehr berührt, weil ich mir der Trennung von Körper und Geist (oder Seele oder Persönlichkeit?) durch meine eigene Situation besonders bewusst war. Anders als bei Graciella, deren Körper präsent war, während ihre Seele verschwunden schien, war mein Geist wach, aber es fehlte ihm an Verbindung zu meinem Körper und noch mehr zu mir selbst, zu meiner Seele.

Die Pflegenden hatten darüber gesprochen, dass ihr Mann sie nicht ansprechbar im häuslichen Garten gefunden habe, als er nach einem längeren Filmdreh nach Hause gekommen sei. Graciella Liono ist mit einem erfolgreichen

Schauspieler verheiratet, für den offensichtlich viele schwärmen, und um den man sie mehr zu beneiden scheint als um den eigenen geschäftlichen Erfolg. Und den hat sie: erfolgreiche Managerin eines Firmenimperiums, das zahlreiche soziale Internetplattformen unterhält, und tatsächlich eine der reichsten und erfolgreichsten Frauen des Landes. Als ihr Mann sie fand, war sie völlig orientierungslos, und selbst als sie wieder auf Ansprache reagierte, konnte sie nicht sagen, wer sie ist und erkannte auch ihren Mann nicht. Nun, als ich sie nach ihrer Ankunft da wie ein Häufchen Elend sitzen sah, und sie selbst nicht mehr wusste, wer sie war, hätte ich all das nicht vermutet. Und auf den Hochglanzbildern, die ich danach von ihr gesehen habe, hätte ich sie auch nicht wiedererkannt. „Vielleicht habe ich mich ja auch einfach äußerlich sehr verändert, weshalb mich in den Medien niemand wiederkannte?", schießt es mir kurz durch den Kopf.

Wenn ich mir Graciella in diesem Moment ansehe, wie sie selbstversunken tanzt, dann erscheint sie mir wie eine ganz andere Frau. Weder die Frau von den Bildern noch die zusammengefallene Gestalt ihrer Ankunft hier. Sie sieht aus wie jemand, der ganz bei sich selbst ist, auch wenn sie die Welt um sich herum ausschließt. Wie ein unschuldiges Kind, das einfach die Freude an Musik und Tanz lebt und mit dem ganzen Körper ausdrückt. Die Musik hat ihr geholfen, wieder einen Zugang zu sich selbst zu finden, und ich beschließe, mehr über meinen eigenen Musikgeschmack herauszufinden, da mir das ein guter Schlüssel erscheint, um etwas über mich herauszufinden.

Rosie hat inzwischen Agnes beim Schach geschlagen und ihre Augen blitzen fröhlich, während sie sich anschließend suchend umsieht und unmittelbar laut und besorgt nach Gustaf fragt. Bevor sie sich aufregen kann, dass er nicht da ist, kommt einer der Pflegenden und spricht mit ihr. „Ihr Mann ist bei der Arbeit", höre ich ihn freundlich sagen und Rosie lächelt verlegen. „Ach, natürlich, das hatte ich vergessen."

Es ist schon ein eigenartiger Ort hier, aber ich vermute auch irgendwie ein Spiegel der Welt draußen, die mir fremd ist, während ich hier so langsam anfange, mich irgendwie zuhause zu fühlen. Das ist in Anbetracht der Tatsache, dass es mir ja an Erinnerungen oder Vergleichsmöglichkeiten – je nachdem, wie man es betrachten möchte – fehlt, nicht verwunderlich. Die Räumlichkeiten, der Tagesrhythmus, die Pflegenden, Ärzte, Therapeuten und Patienten sind meine kleine Welt. Mein Schutzraum in gewisser Weise, in der ich mir über bestimmte Dinge keine Gedanken machen muss, sondern die Zeit und Möglichkeit habe, mich auf mich selbst zu konzentrieren, mich um mich selbst zu kümmern, bis ich wieder ein Bild davon habe, wie ich außerhalb des Krankenhauses (über)leben kann. Ein Gefühl der Dankbarkeit überkommt mich und ich merke, wie mir eine leise Träne über die Wange läuft. Sie hinterlässt ein sanftes, kitzelndes Gefühl, eine kleine feuchte Spur meiner Emotionen, die schnell trocknet und dennoch für mich fühlbar bleibt. Es gibt viel für mich zu entdecken, viel zu gewinnen und zum ersten Mal, seit ich hier bin, bin ich froh, hier zu sein. Habe ich nicht das Gefühl, ich sollte eigentlich woanders sein, weil mein Leben woanders ist. Mein Leben ist jetzt und hier!

*N*ach dem Telefonat mit meiner Mutter und einem weiteren starken Kaffeeccino (dem Erfinder dieses Getränks werde ich ewig dankbar sein) mache ich mich mal an die Akte von Graciella Liono, die nun schon seit zwei Wochen hier ist und erste Fortschritte macht. Gerade über so eine prominente Persönlichkeit gibt es oft mehr Informationen als mir lieb ist und es ist nicht leicht, die Person hinter der Öffentlichkeit zu finden. Ihr Mann hat sie noch kein einziges Mal besucht, aber vermutlich ist er wieder irgendwo bei Dreharbeiten. Da er ohnehin mehr Zeit entfernt von seiner Frau verbrachte und das Gespräch, das ich mit ihm führte, auf eine recht distanzierte Beziehung hindeutet, würde er mir ohnehin keine große therapeutische Stütze sein.

Wenn ich mir die gesammelten Informationen über Graciella so ansehe, dann erscheint sie mir wie eine erfundene Figur, deren echte Persönlichkeit ich nicht greifen kann. Ihre Profile auf den eigenen sozialen Medien sind hochglanzpoliert, von ihren Marketingstrategen mit Bedacht ausgewählt und haben eher den Sinn, von ihr abzulenken und das Bild der unabhängigen Geschäftsfrau zu zeichnen. Gerade bei Prominenten ist natürlich der Schutz der Persönlichkeit wichtig, aber für mich lässt sich wenig Hilfreiches herausholen. Aus den Medien allerdings noch weniger. Hier zählen nur Rekorde, Skandale oder Äußerlichkeiten, der Mensch spielt da keine Rolle, sondern nur, welche Story sich verkaufen lässt. Aus Familie und Freundeskreis ist ebenfalls wenig Hilfe zu erwarten. Zu ihrem Halbbruder gibt es keinen Kontakt, die Eltern leben nicht mehr und die „Freunde" sind im Grunde oberflächliche Bekannte, die sich damit brüsten, dieser erfolgreichen Frau nahe zu stehen, aber kein echtes Interesse an ihr haben und keine Hilfe und Stütze sind, jetzt wo es ihr schlecht geht. Die Gesundheitsinformationen auf ihrem Chip zeigen mir das Bild einer gestressten Frau. Mittel gegen Schlaflosigkeit, Unruhe, Depressionen und Müdigkeit sind schon seit etlichen Jahren ihre festen Begleiter. Nun, Stress ist kaum verwunderlich bei einer Person, die geschäftlich so erfolgreich ist und vermutlich dauerhaft eine 80-Stunden-Woche arbeitet.

Tatsächlich hat sich bisher eine Biografie über Graciella als bester Zugang zu ihrer Persönlichkeit gezeigt. Es ist nicht leicht, gerade bei Biografien den Wahrheitsgehalt zu finden, aber der Autor scheint doch sehr gut recherchiert zu haben und bringt mir wertvolle Erkenntnisse. In dieser Biografie habe ich nämlich gelesen, dass Graciella als Kind viel getanzt hatte und sogar eine Karriere als Tänzerin für sie möglich gewesen wäre. Vor diesem Hintergrund haben wir versucht, mit Musik einen Schlüssel zu ihren Erinnerungen zu finden. Es war beeindruckend zu beobachten, wie die Musik ihr tatsächlich diesen Zugang zu sich selbst eröffnete und sie plötzlich anfing zu tanzen und zu strahlen. Aus meiner Erfahrung weiß ich, dass wenn die erste Erinnerungstür aufgeht, weitere folgen. Auch wenn Graciella insgesamt noch sehr verschlossen ist und kaum spricht, so ist doch der erste Schritt getan!

Um noch mehr über sie zu erfahren, entschließe ich mich, den Autor der Biografie, Armand Kleber, anzuschreiben und hoffe, dass er sich zu einem Gespräch mit mir bereit erklärt. Vielleicht kann er mir weitere Schlüssel liefern, mit denen wir Graciellas Erinnerung zurückrufen können.

Die Mail ist schnell geschrieben und so mache ich eine Runde durch unser „Wohnzimmer", bevor ich mich in den Feierabend begebe, um bei meiner Mutter leckeres Kariaki-Ragout zu essen. Rosie ist in der Ecke am Fenster eingedöst. Das Schachspiel steht vor ihr und so wie es aussieht, hat sie einmal mehr gewonnen. Agnes, die einzige Patientin, die dieses Spiel auch beherrscht, ist eine geduldige Verliererin, aber ein Glück für Rosie, denn Schach holt sie bisher doch immer wieder aus der Dunkelheit ihrer Demenz, gibt ihr Halt und das Gefühl, etwas beeinflussen und kontrollieren zu können. In der anderen Ecke sitzt die Frau-ohne-Chip, und während in meinem Kopf noch tönt: „Wir sollten wirklich mal einen anderen Namen für sie finden!", sehe ich zu meiner großen Überraschung Graciella in derselben Ecke sitzen. Die Frau-ohne-Chip sieht aus wie ausgewechselt und ich denke an unser Gespräch am Morgen. So viel Kraft und Zuversicht in ihren Worten, das Gefühl, etwas tun zu können und die Hoffnung, sich nicht in der Vergangenheit, sondern im Hier und Jetzt neu zu entdecken, hat mich wirklich beeindruckt und ich werde alles tun, um sie dabei zu unterstützen!

Sie ist in jeder Beziehung ein ungewöhnlicher Fall, wie ich ihn noch nie hatte. Nicht nur die Sache mit dem Chip ist außergewöhnlich. Sie wurde bewusstlos und verletzt von einer Frau gefunden, die den Notruf abgesetzt hat. Da sie keinen Chip hat, wurde auch kein automatischer Notruf initiiert, der schon vielen Menschen das Leben gerettet hat. Von einer Platzwunde an der Stirn abgesehen, die inzwischen gut verheilt ist, war und ist ihr allgemeiner Gesundheitszustand ausgezeichnet, alle Vitalwerte bestens, keine früheren Brüche oder sonstige Krankheits-anzeichen zu finden. Sie ist gesünder als der durch-schnittliche Jugendliche, was das Schätzen ihres Alters nicht einfacher macht. Laut Knochenaltersdiagnose ist sie vierzig Jahre alt. Nach ihrem Gesundheitszustand und Aussehen zu urteilen, hätte ich eher auf dreißig Jahre getippt - also eine gute Sache, dass unsere medizinischen Analysen so genau sind. Okay, ich gebe zu, dass mich das eine oder andere Ergebnis so überrascht hat, dass ich die Untersuchung doppelt laufen ließ, um technische Fehler auszuschließen, was dann aber am Ergebnis nichts änderte. Keine der Untersuchungen zeigte irgendwelche Auffälligkeiten, ihr Gehirn funktioniert ausgezeichnet, sie hat einen normalen IQ und selbst der Lügendetektor, den ich zur Überprüfung ihrer Amnesie vorsichtshalber eingesetzt habe, hat gezeigt, dass ihre Erinnerungen wirklich nicht mehr da sind. Meine Zweifel an der Glaubwürdigkeit ihrer Beteuerungen, dass sie sich tatsächlich an nichts vor dem Aufwachen im Krankenhaus erinnern konnte, waren damit auch verstandesmäßig vom Tisch gewischt. Dennoch bringt sie meine Vorstellungskraft an ihre Grenzen. Wie kann es sein, dass sie nicht gechipt ist, so gesund und KEIN MENSCH SIE KENNT? Die Suche über alle Medienkanäle weltweit hatte nichts ergeben.

Lediglich ein sehr fragwürdiger Mensch, ein angeblicher Ehemann, hatte sich gemeldet, der allerdings bei der Polizei bereits bekannt dafür war, sich bei Personensuchen immer als Angehöriger zu melden. Seine Mutter revidierte die Geschichte und stellte sehr schnell klar, dass weder er noch sie (und er lebt bei ihr) diese Frau kennt.

Die beiden Frauen sitzen hier also im Wohnzimmer nebeneinander auf zwei Sesseln und machen plötzlich gleichförmige Kopfbewegungen, was mir merkwürdig erscheint, bis mir bei genauerer Betrachtung auffällt, dass jede von ihnen einen Kopfhörer im Ohr hat und sie anscheinend zusammen Musik hören. Dabei lächeln sie sich an und wiegen die Köpfe gemeinsam im Takt. Musik berührt die Seele und kann Worte überflüssig machen. Dass Graciella eine andere Person so nah an sich ranlässt und ihre Musik teilt, ist ein sehr gutes Zeichen. Dass die Frau-ohne-Chip in der Musik etwas findet, was ihr offensichtlich auch Freude bereitet und sie einen Zugang zu einer Mitpatientin gefunden hat, ist ebenfalls ein wichtiger Schritt. Ein ziemlich guter Neujahrstag, finde ich, fühle mich mit einem Mal ganz zufrieden und freue mich noch mehr auf den Abend mit meiner Mutter. Und natürlich das leckere Kariaki-Ragout, das niemand so gut zubereiten kann wie sie!

D a sitze ich hier plötzlich mit Graciella und höre Musik. Ich kann gar nicht genau sagen, wie es dazu gekommen ist. Als ich Graciella im Raum tanzen sah, so elegant, so geschmeidig, so ausdrucksstark, musste ich einfach lächeln und obwohl sie sonst kaum etwas um sich herum zu bemerken scheint, blickte sie mich plötzlich an, hörte auf zu tanzen und kam einfach auf mich zu, nahm einen der Kopfhörer aus ihrem Ohr und reichte ihn mir wortlos. Neugierig steckte ich ihn in mein Ohr. Die Musik, die daraus erklang, war genauso wie ihr Tanz zuvor, und ich verstand, dass sie wirklich die Klänge und Stimmung in ihre Bewegungen umsetzte und war noch mehr beeindruckt von ihrem Talent. Die Musik durchdrang mich komplett, erfüllte mich mit ihrer melancholischen aber gleichzeitig warmen Stimmung. So schön, so weich, so warm und so berührend empfand ich die Musik und es fühlte sich so an, als würde die Musik durch die Adern meinen Körper durchströmen und ihn mit Leben füllen. Was für ein wundervolles Gefühl! Ich lächele sie an und sie lächelt zurück. Nicht nur ihre Kopfhörer, sondern die Musik verbindet uns in diesem Moment und es braucht keine Worte dazu. Als ein anders Musikstück beginnt, bemerke ich, wie mein Kopf unweigerlich im Takt zu wippen beginnt, auch dies im Einklang mit Graciella und ein Glücksgefühl erfüllt mich. Ihr scheint es genauso viel Freude zu machen wie mir. Und so sitzen wir eine ganze Weile einfach nebeneinander und hören ihre wundervolle Musik und lächeln uns im Einvernehmen an. Und ich habe etwas über mich gelernt, nämlich dass es Musik gibt, die mich vollständig erfüllt und eins mit mir fühlen lässt.

Viktor

Als ich am nächsten Tag erwache, fühle ich mich wach und neugierig auf den Tag. Im kompletten Gegensatz zu den letzten Wochen, oder sind es doch schon Monate? Ich habe jedes Gefühl für Zeit verloren. Was ich weiß ist, dass ich gerne mehr Musik hören möchte, mehr darüber wissen will, was mir gefällt und was nicht. Alle - außer mir natürlich - besitzen Smartables, mit denen es sich wunderbar Musik hören lässt. Aber es wird schon einen anderen Weg geben, wie ich mehr Musik kennenlernen kann. Ich bin neugierig, wie mir Graciella heute begegnen wird. Nachdem wir gestern ja länger zusammengesessen und Musik gehört hatten, stand sie, als zum Essen gerufen wurde, lächelnd, aber ohne ein Wort zu sagen auf. Ich gab ihr den Kopfhörer zurück und sie verschwand in ihrem Zimmer.

Da ich sehr früh wach geworden bin, bin ich die erste im Esszimmer und suche mir einen Platz am Fenster aus, wo ich nach draußen in den Park blicken kann, aber gleichzeitig einen guten Blick in den Raum habe. Die Küchenhilfe ist noch dabei, die Sachen für das Frühstück bereitzustellen und entschuldigt sich bei mir, dass es noch ein wenig dauert, bis alles bereit ist. „Das ist doch überhaupt nicht schlimm", versichere ich ihr und bevor ich nachdenken kann, höre ich mich sagen: „Kann ich helfen?" Worauf sie mich mehr als erstaunt ansieht und erst gar nicht weiß, was sie sagen soll. Ich nehme ihr einen Saftkrug aus der Hand und sage: „Ich weiß ja, wo der hinkommt." Und sie lächelt mich dankbar an. Es ist schön, sich nützlich zu fühlen, und so helfe ich ihr dabei, das Frühstücksbüffet einzurichten. Wir sind fast fertig, als Viktor den Raum betritt. Natürlich telefoniert er wieder. Er telefoniert ja eigentlich immer und ich finde das schon recht merkwürdig. Als er zum Saftkrug geht, um sich einen Saft einzugießen, legt er kurz sein Smartable ab und ich sehe, dass er gar nicht wirklich telefoniert, da das Gerät gar nicht eingeschaltet ist. Okay, also telefoniert er gar nicht? „Aber warum macht er das?", wundere ich mich nun noch mehr und schaue ihm nach, als er wieder „telefonierend" mit dem Saft aus dem Esszimmer verschwindet. Die Küchenhilfe sieht meinen Blick und meint: „Es ist schon echt traurig mit ihm! Er ist Mr. Efficient geworden." – „Was meinen Sie?", frage ich rätselnd zurück. „Naja, er hat doch Mr. Efficient gespielt, in dieser Serie", und als ich sie immer noch ratlos anblicke, fährt sie fort: „Wie? Sie kennen die Serie Mr. Efficient nicht?", und kann es offensichtlich kaum glauben. Obwohl es – wenn man es mal ganz neutral betrachtet – schon nicht so überraschend sein sollte, dass in einer Klinik, in der Menschen mit Gedächtnisverlust sind, auch so etwas scheinbar Selbstverständliches nicht bekannt sein könnte. „Nö", sage ich also achselzuckend und so erklärt sie mir, dass Viktor Varell Schauspieler ist und vor sechs Jahren zum Star der Serie „Mr. Efficient" wurde, die als tägliche Dokusoap den Alltag eines Börsenmaklers mit allen Höhen und Tiefen darstellt. Er war vorher am Theater und in Filmen sehr erfolgreich und die Hauptrolle in dieser Serie schien ein absoluter Glücksgriff für seine Karriere. Die Serie ist sogar mit Auszeichnungen bedacht worden, weil sie den Alltag so lebensnah darstellte, was ich aber nicht so ganz verstehe, denn eigentlich war sie ziemlich langweilig. Denn so ziemlich alles, was darin passierte war, dass er Aktien kaufte und verkaufte. Für Viktor hatte es beruflich die Folge, dass er so sehr auf diese Rolle festgelegt wurde, dass er gar keine anderen Charakterrollen mehr angeboten bekam und vermutlich durch die ständigen Drehverpflichtungen auch gar keine Zeit dafür gehabt hätte. Und vor ein paar Wochen ist es dann passiert: Er reagierte gar nicht mehr auf seinen Namen und verstand sich selbst als Mr. Efficient, seine Rolle also nicht mehr als eine Rolle, sondern als Realität. Jetzt ist er hier, um wieder zu entdecken, dass er Viktor Varell – aber eigentlich wohl Viktor Iwanow – ist. Und nachdem sie mir all das erzählt hat fügt sie nach einer kurzen nachdenklichen Pause hinzu: „Sind schon Schicksale hier", und schaut mich dann ein wenig verlegen an, weil ihr jetzt erst wieder einzufallen scheint, dass sie sich ja mit einer Patientin unterhält. „Jeder hat sein Päckchen zu tragen, oder nicht? Manche Päckchen sind halt schwere Pakete …", fällt mir dazu nur ein und ich schaue Viktor nach und, obwohl er mir leidtut, finde ich es schon ein wenig unfair, dass dieser Mann sogar drei Namen hat, aus denen er sich einen aussuchen könnte – wäre er sich allen bewusst – während ich nicht mal einen einzigen habe. Anderseits würde ich nicht mit ihm tauschen wollen, um nichts in der Welt. Und mit diesem Gedanken bin ich wieder ganz bei mir und stelle fest, dass ich mich auf einmal sehr hungrig fühle und packe mir jetzt mal mein persönliches Frühstückspäckchen. Das ist zumindest mal ein Päckchen, das ich tragen kann.

Mit meinem Tablett kehre ich zu meiner Ecke am Fenster zurück und lasse die Informationen nochmal kreisen. Ein Schauspieler, der vergisst, wer er selbst ist und ganz in seiner Rolle aufgeht. Wenn er diese Rolle über Jahre hinweg jeden Tag spielt, dann ist das doch gar nicht so verwunderlich. Manchmal verwischen sich wahrscheinlich einfach Realität und Spiel oder Schein. Dass er nun gedanklich in der Welt der Börsenmakler lebt, wäre vielleicht nicht ganz so schlimm, wenn er nicht ganz allein darin wäre. Aber sind wir nicht alle irgendwie ganz allein in unserer Welt? Der Welt, wie nur wir sie sehen und wahrnehmen? Und kann ein anderer Mensch unsere persönliche Welt überhaupt richtig teilen? Hat nicht jeder seine ganz eigene Wahrnehmung? Und wenn ich an das gemeinsame Erleben der Musik mit Graciella gestern denke, dann taucht die Frage in mir auf, inwieweit wir wirklich das Gleiche gehört und erlebt haben oder ob nicht jede eine ganz eigene Sicht und Empfindung hatte, die so gar nichts miteinander zu tun hatten? Und obwohl an diesem Gedanken sicherlich etwas Wahres ist, so ist es doch genauso wahr, dass wir beide diesen Augenblick des gemeinsamen Erlebens genossen haben, und da – trotz individuell unterschiedlicher Wahrnehmung – auch ein gemeinschaftliches und verbindendes Gefühl war. Ich stutze über meine eigenen Gedanken. Wie kann so etwas

Einfaches wie das Leben nur gleichzeitig so kompliziert sein? Oder machen wir es kompliziert? Vielleicht hat sich meine Erinnerung verabschiedet, weil mir das alles zu kompliziert war? Oder bin ich zu kompliziert? Vielleicht habe ich – anders als Viktor – keine für mich passende Rolle gefunden und bin deshalb leer wie ein unbeschriebenes Blatt, das nun neu beschrieben werden kann? Apropos „Blatt", ich brauche dringend etwas zum Schreiben, da ich meine vielen Gedanken irgendwie verschriftlichen muss, um sie zu sortieren. Dieser Wunsch ist plötzlich ganz stark in mir und sagt auch etwas über mich aus, nehme ich an. Nach dem Frühstück werde ich mal zu den Pflegenden gehen und fragen, ob sie mir etwas zum Schreiben geben können. Ein Smartable, auf dem ich schreiben könnte, besitze ich ja nicht... So langsam erscheint es mir gar nicht mehr so unpraktisch, auch so ein Ding zu haben. Da ich aber kein Geld habe, ist es eher unwahrscheinlich, dass ich so schnell eines bekommen werde. Was vielleicht auch ganz gut ist, wenn ich Brandon sehe, der das abschreckendste Beispiel dafür ist, welches Suchtpotenzial in seiner Verwendung steckt. Selbst wenn er herumläuft, hat er ständig den Blick auf seinem Smartable, nimmt seine Umgebung kaum wahr und hatte schon den einen oder anderen Zusammenstoß, was ihn aber nicht davon abhält, weiter wie ein Süchtiger nur auf das Display zu starren. Was ist das für eine Gesellschaft, in der junge Menschen sich an ein Gerät verlieren können – oder, eben weil man ja ein Smartable haben „muss" – sich sogar an so ein Gerät absichtlich bindet?

Als ich noch meinen Gedanken nachhänge, betritt Rosie das Esszimmer und schaut sich suchend um. Ob sie wieder auf der Suche nach Gustaf ist? Zögernd steht sie in der Tür und sieht zerbrechlich und hilflos aus. Es ist kein Pflegender in der Nähe und es tut mir leid, wie sie da so verloren steht, so dass ich meinem Impuls folge und zu ihr gehe. „Guten Morgen, Rosie", begrüße ich sie freundlich. „Äh, ja, guten Morgen", erhalte ich zur Antwort, während sie mich mit klaren blauen Augen ansieht. „Kann ich Ihnen helfen?" frage ich weiter und erhalte ein verlegenes, „Ich weiß nicht genau, wie ich hier etwas zu Essen bekomme." zur Antwort. „Etwas zu Essen wollte ich mir auch gerade holen, da kann ich Sie doch einfach mitnehmen, wenn Sie möchten", lade ich sie ein und sie lächelt mich dankbar an, während sie mir bereitwillig folgt. „Was hätten Sie denn gerne?", beginne ich. „Es gibt Brötchen oder Brot und dann alles Mögliche, um es zu belegen...", erkläre ich ihr wie eine Stadtführerin die Sehenswürdigkeiten, die Einzelheiten des Frühstücks-büffets, während sie mir folgt und sich durch den Blick auf die Speisen auch nach und nach an sie zu erinnern scheint. Ich drücke ihr einen Teller in die Hand und sie beginnt sich Sachen darauf zu tun und wird dabei immer wacher. Auch wenn ich mir nicht vorstellen kann, dass sie alles essen wird, was sie da auftürmt, so ist es doch schön, wie sie im Büffet bestimmte Dinge gerade wieder zu erkennen scheint und leise die Namen der Speisen vor sich hersagt, bevor sie sich welche davon auf ihren Teller packt. „Oh, Würstchen, ich liebe Würstchen... und, hmm, Marmelade ... und was ist da? Ein Croissant ... lecker."

Bevor der Turm auf ihrem Teller zu groß wird, obwohl er schon bedenklich gewachsen ist, versuche ich sie abzulenken, indem ich sie frage, ob sie auch ein Getränk dazu möchte, und sie strahlt mich an und bemerkt: „Ja, bitte, einen großen Cappuccino." An der Kaffeemaschine ziehe ich ihr einen großen Cappuccino und biete ihr direkt an, ihn ihr zum Tisch zu tragen, da sie mit Tragen des vollen Tellers schon ziemlich gefordert ist. „Wo möchten Sie sitzen?", frage ich sie vorsichtig, denn ich weiß nicht, ob sie sich einen bestimmten Platz aussuchen möchte, da sie keinen festen Platz im Esszimmer zu haben scheint. „Wo sitzen Sie denn?", fragt sie zurück und ich deute auf den Tisch in der Ecke. „Ganz da hinten", setze ich hinzu und sie nickt. „Gut, dann setze ich mich zu Ihnen, wenn es recht ist", und geht zielstrebig mit ihrem Teller, von dem gerade schon eine Tomate gepurzelt ist, in Richtung meines Tisches. „Gerne", antworte ich ihr freudig über-rascht, folge ihr mit der vollen Tasse und versuche nichts davon zu verschütten, während ich die Lebensmittel, die auf dem Weg zum Tisch von ihrem übervollen Teller purzeln, wieder einsammele, damit niemand darauf tritt.

Am Tisch angekommen, macht sie sich sichtlich vergnügt daran, ihr großes Frühstück zu verspeisen und schafft wesentlich mehr, als ich es von so einer zierlichen Person erwartet hätte. Sie scheint überhaupt einen ziemlich guten Tag zu haben, zumindest ist sie bis auf die anfängliche Irritation nicht mehr verwirrt und widmet sich hingebungsvoll jeder Speise auf ihrem Teller, bis sie mit einem zufriedenen „Ich glaube, ich habe zu viel gegessen." den Teller mit den Resten ihrer Büffethamsterei von sich wegschiebt. „Da muss ich jetzt erstmal ein bisschen spazieren gehen, sonst platze ich", setzt sie grinsend hinzu und steht entschlossen auf. „Das ist eine gute Idee", bekräftige ich sie und wünsche ihr einen schönen Tag. Es ist ja nicht so, dass wir uns nicht noch ein paarmal an diesem Tag sehen werden, was aber nicht heißt, dass sie sich später noch daran erinnern wird, mit mir gefrühstückt zu haben. Und sowieso, Höflichkeit und Freundlichkeit schaden ja schließlich nicht. Rosie verabschiedet sich und geht recht beschwingt davon, was ich für eine Frau in ihrem Alter und nach so viel Essen wirklich bemerkenswert finde. Sie ist eine wirklich nette Frau und Demenz ist echt eine gemeine Erkrankung, die doch wirklich von der Medizin inzwischen besser erforscht und besser bekämpfbar sein sollte! Ohnehin hat sie seit unserem Gespräch an Silvester für mich eine besondere Bedeutung und einen Platz in meinem Herzen eingenommen, wie mir gerade sehr bewusst wird.

Gerade als ich auch den Raum verlassen möchte, kommt Viktor ein zweites Mal ins Esszimmer. „Verkaufen, auf jeden Fall verkaufen", höre ich ihn – einmal mehr - laut und deutlich sagen. Als unsere Blicke sich für einen kurzen Moment treffen, nicke ich ihm freundlich zu und sage ohne nachzudenken: „Immer die Arbeit, das muss sehr anstrengend sein!" Zu meiner Überraschung lässt er das Smartable sinken und zwinkert mir zu: „Ist doch nur für den Dreh!" Und als ich ihn erstaunt ansehe, setzt er hinzu: „Ich behalte die Aktien, die sind Gold wert! Falls Sie mal eine Anlageberatung brauchen, wenden Sie sich gerne an mich", und wendet sich wieder seinem imaginären Gespräch zu. „Hören Sie, sofort verkaufen!"

Verwundert stehe ich da. Irgendwie scheint er doch nicht ganz in seiner Rolle zu sein, was vielleicht ein gutes Zeichen ist. Ich bin froh, dass es nicht meine Aufgabe ist, ihn zu therapieren. Was kann man denn tun, um jemandem zu helfen, der sich so weit von der Realität entfernt hat? Und wie viele Menschen haben da vielleicht ähnliche Probleme, aber leben ein scheinbar normales Leben, weil es den anderen um sie herum gar nicht auffällt, dass sie nur noch eine Rolle leben, weil ihr Lebenskontext zur Rolle passt? Würde man Viktor zu seinem Aufnahmestudio bringen, dann würde es vermutlich gar nicht auffallen, dass er zwischen dem Schauspieler und Börsenmakler nicht mehr unterscheiden kann. Zumindest wenn er seine Texte zum passenden Moment liefert. Die Sache mit der eigenen Rolle, die man bewusst oder unbewusst einnimmt, beschäftigt mich, schließlich ist sie ja eine Variation meiner Frage nach dem „Wer bin ich" und „Wer will ich sein".

*H*eute ist wieder eine Therapiesitzung mit der Frau-ohne-Chip und ich bin sehr gespannt wie unser Gespräch verlaufen wird. In den vergangenen Sitzungen war sie sehr schweigsam, hatte sie doch wenig zu erzählen. Meine Versuche, Erinnerungen durch das Zeigen von Nachrichten, Werbung oder Filmen zu wecken, hatten wenig gebracht. Anders als bei Patienten mit Chip, deren vollständige Profile wir besitzen und die wir über die Selbstdarstellung in den sozialen Medien, im Kontakt mit Bezugspersonen und Autosuggestiver Schlaftherapie wieder zu sich selbst heranführen können, bis sich in der Regel nach ungefähr einem Monat der Schleier des Vergessens löst, und die Person wieder in ihr altes Leben zurückgeführt werden kann. Die Autosuggestive Schlaftherapie, kurz AGS, ist eine Methode, die ich in der Regel vermeide, anders als in anderen Kliniken, die sich im Wesentlichen dieser Behandlungsweise verschrieben haben, da bei dieser Methode direkt das Unterbewusstsein bearbeitet wird. Ich persönlich habe hier große Skrupel, da hier oft auch eine zu starke oder unbeabsichtigte Beeinflussung des Unterbewusstseins erfolgt, weshalb ich eher auf die Methoden der Bewusstseinsentwicklung zur Heilung setze, auch wenn dies in der Regel eines längeren Heilungsprozesses bedarf, aber meiner Ansicht nach auch anhaltenderen Erfolg zeigt. Die Frau-ohne-Chip – seit unserem Gespräch am Neujahrsmorgen, in dem sie mir ein Stück Persönlichkeit gezeigt hat, ohne dies selbst zu merken, geht es mir wirklich auf die Nerven, keinen Namen für sie zu haben - also, sie sprach auf die Behandlung mit Informationen aus den Medien nicht gut an. Sie fand die Nachrichten erschreckend und schien jede der Botschaften irgendwie sehr persönlich zu nehmen. Ich meine, wie schlimm ist es für mich persönlich, wenn in Afrika eine Dürrekrise herrscht? Es ist gut, informiert zu sein, aber letztlich hat das mit meinem Leben hier doch wenig zu tun, oder? Diese Betroffenheit oder Empörung, je nachdem um was für eine Nachricht es sich handelte, schien mit nicht gut *für ihr ohnehin wackeliges seelisches Gleichgewicht, weshalb ich es dann mit dem Wiedererkennungseffekt von Werbung versuchte. Manche Produkte waren ihr bekannt, andere nicht. Sie kannte erstaunlicherweise Smartables nicht und die haben doch heute alle! Bei manchen Produkten ärgerte es sie, wie unnötig sie seien. Also auch hier kamen wir nicht so richtig weiter und die emotionalen Reaktionen waren auch nicht der gewünschte Effekt. Also versuchte ich es noch mit Filmen, wobei hier natürlich ebenfalls eine emotionale Reaktion zu erwarten ist, aber auch hier brachte keiner den erwünschten Erfolg, Erinnerungen aus ihrem eigenen Leben zu wecken. Unsere Sitzungen wurden immer schweigsamer, da sie wohl zunehmend das Gefühl hatte, nichts sagen zu können, während mir zunehmend weniger einfiel, wie ich ihre Erinnerungen wecken könnte. Tatsächlich hatten wir in der letzten Sitzung im Wesentlichen bedrückt schweigend dagesessen, bis die Zeit endlich abgelaufen war, und ich sie mit einem „Dann sehen wir uns am Dienstag wieder" endlich beenden konnte. Danach fühlte ich mich zugegebenermaßen ziemlich schlecht und ich vermute, dass es ihr auch nicht anders ging. Es war deutlich zu beobachten, dass ihre Stimmung über die Zeit hinweg immer trüber wurde, und ich erwog Antidepressiva, einfach, weil mir nichts Vernünftiges mehr einfiel, um ihr zu helfen.*

Ihr Besuch am Neujahrstag hatte aber alles verändert. Und ich muss mir eingestehen, dass es nicht meine Therapie-ansätze, sondern ihr Gespräch mit Rosie an Silvester war, das dies bewirkt hat, und so erwarte ich sie heute mit freudiger Spannung. Für mich ist der erste Eindruck bei einer Therapiesitzung immer zentral, da er mir so viel über die Ausgangssituation der Sitzung verrät: Körperhaltung, Gesichtsausdruck, man könnte es „die Gesamt-ausstrahlung" nennen. Also beobachte ich meine Patienten immer besonders aufmerksam, wenn sie den Raum betreten. Nach einem Klopfen, das nicht zaghaft, sondern entschlossen klingt, und meinem „Herein" wird die Tür schwungvoll geöffnet und sie betritt den Raum. „Guten Morgen", begrüße ich sie und sehe, wie sie aufgerichtet, wach und mit blitzenden Augen hereinkommt. „Guten Morgen, Dr. Domas", grüßt sie mich und schaut mich intensiv an, fast so, als würde sie mich genauso beobachten und analysieren, wie ich es gerade mit ihr tue. Das ist etwas irritierend, aber an dieser Patientin ist ja offensichtlich alles etwas anders ...

Wir setzen uns in meine Gesprächsecke und ich beginne - wie immer - mit meiner offenen Begrüßung: „Wie geht es Ihnen gerade?" Nach kurzem Überlegen erhalte ich ein „Ich fühle mich gut" zur Antwort. Und es ist bei ihr keine automatische Antwort auf eine Frage, die viel zu oft gestellt wird, ohne wirklich ernst gemeint zu sein. Wenn das kein guter Start ins Gespräch ist, dann weiß ich es auch nicht! Ich lächle und erwidere erst mal nichts, um ihr den Raum zu lassen, mehr dazu zu sagen. Diesmal ist es keine unangenehme Stille wie bei unseren letzten Sitzungen, sondern eine gelassene Stille, in der sie überlegt, bevor sie – wie erhofft – wieder das Wort ergreift: „Also, ich könnte etwas zum Schreiben gebrauchen. Die Pflegenden fanden, dass ich das mit Ihnen besprechen soll, weil sie wohl nicht einschätzen konnten, ob das therapeutisch sinnvoll ist.

Aber ich möchte mir einfach Notizen machen. Ich habe angefangen mich zu beobachten und ich mag zum Beispiel Musik und ich möchte mir das alles aufschreiben. Mein Kopf platzt schier vor lauter Eindrücken und Gedanken. Ich brauche das Schreiben, um sie zu sortieren! Kann ich also etwas zu schreiben haben?" Einen solchen Redeschwall hatte ich nicht erwartet, aber ich freue mich über die Energie, mit der sie ihr Anliegen vorbringt. Es ist eine einfache Entscheidung und so antworte ich direkt: *„Selbstverständlich! Können Sie denn mit der Hand schreiben?"* Erleichtert über meine Zustimmung blickt sie mich an und überlegt wieder, bevor ein zögerliches *„Ich denke schon"* aus ihrem Mund kommt. Ja, das Schreiben mit der Hand ist tatsächlich selten geworden, seit das Schulsystem dazu übergegangen ist, direkt tippen zu lernen, und in vielen Fällen ohnehin Texte diktiert werden, ist das mit der Hand schreiben sehr aus der Mode gekommen und - auch wenn es nur sehr selten gebraucht wird - doch eine, wie ich finde, ziemlich wichtige Fähigkeit. Wenn ich darüber nachdenke, wann ich das letzte Mal mit einem Stift geschrieben habe, dann bin ich mir gerade gar nicht so sicher, dass ich es noch kann. Ein irgendwie erschreckender Gedanke, der mich auch etwas verlegen macht. *„Nun, das lässt sich ja einfach herausfinden, nicht wahr?"*, bemerke ich, während ich in meinem Schreibtisch nach Papier und einen Stift suche. Tatsächlich fällt mir ein leeres Notizbuch in die Hand, das ich einmal zur Verwendung als privates Tagebuch geschenkt bekommen hatte, aber nie die Zeit dazu gefunden habe, es zu befüllen. Es sieht wirklich schön aus. Ein geschmeidiger Einband in sanfter Farbe mit einer kleinen eingearbeiteten Schlaufe für einen Stift, der auch schon darin steckt. Hoffentlich geht der überhaupt noch, frage ich mich und versuche mich krampfhaft zu erinnern, wer mir dieses Geschenk einmal gemacht hat. Da die Wahrscheinlichkeit nicht sehr hoch ist, dass ich irgendwann dazu komme, dieses Buch wirklich zu nutzen, werde ich es nun weiter verschenken.

Also hole ich das Buch aus der Schublade, löse den Stift aus seiner Schlaufe und teste ihn auf einem Notizblock, der gefühlt schon genauso lange ungenutzt auf meinen Schreibtisch liegt. Auch so ein Geschenk, das ich irgendwann mal bekam, aber nie wirklich genutzt habe. Vielleicht sollte ich mal durch meinen Schreibtisch schauen und aufräumen, schießt es mir durch den Kopf, wer weiß, was sich da noch alles an Geschenken findet, von denen ich nichts mehr weiß und die ich ohnehin nicht nutze. Nun, sollte ich mal tun, aber nicht jetzt! Der Stift fährt über den kleinen Zettel und nichts erscheint. Es fühlt sich ganz merkwürdig an, ihn in der Hand zu halten. Immerhin wusste ich noch, wie man ihn hält, es wäre mir sonst schon ein wenig peinlich vor der Patientin gewesen. Ich fahre mit dem Stift noch weiter über das Papier und drücke jetzt ein bisschen fester, als ob ich die Tinte oder was auch immer da drin ist, so raus quetschen könnte. Nachdem mein Zettel mit Abdrücken des Stiftes gefüllt ist und ich kurz davor bin aufzugeben, zeigen sich tatsächlich erste Farbspuren. „Ha, geht doch!“, entfährt es mir und ich nehme einen neuen Zettel, auf dem die Striche immer deutlicher werden. Nun, nach noch mehr Kritzelei auf einem weiteren Zettel schreibt er wieder flüssige Linien und ich muss eingestehen, dass *dieser Stift in der Hand ein schönes Gefühl hinterlässt. Ich bin so auf den Stift fokussiert, dass ich ganz vergesse, dass ich nicht allein bin und versuche nun tatsächlich etwas zu schreiben und fühle mich glücklich wie ein kleines Kind, das zum ersten Mal allein mit dem Fahrrad fährt, als mein Zettel ein „Guten Tag" ziert. Erst dann fällt mir meine Patientin wieder ein und ich lächle ein wenig verlegen, als ich ihr Stift und Buch gebe.*

„Das darf ich benutzen? Wirklich? Vielen Dank, das ist wirklich wunderschön! Und so lieb von Ihnen. Damit werde ich meine Gedanken wundervoll notieren können!" Sie strahlt, als hätte ich ihr eine Eigentumswohnung geschenkt und so viel Freude über so eine Kleinigkeit macht mich verlegen, denn eigentlich tut sie mir gerade einen Gefallen, indem sie einem eh nur herumliegenden Gegenstand einen Nutzen verleiht. Dennoch war es ihr wirklich ein Herzenswunsch, so dass die übergroße Freude schon erklärt ist. „Nun, ich hoffe, der Stift tut es auch wirklich. Sie haben ja gesehen, dass er etwas eingetrocknet war. Wenn er nicht mehr funktioniert, dann sagen Sie Bescheid und ich finde einen anderen!", verspreche ich ihr. – „Danke! Er scheint aber doch jetzt zu schreiben und ich denke auch, dass ich schreiben kann. Darf ich es direkt versuchen?", setzt sie noch aufgeregt hinzu. „Sicher", antworte ich ihr. Das kommt mir auch entgegen, denn so kann ich direkt sehen, wie sie damit klarkommt.

Anders als ich, nimmt sie den Stift direkt fest in die Hand und als ob Stift und Hand direkt miteinander verschmelzen, schreibt sie in klarer Schrift zügig und entschlossen auf die erste Seite des Buches:

Wer bin ich und wer will ich sein?

Sie strahlt mich an. „Das ist perfekt!" Da ich den Eindruck habe, dass das, was sie jetzt gerade am dringendsten braucht, Ruhe ist, um ihre Gedanken niederzuschreiben, biete ich ihr an, die Sitzung für heute zu beenden. Dankbar lächelnd und das Buch dicht an sich gedrückt, steht sie auf und verlässt sichtlich zufrieden mein Büro. Das lief ja ziemlich gut, auch wenn wir kaum geredet haben und ich überlege kurz, ob ich die restliche Zeit, die für ihre Sitzung vorgesehen war, nun tatsächlich zum Durchgehen meines Schreibtisches verwenden sollte, aber ein kurzer Blick in das Chaos meiner Schubladen und der Gedanke, dass ich da eigentlich nie ranmuss, überzeugt mich schnell eines Besseren, und ich beschließe, mir stattdessen einen Kaffeeccino zu holen und einfach eine kleine Pause zu gönnen. Mache ich ja auch viel zu selten.

Mit dem Buch bewaffnet mache ich mich auf den Weg zu meinem Zimmer, entschlossen, sofort anzufangen alles, was mir so durch den Kopf schwirrt, aufzuschreiben. Auf dem Flur laufe ich Rosie über den Weg, die mich fragt, ob ich Gustaf gesehen habe, und ich antworte mit der Gegenfrage, ob er nicht noch bei der Arbeit sei, worauf sie beruhigt ist und vor sich hinmurmelt: „... arbeitet heute wieder länger, der arme Schatz! Er ist so ein guter Mann!" Während sie in die entgegengesetzte Richtung läuft und ich den Weg zu meinem Zimmer fortsetze, höre ich Viktors Stimme in der kleinen Nische am Gang: „Verkaufen, alles verkaufen! Hören Sie mir denn nie richtig zu?" Er steht mit dem Rücken zu mir. „Können Sie denn nicht einfach mal das tun, was ich Ihnen sage?", setzt er verzweifelt hinzu. Ich kann nicht sagen, was mich in diesem Moment reitet, aber ich handle, ohne nachzudenken. Während ich direkt hinter ihm stehe und für ihn erst mal nicht sichtbar bin – und noch bevor mein Gehirn die Frage aufwirft, ob das vielleicht eine blöde Idee sein könnte – höre ich mich selbst sagen: „Doch, ich höre zu. Ich verkaufe alles, ganz so, wie Sie es sagen. Sie können sich auf mich verlassen!" Ich merke, wie Viktor erst kurz versteinert und anschließend auf sein Display starrt – zum Glück ohne mich zu bemerken – und plötzlich alle Anspannung zu verlieren scheint und nur noch sagt: „Gut, das war auch wirklich Zeit!", anschließend das Smartable in die Tasche steckt und kurz still aus dem Fenster sieht, nickt, wie um sich selbst zu bekräftigen, und dann geht, ohne mich wirklich zu bemerken. Es ist das erste Mal seit er hier ist, dass ich ihn sehe und er nicht telefoniert! Wow, was ist da gerade eigentlich passiert? Plötzlich fühle ich mich beobachtet und bemerke, dass Dr. Domas die Szene mitbekommen hat. Sie schaut Viktor genauso verwundert nach wie ich. Es ist mir schon etwas unangenehm, dass sie mein spontanes Handeln, dass ich ja nicht mal erklären kann, gesehen hat und ich fürchte, sie könnte sauer auf mich sein. Ihr Gesicht zeigt aber keinen Ärger, sondern nur Verwunderung, als sie auf mich zukommt und sagt: „Das war absolut erstaunlich! Endlich hat er mal aufgehört zu telefonieren." Und mit einem Grinsen fügt sie hinzu: „Also falls Sie noch eine Theorie über sich selbst für Ihr Notizbuch brauchen? Vielleicht sind Sie ja Therapeutin? Das war auf jeden Fall ein echter Erfolg!" Und mit ernstem Gesichtsausdruck setzt sie hinzu: „Aber ich bitte Sie doch, das Therapieren mir und meinen Kollegen zu überlassen, okay?" Während ich nur zustimmend nicke und dem Impuls widerstehe, mich für mein Verhalten zu rechtfertigen, begebe ich mich nun schnurstracks in mein Zimmer, wobei ich noch sehe, dass Dr. Domas Richtung Esszimmer marschiert, vermutlich um sich einen Kaffeeccino zu holen, was so ziemlich das einzige Getränk zu sein scheint, das sie tagsüber zu sich nimmt.

Endlich in meinem Zimmer setze ich mich mit meinem Geschenk, dem wundervollen Buch und Stift, in den Sessel und streiche sanft mit den Händen über den Einband. Ein ganz zartes Muster ist darauf gedruckt und er fühlt sich wirklich weich und geschmeidig an. Es ist ein echt tolles Geschenk und ich öffne andächtig die erste Seite, auf die ich ja vorhin schon geschrieben habe. Als ich den Stift in die Hand nehme, fühlt es sich ganz selbstverständlich und bequem an, so als hätte ich mein Leben lang nichts anderes getan, als mit der Hand zu schreiben. Das allerdings kommt mir selbst sehr unwahrscheinlich vor, denn welchen Grund könnte es geben, in einer Zeit von Smartables und Spracherkennung und wer weiß, was es noch alles gibt, noch mit der Hand zu schreiben? Egal, ich nehme das als Erkenntnis über mich einfach mal auf, beschließe ich und beginne meine

Gedanken und Beobachtungen der letzten Tage als Stichworte zu notieren:

- *Rosie hat recht, wenn sie sagt, dass ich sein kann, wer ich will und ich möchte die beste Version von mir sein!*

- *Meine Vergangenheit prägt mich zwar, aber definiert mich nicht. Ich lebe jetzt und kann heute definieren, wer ich bin (oder sein möchte)*

- *Ich mag Musik, sogar sehr. Sie erfüllt mein Innerstes - und verbindet mich mit Graciella. Ich möchte mehr über meinen Musikgeschmack herausfinden*

Hier füge ich am Rand eine kleine Notiz für mich ein:

Dr. Domas fragen, wie ich mehr Musik hören kann!

Das habe ich doch heute im Überschwang der Begeisterung für das Notizbuch ganz vergessen. Und fahre dann mit meiner Liste fort:

- *Es macht mir Freude, anderen zu helfen, wie heute Morgen der Küchenhilfe und Rosie*

- *Suche ich nach einer/meiner Rolle in der Gesellschaft oder ist das gar keine gute Idee, weil man sich wie Viktor in einer Rolle verlieren kann?*

- *Was hat mich geritten, Viktor einen Gesprächspartner vorzugaukeln? Auf jeden Fall war das sehr spontan - ich kann offensichtlich sehr spontan sein - und es hat mir Freude gemacht zu sehen, dass ich damit etwas bewirkt habe (auch wenn es wohl nicht schlecht gewesen wäre, erst mal nachzudenken!)*

Ich denke kurz über meinen letzten Satz nach, der mir einfach so aus der Feder geflossen ist. Habe ich das jetzt einfach so geschrieben oder ist es die Angst, dass vielleicht jemand meine Notizen lesen wird und die Erwartung haben könnte, dass ich so etwas zukünftig unterlasse oder mein Verhalten zumindest reflektiere? Also wenn es jemand lesen wird, dann dürfte das Dr. Domas sein; andere dürfte das, was ich hier notiere, weniger interessieren. Ich frage mich, wieviel Privatsphäre ich so als Patientin in dieser Klinik habe. Ein Aspekt, der mir in diesem Moment zum ersten Mal ins Bewusstsein dringt und der ein komisches Gefühl hinterlässt. Andererseits kann ich nur weiterkommen, wenn ich ehrlich und offen bin. Davon bin ich überzeugt. Und ich habe ja auch nichts zu verbergen – oder sollte ich sagen: ich weiß (noch) nichts, was ich zu verbergen hätte. Sollte ich da an Geheimnisse stoßen, die in diesem Buch keinen Platz haben, dann werde ich mich schon zurückzuhalten wissen. Und ob ich mit Dr. Domas direkt über die Untiefen meiner Seele spreche oder sie es in diesem Buch lesen würde, kann mir dann letztlich auch egal sein. Und so setze ich abseits der ungeklärten Frage nach Privatsphäre in dieser Klinik meine Notizen fort:

- *Frage von Dr. Domas: bin ich eine Therapeutin? Und meine Frage dazu: wenn ich keine bin, möchte ich denn* eine sein? Und meine momentane Antwort: möchte ich nicht wirklich.

- Ich kann mit der Hand schreiben. Und ich kann es nicht nur, es gibt und bedeutet mir etwas, das ich (noch) nicht in Worte fassen kann

- Was kann ich tun, um mich besser kennenzulernen?

    1. Musik hören

    2. Auf meine Gefühle achten:

       was macht mir Freude, was macht mich traurig oder wütend

    3.

Da steht die Zahl Drei, optimistisch aufgeschrieben und dann ist mein Kopf plötzlich irgendwie leer. Was sich nach den vielen Gedanken der letzten Tage und im Grunde Wochen wirklich mal gut anfühlt. Dank des Buches brauche ich jetzt keine Angst zu haben, dass ich etwas Wichtiges vergessen könnte. Ich kann meine Notizen jederzeit ergänzen und bin schon ganz zufrieden, was ich in der kurzen Zeit erkannt habe.

Und dann ist doch plötzlich ein dritter Punkt in meinem Kopf:

3. Was kann ich gut? Was kann ich nicht (gut)?

Das sammle ich doch am besten in einer eigenen Liste und so drehe ich das Notizbuch einmal komplett um und beginne auf der letzten Seite mit meinen Listen. Je eine Seite wird zur Sammlung zu den notierten Themen: „Was kann ich gut?" – „Was kann ich nicht (gut)?" – „Was macht mir Freude / Was mag ich?" - „Was macht mich traurig?" – „Was macht mich wütend / Was mag ich nicht?"

Und bevor ich hier noch etwas reinschreiben kann, bin ich dann wirklich so müde und erschöpft, als wäre ich einen Marathon gelaufen. Mein Körper und mein Kopf wollen offensichtlich eine Pause und so lege ich mich einfach auf mein Bett und falle sehr schnell in einen tiefen Schlaf.

Als ich wieder wach werde, fühle ich mich ziemlich benommen, sehe aber das aufgeschlagene Buch auf der Seite „Was macht mir Freude / Was mag ich?" und fange, noch nicht ganz wach, einfach zu schreiben an:

- Musik
- Schreiben
- Beobachten
- Sonne
- Helfen
- Malen

Und ich stutze, als ich meine kleine Liste betrachte. Woher kommt jetzt das Malen? Ich weiß doch gar nicht, ob ich es kann? Aber halt, ich bin ja auch bei der Was-mag-ich-Liste. Es kann also sein, dass ich es gar nicht kann und einfach nur mag. Aber wie spannend, dass mir das einfach so aus der Feder floss! Also neben den unterschiedlichen Formen von Musik, mit denen ich mich beschäftigen möchte, muss ich dann wohl auch mal testen, wie es bei mir um das Malen bestellt ist. Wie mache ich das? Und da fällt mir ein, dass einmal pro Woche Malen angeboten wird, was ich bisher mangels Interesses nie wahrgenommen habe. Da hätte ich doch schon mal eine Möglichkeit mich auszutesten! Meine Müdigkeit ist wie weggeblasen und so stehe ich auf und gehe Richtung Wohnzimmer. Dort hängt das schwarze Brett mit den Terminen, auf dem ich schauen kann, wann das Malen stattfindet. Graciella habe ich heute noch gar nicht gesehen. Und ob Rosie sich später noch an unser gemeinsames Frühstück erinnern wird?

Im Wohnzimmer steht Brandon einfach so da und schaut auf sein Smartable. „Wie kann man nur so fixiert sein auf dieses Ding?", frage ich mich einmal mehr. Mitten im Raum, als wäre er eine Person in der Dornröschen-Geschichte, die mitten im Tun eingeschlafen ist, als sich der Fluch erfüllt und Dornröschen mit ihrem ganzen Hofstaat in den 100-jährigen Schlaf versinkt, unmittelbar nachdem sie sich an der Spindel gestochen hat. Wie kommt es, dass mir dieser Vergleich, diese Geschichte so präsent ist, während die bekanntesten Filme, die mir Dr. Domas gezeigt hatte, so fremd und unbekannt waren? Nun, vielleicht kriege ich das ja noch raus.

Am Fenster steht Graciella und wiegt sich im Takt. Ihre Augen sind geschlossen und sie ist ganz im Moment und ihrer Musik versunken. Ich überlege, ob ich zu ihr gehen soll, aber habe das Gefühl, dass ich sie vielleicht stören oder erschrecken könnte und überhaupt, ist sie ja auf mich zugegangen, und es scheint mir nicht richtig, wenn ich daraus einfach ableite, nun auch das Recht zu haben, auf sie zuzugehen. Ich entscheide mich also dagegen und sehe Rosie und Agnes Schach spielen. Zu den beiden könnte ich mal gehen, beschließe ich. Vielleicht kenne ich ja Schach? Ich weiß, dass so das Spiel heißt, das die beiden ausdauernd spielen, aber so richtig bekannt kommt es mir nicht vor. Ich gehe zum Tisch der beiden hinüber, grüße freundlich und frage, ob es in Ordnung ist, wenn ich ihnen beim Spielen zusehe. „Aber sicher", antwortet Rosie, „ich habe früher Turniere gespielt und immer gab es viele Zuschauer." – „Oh, mir war nicht klar, dass man Schach auch in Wettbewerben spielt", rutscht es mir heraus und Rosie lacht, während Agnes nur grinsend kommentiert: „Nun, dass du bei Turnieren gespielt hast, war mir auch neu. Jetzt brauche ich mich ja nicht mehr zu wundern, dass ich immer nur verliere! Spielen Sie Schach?", fragt sie an mich gewandt. „Ich glaube nicht, zumindest kenne ich die Regeln nicht – oder kann mich, falls ich sie mal kannte, nicht daran erinnern. Es sind sehr viele unterschiedliche Spielsteine", kommentiere ich nach einem Blick auf das Spielfeld. „Die jungen Leute lernen das heute gar nicht mehr!", kommentiert Rosie, „Und das ist eine Schande, denn es trainiert das Gehirn! Und ist viel besser als diese Dinger, mit denen sich die jungen Leute heute so die Zeit vertreiben." Und mit einem Blick Richtung Brandon, der immer noch wie angewachsen mitten im Raum steht und sein Smartable anstarrt, schüttelt sie den Kopf. „Wie heißen Sie, kennen wir uns nicht irgendwoher?", fragt sie dann unvermittelt und wieder mir zugewandt. Verlegen druckse ich rum: „Ja, also, wir haben uns heute Morgen im Esszimmer gesehen... und ... ich ... mein Name, ja nun, den weiß ich leider nicht." – „Ach", sagt sie und betrachtet mich voller Mitgefühl, um dann ganz optimistisch hinzuzufügen: „Das kommt schon wieder! Ansonsten suchen wir Ihnen einfach einen aus." Mit diesen Worten lächelt sie, als wäre es die normalste Sache der Welt, sich einfach einen Namen auszusuchen, wenn einem der alte abhandengekommen ist. Agnes findet die Idee offensichtlich auch ansprechend und grinst verschmitzt. Diese beiden alten Damen sind einfach zu süß. Irgendwie machen sie den Eindruck, dass sie ganz unschuldig sind, aber gleichzeitig, als hätten sie es faustdick hinter den Ohren. „Also ich heiße Rosie", stellt sie sich mir vor und „Ich bin Agnes", ertönt es von ihrer Schachpartnerin. „Schön, Sie kennenzulernen!", lächle ich die beiden an, auch wenn mir ihre Namen ja schon längst bekannt waren, so ist es doch etwas ganz anderes, sich richtig vorzustellen und ich wünschte mir so sehr, ich hätte auch meinen Namen nennen können. Aber ich kann ja keinen Namen aus dem Hut zaubern, solange ich mich nicht erinnere. Wobei der Gedanke, mir einfach einen auszusuchen, nach Rosies Kommentar nicht mehr so abwegig erscheint wie zuvor. Bleibt die Frage, ob meine

Erinnerungen zurückkommen. Wobei es durchaus möglich ist, dass meine Erinnerung nicht wiederkommt. Dr. Domas sagte mir, dass die Wahrscheinlichkeit, dass ich mich erinnern kann, mit der Dauer der Amnesie abnimmt. Nun, sollte ich mich tatsächlich nicht erinnern, dann kann ich mir irgendwann einfach einen Namen aussuchen, der mir gut gefällt. Es darf ja auch einen Vorteil haben, wenn man neu anfängt, oder nicht?

Viktor betritt den Raum und es fällt mir auf, dass er es ganz leise tut und nicht telefoniert! Er wirkt ganz entspannt, wie ausgewechselt, geht zum Bücherschrank und beginnt sich eingehend mit der vorhandenen Lektüre zu beschäftigen. Graciella hat die Augen nun nicht mehr geschlossen und als unsere Blicke sich treffen, winkt sie mir. Also genau genommen, winkt sie mich zu sich und ich freue mich, dass diese Verbindung, die wir durch die Musik gestern hatten, offensichtlich noch da ist. „Ich überlasse Sie jetzt mal wieder Ihrem Spiel und wünsche noch viel Vergnügen", verabschiede ich mich von den beiden und höre Agnes im Weggehen noch sagen: „Was für eine nette junge Frau!" – „Junge Frau", dass ich nicht lache, Kiki ist eine junge Frau, ich bin ... ja, was bin ich denn? Alt noch nicht, aber jung? Nein, jung nun auch nicht. „Also ‚mittelalt' - wie so ein Käse!", denke ich und muss grinsen.

Graciella streckt mir wieder einen Kopfhörer entgegen und ich bin schon gespannt, was sie diesmal für mich hat. Heute sind es ganz andere Klänge, eine ganz andere Musikrichtung, und ich freue mich dreifach. Weil ich wieder Musik hören kann, weil sie mir dabei sogar meinen Wunsch erfüllt, unterschiedliche Stile kennenzulernen und damit mehr über meinen Musikgeschmack und mich selbst zu erfahren und weil es schön ist, die Erfahrung von Musik mit ihr zu teilen. Wir setzen uns gemeinsam an einen Tisch und hören, fühlen und schweigen, weil es der Worte in diesem Moment nicht bedarf.

Abends, als ich in meinem Bett liege, lasse ich den Tag noch einmal Revue passieren. Der Tag war schön, richtig schön, stelle ich mit Erstaunen fest. Ich habe ein Notizbuch und wenn ich nur daran denke, zaubert es mir wieder ein Lächeln ins Gesicht. Und ich habe so viel über mich gelernt. Ich habe Musik gehört mit Graciella, gelacht mit Rosie und Agnes und Viktor zumindest ein Stück aus seiner Mr. Efficient-Rolle geholt. Das war ein wirklich ereignisreicher Tag und obwohl ich ja schon mittags geschlafen habe, kann ich in dieser Nacht sehr gut schlafen; tief, erholsam und traumlos (oder zumindest kann ich mich am nächsten Morgen nicht daran erinnern).

Agnes

Dank der guten Nacht fühle ich mich am Morgen entsprechend erfrischt. Voller Elan und Freude auf das, was der neue Tag mir bringen wird. Draußen ist es richtig kalt und Raureif sitzt auf den Pflanzen wie eine dicke, weiße Zuckergussschicht, die die Welt in ein ganz anderes Licht hüllt. Wunderschön sieht das aus!

Als ich das Esszimmer betrete, bin ich wieder die erste - noch etwas, was ich mir über mich notieren werde: ich scheine eine Frühaufsteherin zu sein. Die Küchenhilfe lächelt mich an. „Sie schon wieder?", scherzt sie und ich erwidere fröhlich: „Na, ich kann Sie doch nicht alles allein machen lassen!", und packe einfach mit an. „Dann sind wir ja schnell fertig und das Frühstück kann losgehen", fügt sie hinzu und man sieht ihr an, dass sie heute kein Problem mehr damit hat, dass ich ihr helfe. Gemeinsam bestücken wir das Büffet und mein Hunger wächst, so dass ich mich auf das Essen wirklich freue und auch das Gefühl habe, dass ich mir mein Frühstück heute im wahrsten Sinne des Wortes „verdient" habe.

Anders als an den anderen Tagen möchte ich heute ganz bewusst frühstücken. Ich möchte nicht einfach etwas nehmen, sondern bewusst wahrnehmen, was ich von den ganzen angebotenen Speisen mag, was ich nicht mag. Möchte über das Essen etwas über mich herausfinden. Meine Auswahl dauert entsprechend länger, aber ich finde viel heraus, was ich nachher in meinem Notizbuch notieren kann. Essen ist ein guter Bereich, um etwas über seine eigenen Vorlieben, über sich selbst, herauszufinden. Mit einer Schüssel Müsli mit leckeren Früchten mache ich mich vom Frühstücksbüffet auf zu „meinem" Tisch. Auch das eine Beobachtung über mich, nämlich dass ich mich meistens an den Tisch hinten am Fenster setze. Vielleicht, weil man da schön nach draußen sehen kann? Zumindest genieße ich es, wenn ich den Himmel, die Bäume draußen und das Grün des Parks sehen kann.

Auf dem Weg zum Tisch entdecke ich auf einem Fensterbrett eine vernachlässigte kleine Pflanze. Sie lässt die Blätter ziemlich hängen, hat einige verwelkte Spitzen und sogar braune Blätter und sie sieht insgesamt erschöpft und traurig aus. Etwas in mir verlangt danach, diesem Pflänzchen zu helfen, und so gehe ich näher. Ohne nachzudenken, fühle ich mit dem Finger wie sich die Erde anfühlt und sie ist so trocken, dass selbst ein Kaktus wohl Durst hätte, aber dieses kleine Einblatt hier ums Überleben kämpft. Ein Wunder, dass es überhaupt noch lebt. Schnell stelle ich mein Müsli an meinem Frühstücksplatz ab und gehe zurück zum Büffet, um etwas Wasser für sie zu holen. Die Frühstückshilfe beobachtet, dass ich mit einem Glas die Pflanze gieße und kommt zu mir: „Sieht kaputt aus, was ich gar nicht verstehen kann. Sie war mal ein Geschenk für einen Patienten und wurde dann hiergelassen, als er entlassen wurde. Ich habe sie dahingestellt, weil sie so schön aussah. Sie hatte weiße Blüten. Ich weiß nicht, wieso sie plötzlich so komisch aussieht." Verwundert blicke ich sie an: „Sie hat es zu trocken, offensichtlich wurde vergessen, sie zu gießen. An dieser Stelle bekommt sie zu viel Licht, also dieser Standort hier ist nicht gut für sie." – „Gießen und zu viel Licht?", verwundert sie sich, „Ich muss meine zuhause immer mal abstauben, aber gießen?" – „Ja, klar gießen! Das ist ja kein toter Gegenstand, sondern ein Lebewesen, das Wasser und Nahrung braucht!" – „Ein Lebewesen? Meine Pflanzen sind zur Deko da, nicht, um mir Arbeit zu machen. Ich habe meine noch nie gegossen und sie blühen wie am ersten Tag. Nur gegen den Staub muss ich sie ab und zu absaugen, aber das geht." Ich fange an zu ahnen, dass es sich wohl um künstliche Pflanzen handelt, von denen sie spricht. „Nun, diese hier ist eine echte kleine Pflanze, die Wasser und Nahrung braucht. Weil ihr das gefehlt hat, sieht sie so aus. Aber mit etwas Pflege wird sie wieder!", erkläre ich ihr und wundere mich, dass ich so viel über Pflanzen zu wissen scheine. „Wasser, Nahrung und Pflege? Vielleicht sollten wir ihr mal ein Frühstück hinstellen?", scherzt sie und ich habe das Gefühl, dass dieses Bild uns aus unterschiedlichen Gründen komisch erscheint. „Also ich weiß nicht, was ich mit der Pflanze machen soll und werde sie gleich wegschmeißen, so armselig wie sie aussieht", fügt sie hinzu. „Oh nein, auf gar keinen Fall. Ich kümmere mich um sie!", versichere ich ihr und sie antwortet: „Na dann nehmen Sie sie doch einfach mit auf ihr Zimmer, dann steht sie hier nicht rum und sieht schrecklich aus." Und mir ist in dem Moment, als hätte mir jemand einen Freund geschenkt und ich nicke begeistert. „Gerne, das mache ich!", nehme das Pflänzchen und gehe erst mal zu meinem Frühstücksplatz und während ich mich noch frage, was das für eine merkwürdige Einstellung zu Pflanzen ist und dem Einblatt flüsternd versichere, dass ich mich gut um es kümmern werde. Ich kann es nicht glauben, dass die Küchenhilfe nicht zu wissen scheint, dass Pflanzen Lebewesen sind. Wie anders sollten sie wachsen und gedeihen? Besorgt werfe ich einen Blick nach draußen, ob die Bäume und Büsche, die ich da sehe, vielleicht auch nicht echt sein könnten, aber ich sehe genug Laub und Ästchen um die Pflanzen herum liegen, dass sie ganz sicher nicht künstlich sind. Was ich enorm beruhigend finde.

Und sei es, weil ich ohnehin heute mein Essen sehr bewusst wahrnehme oder sei es, weil ich gerade über künstliche Pflanzen nachgedacht habe, in jedem Fall fällt mir heute zum ersten Mal auf, dass das Müsli irgendwie nicht so schmeckt, wie ich Müsli in Erinnerung habe. Na, wenn das keine weitere erstaunliche Erkenntnis an diesem Morgen ist: Ich habe eine Geschmackserinnerung! Und im Vergleich mit meiner Geschmackserinnerung ist das Müsli hier gerade eine echte Enttäuschung. Wieso ist mir das bisher nicht aufgefallen? Vermutlich, weil ich einfach achtlos gegessen habe oder weil es mir an der bewussten Erinnerung gefehlt hat. Also kommen Erinnerungen offensichtlich zurück oder möglicherweise hole ich sie durch Reflexion zurück? Auf jeden Fall hat sich mein Wissen über mich selbst wieder deutlich vermehrt!

Nach dem Frühstück gehe ich mit meiner neuen Pflanzen-Freundin in mein Zimmer. Dort suche ich ihr den besten Platz aus. Ein Einblatt braucht keinen direkten Lichteinfall, also ist es gut, dass mein Zimmer in Richtung Norden geht, wo sie es hell, aber nicht zu hell hat. Ich fühle nochmal nach und gebe ihr noch ein wenig Wasser. Sie mag es feucht, aber nicht nass und schon gar nicht trocken. Wenn ich etwas zum Sprühen hätte, könnte ich ihr etwas Gutes tun, indem ich ihre Blätter befeuchte. Ich weiß wirklich etwas über Pflanzen und wie man mit ihnen umgeht! Denn woher sonst tauchen diese Informationen so einfach in meinem Kopf auf? Ich mache stichpunktartige Notizen in meinem Buch von all den Dingen, die mir heute schon aufgefallen sind und vergesse darüber ganz die Zeit, bis mein Blick auf die Uhr fällt und ich erschrocken feststellen muss, dass gleich der Malworkshop beginnt, zu dem ich doch heute unbedingt gehen wollte. Schnell lasse ich alles stehen und liegen und mache mich eilig auf den Weg in die „Werkstatt", wo unterschiedliche Kurse angeboten werden. Heute ist das Malen angesagt und ich bin gespannt und etwas zögerlich zugleich.

Der Kursleiter begrüßt mich freundlich. „Oh, ein neues Gesicht! Herzlich willkommen! Mit wem habe ich das Vergnügen?", strahlt er mich an. Statt wieder sagen zu müssen, dass ich mich nicht erinnern kann, was sich mit jedem lauten Aussprechen schmerzhafter für mich anfühlt, antworte ich „Ich bin die, die man Frau-ohne-Chip nennt", und muss innerlich sogar grinsen, weil es sich fast wie ein indianischer Name anhört. Etwas verlegen, vielleicht weil ich diese Bezeichnung für mich kenne und nun selbst benutzt habe oder weil er mich mit seiner Frage in Verlegenheit gebracht hat, lächelt mich der noch sehr junge Kursleiter an: „Nun, meine Liebe, Sie sind gekommen, um heute etwas zu malen, und das freut mich natürlich sehr. Suchen Sie sich einfach einen schönen Platz aus!" Da hat er aber gut die Kurve gekriegt, denke ich und schaue mich um. Es sind ein paar Patienten hier, die vermutlich aus anderen Abteilungen stammen oder mir bisher noch nicht aufgefallen sind. An einem Tisch sehe ich Kiki, die bereits völlig ins Zeichnen versunken ist. In sehr dunklen Farben malt sie ein Bild, auf dem ich kahle Bäume erkennen kann.

Neben ihr ist ein Tisch frei und ich setze mich daran. Auf diesem Tisch liegt Papier in unterschiedlichen Farben und Größen, verschiedene Stifte und ein Farbkasten mit Pinseln und ein kleines Wasserglas, wie auf allen Tischen. Da ich nicht weiß, wie das hier läuft, warte ich erst mal ab, während ich die Materialien beäuge. Gibt es etwas davon, was mich anspricht? Welches Papier würde ich wählen, wenn ich es mir aussuchen kann? Welchen Stift oder Pinsel, welche Art zu malen und welches Motiv? Von so viel Auswahl fühle ich mich überfordert und blicke hilfesuchend zum Kursleiter. Der hat sich zentral im Raum aufgestellt und hat offensichtlich nicht vor, hier eine Anleitung zu geben, sondern schaut, wer vielleicht Hilfe gebrauchen könnte. Er sieht meinen Blick und ist ruckzuck bei mir. „Sie sind das erste Mal hier und wollen sicherlich wissen, wie das hier so läuft." Ich bewundere insgeheim sein Feingefühl und sein Einfühlungsvermögen, sich so auszudrücken, dass ich mich willkommen und akzeptiert fühle. „Wir malen hier ganz frei und intuitiv. Sie können also Ihren Gefühlen freien Lauf lassen." Und als könnte er meine Gedanken lesen, setzt er hinzu: „Wenn da nicht direkt eine Idee ist, kann ich gerne auch einen Vorschlag machen." Ich fühle mich hin- und hergerissen, weil ich gerne loslegen würde, aber wirklich gerade nicht weiß wie. „Also ich würde gerne intuitiv malen, finde aber tatsächlich keinen Anfang", gestehe ich. „Das geht vielen so und ist total in Ordnung! Wie wäre es, wenn Sie sich ein Blatt nehmen und einfach mit den unterschiedlichen Stiften und Pinseln experimentieren, indem Sie zunächst einen Kreis zeichnen und diesen dann mit Strichen, Linien und Farben füllen, wie es Ihnen einfällt? Ganz oft braucht es nur den ersten Strich, damit sich etwas wie von selbst daraus entwickelt", schließt er seinen Vorschlag. Bevor ich so gar nichts ausprobiere, finde ich das eine gute Idee. Mit einem der Bleistifte zeichne ich zunächst einen Kreis. Er ist erstaunlich rund und ich bin überrascht darüber und ganz zufrieden, wie leicht mir das fiel. Und genau wie er sagte, hat dieser erste Strich meine Blockade gelöst. Ohne wirklich darüber nachzudenken, zeichne ich weitere Formen und Striche auf dem Papier und es kommt etwas heraus, dass wie ein Symbol aussieht, wie etwas, dass ich schon einmal irgendwo gesehen habe. Es sieht ein bisschen wie eine Sonne mit einem Dreieck in der Mitte aus.

Und mir wird plötzlich klar: Meine Hand hat eine Erinnerung gezeichnet, von der ich selbst keine Ahnung hatte. Erstaunt und aufgeregt blicke ich mein Blatt an und frage mich, woher das Zeichen kommt, woher ich das kenne, und was es mir sagen soll. Als der Kursleiter wieder vorbeikommt, bleibt er stehen und betrachtet ebenfalls mein Blatt. „Das sieht hübsch aus! Was bedeutet es?" fragt er mich interessiert und ich kann nur antworten: „Ich habe keine Ahnung! Haben Sie sowas schon einmal gesehen?" Er verneint, aber schlägt dann vor: „Wenn Sie wollen, kann ich mal in unserer Symbolikdatenbank nachschauen." – „Oh, das wäre super, vielleicht hilft es mir, etwas über mich selbst herauszufinden!", antworte ich voller Hoffnung, „Würden Sie das wirklich für mich machen? Ist das sehr viel Aufwand?" – „Nein, gar nicht. Ich scanne das ein und lasse die Datenbank suchen und bekomme ein Ergebnis, das sollte eine Sache von nicht mal 5 Minuten sein." Ich nicke eifrig: „Ja, bitte!", und reiche ihm den Zettel, mit dem er davonstapft, während mein Herz wie wild klopft. Es ist, als könnte er mir damit vielleicht eine Tür öffnen, die etwas über meine Herkunft verrät. Alles, was ich bisher herausgefunden habe, sind kleine Gucklöcher auf einzelne Dinge, aber ich habe das Gefühl, dieses Symbol könnte wirklich ein Fenster oder eine Tür zu meiner Vergangenheit öffnen. Nervös warte ich auf seine Rückkehr. Meine Hände suchen eine Beschäftigung und ohne dass ich mir dessen wirklich bewusst bin, nehme ich einen der Pinselstifte und bewege ihn hin und her und schon macht sich meine Hand wieder selbstständig und beginnt, einen verschnörkelten Buchstaben auf das leere Blatt vor mir zu malen. „Meine Güte, das dauert ja ewig!", murmele ich ungeduldig, während ich den Buchstaben betrachte und, weil es gerade in diesem Moment so guttut, zumindest meinen Händen etwas zu tun zu geben, male ich weiter und der nächste verschnörkelte Buchstabe entsteht auf dem Blatt vor mir und ein weiterer und noch einer. Kaum, dass ich es wahrgenommen habe, habe ich schon das halbe Alphabet geschrieben oder eher gemalt, wenn man bedenkt, dass ich sie mit dem Pinselstift zu Papier gebracht habe. Nach einer gefühlten Ewigkeit kommt der Kursleiter zurück. Sein Gesichtsausdruck sieht nicht vielversprechend aus. Bedauernd zuckte er die Schultern. „Tut mir leid, die Datenbank funktioniert gerade nicht, die haben wohl ein technisches Problem. Ich habe es eingescannt und versuche es später nochmal und sage Ihnen dann Bescheid." Entschuldigend sieht er mich an. Nun, dafür kann er ja nichts, aber in mir tobt die Enttäuschung und Ungeduld, auch wenn das ja nichts nutzt. Sein Blick fällt auf meine Buchstabensammlung: „Oh, wow, Sie waren aber fleißig in der Zwischenzeit!" Und er fügt nach kurzer, intensiver Betrachtung hinzu: „Die sehen aber wirklich toll aus; sehr kunstvoll, kalligraphisch umgesetzt. Und das mit dem Pinselstift. Das ist bemerkenswert!"

Und er hat schon recht, mein Blatt sieht toll aus. Die ganzen verschnörkelten Buchstaben in ganz gerader Anordnung, in einer Präzision geschrieben, als hätte man sie gedruckt – und das, obwohl ich sie quasi nur so aus Nervosität dahingekritzelt habe. Was würde ich wohl machen können, wenn ich mir wirklich Mühe gebe!? Ich kann also nicht nur mit der Hand schreiben, sondern dies auch auf ganz besondere Weise tun. Kein Wunder, dass sich der Stift zum Schreiben so gut in meiner Hand anfühlt, offensichtlich habe ich viel Übung darin. Aber in einer Welt, in der ich gefragt wurde, ob ich überhaupt mit der Hand schreiben kann, ist dies offensichtlich keine Selbstverständlichkeit (auch wenn es sich für mich so anfühlt), sondern eher ein Schlüssel zu meiner Identität und Vergangenheit. Das mit dem Symbol kriegen wir auch schon noch raus, da brauche ich einfach noch ein bisschen Geduld! Meine Enttäuschung darüber, dass ich jetzt noch keine Antwort dazu habe, weicht dem dankbaren Gefühl über die Erkenntnisse, die ich doch schon wieder gewonnen habe. Mein Kopf und Körper haben einige Informationen gespeichert, die sich mir nach und nach erschließen. Wenn das kein gutes Zeichen ist! Das Wissen über Pflanzen. Kalligrafisches Schreiben. Mein Buch werde ich heute noch mit einigen Neuigkeiten füttern. „Danke schön, ja bitte versuchen Sie es nochmal, das Symbol aufzuklären. Und", mit einem Blick auf das Blatt vor mir, „offensichtlich kann ich das ganz gut, woher auch immer." Und ich lächele zufrieden, aber auch ein wenig verlegen.

Bevor die Workshop-Zeit vorüber ist, versucht der Kursleiter nochmal in die Datenbank zu kommen, aber sie ist immer noch gesperrt. Nun gut, dann muss ich halt warten, und mich zu ärgern, dass die Technik nicht mitspielt, nutzt ja auch nichts.

Nachdem ich noch die restlichen Buchstaben des Alphabets aufgemalt habe, füge ich noch das Symbol hinzu und habe dann erst das Gefühl, dass das Blatt vollständig ist. Meine beiden Blätter nehme ich natürlich mit, als ich den Raum verlasse. Kiki hat ihr Bild einfach auf dem Tisch zurückgelassen. Vielleicht hilft es ihr beim Loslassen, denn die Gefühle, die mir aus diesem Bild entgegenschlagen, sind so dunkel wie die Farben, die sie verwendet hat.

In meinem Zimmer angekommen, lege ich die beiden Blätter vor mir aufs Bett und betrachte sie eingehend. Dabei fällt mir auf, dass sich meinen Besitz in den letzten Tagen verdreifacht hat: Das Buch, die Pflanze, die Blätter. Vorher hatte ich nichts. Meine Kleidung besteht aus Leihgaben der Klinik, die eigentlich für die Altkleidersammlung vorgesehen waren, aber da ich nur das hatte, was ich am Leib trug – und was bei meinem Unfall etwas gelitten hatte – war das die Lösung, mir etwas zum Anziehen geben zu können. Die Sachen sind auch praktisch und schön und gar nicht abgetragen, weshalb ich nicht verstehen kann, wieso man sie einfach weggegeben hat. Es widerstrebt mir, Dinge, die noch genutzt werden können, so einfach loszuwerden. Genauso wie es mir widerstrebt, die Pflanze einfach sterben zu lassen. Ich gehe zu ihr ans Fenster und schaue, wie es ihr geht. Das Wasser vom Frühstück hat sie begierig aufgesogen, dennoch haben sich die Blätter noch nicht erholt, was ja klar ist. Die Vernachlässigung über längere Zeit lässt sich nicht in ein paar Stunden aufheben. Vorsichtig entferne ich die welken Blätter, damit sie keine

Kraft mehr für sie aufwendet. Gleich sieht sie weniger traurig aus.

Mir ist nach einer Unterhaltung zumute, also gehe ich ins Wohnzimmer und schaue, wer da ist. Gerade sind Rosie und Agnes nicht da. Schade. Am Buchregal steht Viktor und nimmt ein Buch nach dem anderen heraus, schaut hinein und stellt es unzufrieden wieder zurück. Ich gehe zu ihm und schaue mir ebenfalls mal die Bücher an. Sie sind bunt bedruckt und nichts davon kommt mir bekannt vor. „Das ist alles Schrott", klagt Viktor und sieht mich an. „Sowas kann man nicht lesen und schon gar nicht spielen!" – „Suchen Sie denn etwas zum Lesen oder zum Spielen?", frage ich ihn und er grinst. „Na, beides! Erst lesen, dann – wenn es gut ist – gerne eine Rolle darin übernehmen." Und nach einer kurzen Pause fügt er hinzu: „Ich bin übrigens Viktor. Und mit wem habe ich das Vergnügen?" – Ich seufze ganz leise, seit ich mit Menschen spreche, ist das Namensproblem irgendwie noch lästiger geworden. „Ich weiß es leider nicht, man nennt mich Die-Frau-ohne-Chip", füge ich ergeben mit den Schultern zuckend hinzu. „Na, wir sind ja hier, weil wir so unsere Gedächtnislücken haben", erwidert er mitfühlend. „Sie könnten sich ja einen Künstlernamen aussuchen", schlägt Viktor vor. Das ist tatsächlich heute schon der zweite praktische Lösungsvorschlag zu meinem Namensproblem! Und die Wiederholung des Gedankens, dass es gar nicht so ungewöhnlich oder abwegig ist, sich selbst einen Namen zu geben, tut mir gut. „Darüber werde ich mal nachdenken", antworte ich. „Denn wenn ich mir schon selbst einen Namen geben sollte, dann sollte er auch wirklich zu mir passen!" – „Ja, das macht Sinn. Meinen Nachnamen hatte damals einfach die Agentur geändert. Mein echter Name ‚geht gar nicht', sagten sie und beschlossen ihn zu ändern, bevor ich mir wirklich Gedanken darüber machen konnte." Und nach einer kurzen Pause fügt er sehr nachdenklich hinzu: „Überhaupt hat die Agentur viele Entscheidungen getroffen, an denen ich nicht beteiligt war, und die vielleicht gar nicht so gut für mich waren." Dieser Mann verblüfft mich. Bis gestern war er überhaupt nicht ansprechbar, war komplett in seiner Rolle und als hätte es das nie gegeben, unterhält er sich heute ganz normal mit mir. Wenn ich es nicht besser wüsste, würde ich glauben, den Gedächtnisverlust – oder war es nicht eher ein Identitätsverlust? – hätte es bei ihm nie gegeben. Als hätte sich ein Schalter umgelegt. Und vielleicht wird es diesen Schalter bei mir ja auch geben und alles ist wieder da? Ein Funke Hoffnung keimt in mir auf.

Es ist auf jeden Fall eine Freude, sich mit ihm zu unterhalten, und ich bin überrascht, dass er sich so offen und entspannt mit mir unterhält, wo wir uns doch im Grunde nicht kennen. Dr. Domas nähert sich uns und fragt dann mit dem Blick auf Viktor gerichtet: „Haben wir nicht jetzt einen Termin?" – „Oh", der erwachsene Mann wird verlegen wie ein Schuljunge, ein Hauch von Verlegenheitsröte ziert plötzlich seine Wangen und er entschuldigt sich nachdrücklich. „Ist ja nicht so schlimm, ich habe Sie ja gefunden. Gehen wir in mein Büro?", beschwichtigt die Ärztin, nickt mir freundlich zu und die beiden ziehen ab. Schade, ich hätte das Gespräch gerne noch fortgesetzt.

Als ich mich umschaue, sehe ich Agnes in einem der Sessel sitzen. Ich war so ins Gespräch mit Viktor vertieft, dass ich ihre Ankunft gar nicht bemerkt habe. Sie hat einen Knäuel Wolle und Nadeln in der Hand und strickt. Es sieht aus wie ein Schal und sie hat schon ein ganz ordentliches Stück geschafft. Dabei kann ich mich gar nicht erinnern, sie schon einmal strickend gesehen zu haben. Sie blickt mich freundlich an und ich gehe zu ihr hinüber. „Hallo Agnes! Was stricken Sie denn?", frage ich und sie schaut mich staunend an: „Sie sind die erste, die weiß, was ich hier mache! Das ist eine völlig vergessene Kunst, das Stricken." Ich beobachte, wie sie geschickt den Faden mit der Nadel einfängt und durch die vorhandene Masche zieht. Es hat etwas Beruhigendes, ihr dabei zuzusehen, und ich überlege, ob ich das auch kann, als sie ansetzt: „Leider kann ich nur hin und wieder etwas daran arbeiten, da ich mich nicht immer erinnern kann, wie es geht." Sie sieht meinen überraschten Blick und spricht weiter: „Wollen Sie sich zu mir setzen und wir plaudern ein bisschen? Es ist schon recht einsam hier, weil es so wenige Leute gibt, mit denen man sich richtig unterhalten kann. Und wenn sie wieder so klar bei Verstand sind, dass Gespräche möglich sind, dann gehen sie und ich sitze wieder alleine rum." Ihr Gesicht sieht für einen kurzen Moment traurig aus, bevor sie wieder lächelt. Ich kann sie aber verstehen und darüber habe ich noch gar nicht nachgedacht. Es muss wirklich hart sein und ich frage mich, warum sie überhaupt hier ist. In unseren

Begegnungen macht sie mir nicht den Eindruck, als ob sie Erinnerungslücken hätte. Und jetzt ist auch verständlich, warum sie so viel mit Rosie zusammen macht, die ja ihre klaren Momente hat und außerdem eine Spielpartnerin für Schach ist. „Man lernt zwar immer wieder neue Menschen kennen, aber so ein paar feste Freundinnen hier wären schon schön", fährt sie fort, während ihre Hände stricken und sie nicht mal auf die Nadeln blickt. Sie kann das echt gut, es sieht so selbstverständlich bei ihr aus, wie sich für mich das Schreiben anfühlt. Überhaupt ist mir bisher sehr viel NICHT aufgefallen, ich war viel zu sehr mit mir selbst beschäftigt, um die Welt um mich herum wirklich wahrzunehmen. Erst in den letzten Tagen haben sich plötzlich Zugänge zu den anderen – genauso wie zu mir selbst – eröffnet, in einem Umfang, wie ich es in meinen ersten Monaten hier nie für möglich gehalten hätte. „Aber, alles kein Grund Trübsal zu blasen!", wischt sie die sichtbare Traurigkeit über die fehlenden Freundinnen fort. „Ich habe ja Rosie." – „... und das Schachspiel", setze ich hinzu und sie grinst: „Oh ja, das auch! Meine regelmäßige Niederlage, für die ich heute ja die Erklärung bekommen habe. Aber mir geht es wirklich gut hier. Ich bin seit etlichen Jahren hier und es könnte mir definitiv schlechter gehen!" – „Darf ich fragen, warum Sie hier sind, Agnes", frage ich vorsichtig nach. „Ja, sicher. Ich leide unter einer seltenen Krankheit, die sich IVGS nennt, ‚inflammatives variables Gehirnsyndrom‘, bei der durch Entzündungen im Gehirn bestimmte Regionen zeitlich lahmgelegt werden, so dass ich an manchen Tagen bestimmte Informationen nicht abrufen kann, an anderen Tagen – je nachdem, wo die

Entzündung gerade aktiv ist - sind es andere Bereiche, die dadurch ausfallen und mir fehlen andere Informationen. Heute weiß ich, wie man strickt, morgen oder nächste Woche vielleicht nicht und dann in einem Monat wieder." Sie schweigt kurz und blickt auf ihr Strickwerk. „Nun, den Schal hier stricke ich jetzt schon drei Monate und Sie sehen ja, wie weit ich gekommen bin, obwohl da wirklich nichts Herausforderndes dran ist." Und sie hält mir ihr Strickzeug entgegen. „Na, noch drei Monate und Sie können ihn an Ostern tragen! Er sieht jetzt schon toll aus!", versuche ich, den Gedanken eine positive Richtung zu geben. Aber Agnes scheint keine Person zu sein, die sich in trüben Gedanken verliert, denn sie grinst mich schon wieder verschmitzt an, um dann ernst weiter zu erzählen: „Sie haben eine Operation versucht und hochgradig betroffene Teile meines Gehirns entfernt, auch um die Schmerzen zu lindern. Was die Schmerzen angeht, hat es funktioniert, was mein Gehirn angeht, nicht so richtig. Ein Teil meiner Erinnerungen wurde ganz ausgelöscht und ich musste erst wieder gehen und meine Arme benutzen lernen." – „Das klingt heftig", entfährt es mir bestürzt. „Tja, die Entzündungen kommen und gehen, genau wie meine Erinnerungen in bestimmten Bereichen – in der Regel sind das erlernte Fähigkeiten, wie zum Beispiel das Stricken oder das Fliegen. Ich war nämlich Pilotin", erklärt sie mir stolz und fährt fort, während ich andächtig lausche: „und ich hatte ein wundervolles Leben, was mir leider erst klar wurde, nachdem sich durch den Ausbruch der Krankheit alles verändert hatte. Es ist ja klar, dass eine Pilotin, die durch starke Kopfschmerzen beeinträchtigt ist und sich von einem Tag auf den anderen nicht daran erinnern kann, wie man ein Flugzeug fliegt, nicht zu gebrauchen ist. Also wurde ich arbeitsunfähig und nach der OP hier aufgenommen. Hier habe ich wieder den Einsatz meiner Arme und Beine gelernt und ich bin dem Team für die Bemühungen um mich unbeschreiblich dankbar." Sie berichtet das alles nicht klagend oder Mitleid suchend, sondern einfach so, wie es für sie war. Ich weiß nicht, ob ich ihre Gelassenheit hätte. Nach einer längeren Pause und einer weiteren Drehung ihres Strickstücks fährt sie fort: „Das ist jetzt schon 20 Jahre her." Ich bin schockiert. Vor 20 Jahren! Das kann doch nicht sein, dass sie schon so lange hier lebt? Und nun verstehe ich erst richtig, wie schwer es für sie sein muss, hier keine dauerhaften Freundschaften aufbauen zu können. „Meine Familie kam mit der Situation überhaupt nicht zurecht. Die langen Aufenthalte in der Klinik, die letztlich unbehandelbare Krankheit ...", Agnes schweigt und kurz bevor sie leise fortfährt: „Aber alle fanden Ersatz für mich: das Flugunternehmen fand eine neue Pilotin oder vielleicht auch einen Piloten. Mein Mann fand eine neue Frau. Meine Kinder bekamen ein Vollzeit-Kindermädchen und fanden so einen Mutter-Ersatz." Der Schmerz darüber ist ihr deutlich anzusehen. „Nachdem sich mein anfangs sehr schlechter Zustand nach ungefähr zwei Jahren stabilisiert hatte und die Schmerzen mit den geeigneten Mitteln einigermaßen im erträglichen Rahmen waren, hätte ich entlassen werden können. Aber da war eben kein Platz mehr für mich." Agnes zuckt ergeben die Schultern wie jemand, der sich mit seinem Schicksal abgefunden hat. „Ich meine, ich kann es keinem von ihnen verübeln, dass sie mich nicht zurückwollten, mich nicht mehr brauchten. Der Alltag mit einer, die an einem Morgen noch weiß, wie man Kaffee kocht und am nächsten so etwas Einfaches nicht hinbekommt, die nicht arbeiten gehen kann, kein Geld verdient, die unzuverlässig ist, einfach weil sie die Erinnerungsausfälle nicht kontrollieren kann. Das ist schon eine Last. Eine Last, die ich ihnen auch nicht zumuten wollte, davon abgesehen, dass ich ja inzwischen geschieden war und kaum wieder zuhause hätte einziehen können und mir auch keine eigene Wohnung leisten konnte. Die einzige Option für mich wäre ein Umzug in ein Wohnheim für Arme in einer anderen Stadt gewesen. Dass ich hierbleiben durfte und nicht in ein Wohnheim musste, das habe ich Dr. Domas zu verdanken." Und auf mein überraschtes Gesicht setzt sie hinzu: „Nicht Dr. Doro Domas, sondern ihrem Vater, der vor ihr die Klinik geleitet hat. Ich bin somit quasi ein Stück Mobiliar in dieser Klinik, das sie neben dem Schreibtisch und Bildern an der Wand von ihm geerbt hat." Nach einer kurzen, nachdenklichen Pause setzt sie hinzu: „Aber sie ist ihm sehr ähnlich und hat ein gutes Herz. Es lebt sich wirklich nicht schlecht hier – nur, dass ich doch oft einsam bin." Sie schweigt und ich spüre die Last, die auf ihr liegt und die noch schwerer wird, als sie weiterspricht: „Es ist ja nicht so, dass ich alles vergessen würde. Meine Erinnerungen an Menschen, an Erlebtes und meine Kindheit und meine Kollegen sind präsent und waren auch nie von den Ausfällen betroffen. Es ist fast so, als würde der Mangel an Erinnerungen bestimmter

Fähigkeiten durch ein Übermaß an Erinnerung an andere Ereignisse ausgeglichen. Ich sehe zum Beispiel bis ins kleinste Detail meine Kinder vor mir, als ich zur OP in die Klinik abgeholt wurde. Der Blick von Lucius, seine Augen angefüllt mit Tränen, bemüht um Tapferkeit in einer Situation, in der nicht klar war, ob er seine Mutter jemals wiedersehen würde. Jamira, die sich an ihn klammert und von mir abwendet, als würde sie den großen Abschied, der nach meiner Operation kam, schon vorwegnehmen. ... Es brach mir fast das Herz", schließt sie mit rauer Stimme und schweigt.

Ich bin nach ihren Worten wie vom Donner gerührt. Was für ein Schicksal! Wie grausam das Leben zu Agnes war und wie gefasst sie das trägt! Und da tue ich mir leid, weil ich alles vergessen habe? Wie sehr wird sie sich manchmal gewünscht haben, alles zu vergessen, denn der Schmerz über ihre verlorenen Kinder, über ihr verlorenes Leben, ist in ihren Augen deutlich zu lesen. Während mich eine Welle des Mitgefühls überrollt, höre ich sie entschuldigend mit gefasster Stimme sagen: „Es tut mir leid, ich wollte Sie nicht langweilen oder bedrücken! Manchmal ist es einfach schön, mit einem Menschen zu reden und auch zu erzählen, was mir passiert ist. Ich fühle mich hier oft von der Gesellschaft vergessen ..."

„Ich bitte Sie! Da gibt es doch gar keinen Grund sich zu entschuldigen! Ganz im Gegenteil: ich danke Ihnen, dass Sie mir das alles anvertraut haben!", antworte ich gerührt und ohne dass es weiterer Worte bedarf, umarmen wir uns. Es fühlt sich für mich in dem Moment an, als würde in dieser Umarmung ihr Leid und mein Leid – auch wenn meines im Vergleich mit ihrem wirklich belanglos scheint – miteinander verschmelzen. Als würde der Schmerz, den jede von uns in sich trägt, vereint durch unsere beiden Körper gewirbelt und Tränen, die schon lange geweint werden wollten, beginnen zu fließen. Es ist ein ganzer Fluss von Tränen, in dem sich all die angestauten Gefühle von Trauer, Wut, Schmerz und Angst mischen. Und während dieser gemeinsame Schmerz mich fast zu erdrücken scheint, passiert in der Wärme der Umarmung und dem Strom der Tränen gleichzeitig etwas anderes: ein Wegfließen, ein Stück Loslassen genau dieses Schmerzes, der Beginn einer Heilung von innen, dem Gefühl, nicht alleine zu sein, all das nicht mehr alleine zu tragen und tragen zu müssen – und das ist ein Gefühl unglaublicher Befreiung!

Ich habe nicht die leiseste Ahnung, wie lange wir uns festhalten und weinen, aber es ist auch egal, denn es fühlt sich genau richtig an. Und als wir die Umarmung wieder lösen, uns verheult ansehen, sehe ich in ihrem Blick das, was auch ich fühle: Dankbarkeit und Liebe! Agnes kramt aus ihrer Tasche zwei Taschentücher und wir schnäuzen uns synchron. „Danke", sagt sie leise und lächelt als ich antworte: „Ich habe zu danken!" Ähnlich wie mit Graciella, wenn wir Musik hören, spüre ich mit Agnes eine starke Verbindung, die mir auf nicht erklärbare Weise Halt und Kraft gibt. Und verstärkt wird dieses Gefühl durch den Blick, den sie mir schenkt, in dem ich erkennen kann, dass es ihr genauso geht.

Plötzlich dringt Rosies empörte Stimme aus der Ferne zu mir: „Ich kenne Sie nicht, was wollen Sie von mir? Sagen Sie mir doch, was mit Gustaf ist!" Und ich sehe sie am anderen Ende des Raumes stehen, während sie böse auf eine Pflegende schaut, die sie am Arm festhält. Mit raschen Schritten eilen ein Pflegender, der – wenn ich mich richtig erinnere – Raphael heißt und Dr. Domas aus unterschiedlichen Richtungen herbei und greifen sofort ein. Ich sehe, wie Raphael kurz mit der Hand auf den Rücken der Pflegenden schlägt, die Rosie festhält, während Dr. Domas leise mit Rosie spricht und – obwohl ich sie nur von hinten sehe – kann ich direkt an ihrem Körper wahrnehmen, wie sie sich etwas entspannt. Nach dem Schlag auf den Rücken lässt die Pflegende Rosie direkt los und verharrt in einer ziemlich unnatürlich wirkenden Pose. Die Szene verwirrt mich. Was passiert da? Nach einem kurzen Blickwechsel zwischen Raphael und Dr. Domas geht er mit Rosie weg, während Dr. Domas sich von der starren Pflegenden kurz abwendet und ich Wut in ihrem Blick sehe, wie ich sie bisher noch nie bei ihr gesehen habe.

*I*ch bin froh, dass ich Rosie so schnell beruhigen konnte. Gut, dass Raphael auch direkt hier war. Woher kommt dieser vermaledeite Pflegebot? Ich habe wirklich intensiv darum gekämpft, dass sie in meiner Abteilung nicht eingesetzt werden. In den anderen Klinikbereichen können sie von mir aus machen was sie wollen, aber hier bei mir gibt es das nicht! Es ist schwer, Personal zu finden, ich weiß das, aber Pflegebots sind keine Option. Nicht mal zum

Betten machen und Putzen. Wir haben es hier mit hochgradig emotional verletzlichen Menschen zu tun. Die Bots können einfache Aufgaben erfüllen, aber werden auch in den nächsten zehn Jahren noch nicht so weit sein, emotional angemessen auf meine Patienten zu reagieren. Ich werde gleich beim Techniker anrufen und dann soll er seinen blöden Bot abholen und erst mal richtig einstellen, damit er hier in der Klinik nicht auf Wanderschaft geht. Diese Dinger sind echt die Pest! Mir ist schon klar, dass der Pflegenotstand nicht so einfach gelöst werden kann, aber Pflegebots sind nicht die Lösung! Selbst wenn sie sich inzwischen wie Menschen bewegen und auch fast so aussehen, so fehlt es ihnen an menschlichen Qualitäten. Irgendwie sieht dieser hier auch im Gesicht schon extrem nach Mensch aus und so betrachte ich ihn mir nochmal genauer. Raphael, einer meiner besten Pflegenden und eine riesige Stütze hier, kommt zurück: „Rosie hat sich beruhigt." Und mit Blick auf den Bot: „So wie der aussieht, gehört er in die Ambulanz, da haben sie jetzt ein paar neue in der Patientenaufnahme bekommen. Sicherlich wieder so ein technischer Fehler, dass der bei uns gelandet ist. Im Vergleich mit denen sind mir ja die Sozialdienst-Pflegenden noch lieber." – „Also ich weiß nicht. Ich kann beides hier nicht gebrauchen. Ohne Menschen wie dich, Raphael, müsste ich die Abteilung hier dicht machen!" Raphael lächelt: „Es ist mir auch eine Freude, hier zu arbeiten. Auch wenn wir wirklich Verstärkung gebrauchen könnten." – „Ich weiß. Du hast einen aussterbenden Beruf fürchte ich", beende ich meinen Satz nachdenklich, während Raphael bedauernd zustimmend nickt. „Ich kümmere mich um den hier", lässt er mich mit Blick auf den Pflegebot wissen und ich danke ihm herzlich. Es braucht einfach Menschlichkeit hier und keine Maschinen. Es geht um so viel Wissen, Einfühlung und Fingerspitzengefühl, die eine Maschine - und sei sie noch so gut - nie erreichen wird. Sie können die Bots ja gerne weiter als Bedienungen in Restaurants oder zum Müll sammeln einsetzen und auch in den anderen Klinikbereichen, wenn sie meinen, aber hier auf keinen Fall. Und auch so einen Irrläufer wie den hier müssen wir zukünftig verhindern, aber wie? Das sind alles Fragen, mit denen ich mich eigentlich gar nicht auseinandersetzen möchte, aber es wohl tun muss. Ich möchte viel lieber meine Arbeit machen und dazu gehört jetzt noch, meine Notizen zum Gespräch mit Viktor zu vervollständigen. Die Sitzung mit ihm war wirklich erstaunlich. Er ist von einem Tag auf den anderen komplett ausgewechselt, als hätte man einen „Reset-Knopf" gedrückt und wenn sich sein Zustand so stabilisiert, werde ich ihn sehr bald entlassen können. Erstaunlich, was diese Aktion der Frau-ohne-Chip bei ihm bewirkt hat. Ich sehe sie mit Agnes zusammen, beide ziemlich verheult und ernst dreinschauend und frage mich, was bei ihnen gerade los war. Ich überlege, statt zu meinen Notizen erst mal zu ihnen zu gehen, doch da klingelt mein Smartable. Ich schaue, wer mich zu erreichen versucht, und muss diesen Anruf leider entgegennehmen.

„Es ist so traurig, wie Rosie sich immer mehr entfernt", höre ich Agnes sagen, während ich mich immer noch frage, was das für eine merkwürdige Pflegende war und warum Raphael sie mit dem Schlag auf den Rücken quasi ausgeschaltet hat. Der starre Blick der Pflegenden erinnert mich irgendwie an den Blick von Brandon auf sein Smartable. Dr. Domas macht Anstalten, zu uns zu kommen, aber marschiert nach dem Klingeln ihres Smartable stattdessen in Richtung ihres Büros. Bevor ich Agnes fragen kann, ob sie das alles nicht auch merkwürdig findet, höre ich sie sagen: „Ich mochte sie schon immer." Und jetzt komme ich durch das Dickicht meiner vielen Gedanken und Fragen nicht mehr so ganz hinterher: „Wen jetzt? Dr. Domas oder Rosie?", frage ich. „Also wenn du mich so fragst, dann beide", grinst Agnes, „Aber ich meinte Rosie." Mir fällt auf, dass sie mich geduzt hat und das ist schön und lässt mich ihr gleich noch näher fühlen. „Weißt du, was das gerade mit der Pflegenden war, die Rosie festgehalten hat?", frage ich sie in der Hoffnung, dass sie es mir erklären kann. „Sah für mich aus wie ein Roboter, Pflegebot heißen die und die findest du überall im Krankenhaus." – „Ein Roboter! Echt?" Jetzt bin ich noch mehr verwirrt. „Und die werden im Krankenhaus eingesetzt? Aber die sah doch gar nicht wie ein Roboter aus?" – „Ja, sie sehen immer menschen-ähnlicher aus, was es wirklich schwierig macht, sie zu erkennen. Aber am Verhalten merkt man es schon. Es wird sehr viel Geld investiert, um die Entwicklung voranzutreiben. Sie erscheinen für viele Probleme die Lösung zu sein. Ich bin mir da nicht so sicher, aber ich bin ja auch schon alt ...", endet sie nachdenklich. „Und wieso hat Raphael ihm auf den Rücken geschlagen?", hake ich nach. „Auf dem Rücken sitzt ein Notknopf, damit können sie gestoppt werden, wenn mal was schiefläuft. So wie eben. Bisher sind wir hier in der Abteilung von ihnen verschont geblieben, aber in anderen Abteilungen gibt es fast nur noch Pflegebots und natürlich die Krankenhaustechniker, die sie beaufsichtigen und von Pflege keine Ahnung haben. Ich hatte mir im letzten Jahr bei einem Sturz den Fuß gebrochen und musste operiert werden, da war ich bis auf den Operateur und den Anästhesisten ganz von diesen Robots umgeben. Ich sage dir, das war kein Vergnügen!" Okay, diese Informationen muss ich erst mal verdauen. Zur Pflege werden also Roboter eingesetzt, die sehr menschlich aussehen und nicht so leicht erkennbar sind. Zumindest im Moment für mich. Wie vielen von diesen Pflegebots bin ich begegnet und habe es gar nicht bemerkt? Ich denke an die künstlichen Blumen der Küchenhilfe und ich frage mich, was ich vielleicht bisher noch alles falsch gesehen oder eingeschätzt habe, weil ich nicht wusste, dass es auch künstliche Alternativen gibt? Die Gedanken schwirren nur so durch meinen Kopf. Um mich davon abzulenken und weil es mich interessiert, versuche ich den Faden zu unserem Gespräch über Rosie wieder aufzunehmen. „Wie lange ist Rosie denn eigentlich schon hier", will ich wissen und hebe Agnes' heruntergefallenes Strickzeug auf. „Hmm, das dürften nun ungefähr 5 Jahre sein", sagt sie nach kurzer Überlegung. „Ich kannte sie ja schon bevor sie hier aufgenommen wurde. Ihr Mann, Gustaf, hat sich liebevoll um sie gekümmert bis er starb. Sie waren ein wirklich ganz bezauberndes Paar und sie ist nie über seinen Tod wirklich hinweggekommen, insofern es ist ein Segen der Demenz, dass sie seinen Verlust vergessen hat und er stattdessen für sie tatsächlich weiterlebt. Ihrer Krankheit hat sein Tod allerdings noch einen riesigen Schub gegeben und nicht lange danach wurde sie hier aufgenommen." Betrübt und nachdenklich blickt sie in die Richtung, in die Rosie verschwunden ist. „Anfangs war ich wirklich eifersüchtig auf sie..." Agnes macht eine lange Pause und scheint sich in ihren Gedanken zu verlieren und ich vermute, dass es die glückliche Beziehung ist, um die sie Rosie beneidete, und warte darauf, dass sie weiterspricht. Inzwischen scheint von dieser Eifersucht allerdings nichts mehr da zu sein, wenn ich an ihre gemeinsamen Schachspiele denke und die entspannte Atmosphäre, die zwischen beiden herrscht. „Es tut mir leid", höre ich Agnes plötzlich mit schwacher Stimme sagen: „Ich muss mich jetzt ein wenig hinlegen, meine Kopfschmerzen sind gerade sehr stark geworden und ich brauche eine Tablette und etwas Ruhe. Aber bitte nicht falsch verstehen, ich habe unser Gespräch sehr genossen!" Ich nicke ihr verständnisvoll zu, sehe, wie blass sie plötzlich aussieht und bevor sie geht, fügt sie hinzu: „Und ich hoffe, wir setzen unsere Unterhaltung ein anderes Mal fort!" – „Das hoffe ich auch", antworte ich und hoffe das wirklich von ganzem Herzen.

Sie geht und als hätten sie sich abgesprochen kommt kurz darauf Graciella ins Wohnzimmer und schaut sich suchend um, entdeckt mich und kommt direkt zu mir. Viele Gedanken gehen mir nach den Gesprächen mit Viktor und Agnes und dem Zwischenfall mit Rosie durch den Kopf und als sie mir mit fragendem Blick wieder einen ihrer Kopfhörer entgegenstreckt, nehme ich ihn gerne an, denn die Musik lässt mich fühlen, nicht denken, und sage lächelnd: „Dann bin ich mal gespannt, welche Musik ich heute zu hören bekomme", während ich ihn in meinem Ohr platziere. Und als hätte ich heute nicht schon so genug erfahren, gelernt und entdeckt, trifft mich die Musik, die aus Graciellas Kopfhörern in mein Ohr strömt, direkt mitten ins Herz, denn sie kommt mir bekannt vor. „Das kenne ich!", rufe ich überrascht aus und summe die Melodie mit. Graciella lächelt und ich höre sie plötzlich in einer sehr weichen, tiefen Stimme mitsingen. An den Text kann ich mich nicht erinnern, aber die Melodie ist da. Noch eine Erinnerung! Und wie schön Graciellas Stimme klingt. Wieder hat sie einen Schritt der Öffnung getan und ich kann mir vorstellen, was Dr. Domas an ihrem Beruf hier mag. Es ist so erfüllend zu sehen, wenn jemand aus seiner Isolation langsam herauskommt und dazu vielleicht etwas beizutragen ist sehr befriedigend. Auch wenn es sich für mich sehr gut anfühlt, für andere da zu sein, glaube ich nicht, dass es mein Beruf war, wie Dr. Domas gefragt hat. Und interessant, dass ihr Vater diese Klinik früher geleitet hat und nun diese Abteilung unter ihren Fittichen ist. Oft treten Kinder in die Fußstapfen ihrer Eltern. Vielleicht werde ich mich eines Tages erinnern können was meine Eltern waren, WER meine Eltern waren. Ich denke, ich werde mich dann weniger verloren fühlen. Wobei ich sagen muss, dass ich mich nach den wundervollen Gesprächen heute bereits viel weniger verloren fühle. Und die Musik, die mir bekannte Melodie, erfüllt mich mit großer Freude und geht mir für den Rest des Tages nicht mehr aus dem Ohr.

Ich kann nach den ganzen Ereignissen des Tages gar nicht richtig zur Ruhe kommen und das, obwohl ich noch mein Notizbuch gefüllt habe und damit keine Angst haben muss, einen der Gedanken zu vergessen. Ich habe sie alle in meinem Buch festgehalten. Die Sache mit dem Roboter beschäftigt mich. Dennoch gehe ich an diesem Tag durch all die schönen Erlebnisse auch sehr beglückt und zufrieden ins Bett.

Armand

Obwohl ich erst spät zur Ruhe gekommen bin, weckt mich meine innere Uhr wieder früh. Die Küchenhilfe freut sich schon als ich auftauche und ich komme mir schon fast so vor, als wäre ich Teil eines Teams, als ich ihr geschäftig und ganz selbstverständlich zur Hand gehe. Heute teste ich mal das Brot bei meinem achtsamen Frühstück und muss auch hier feststellen, dass es mich geschmacklich enttäuscht. Das Brot in meiner Erinnerung ist kräftig, muss richtig gekaut werden und ist nicht so nichtssagend und schlabberig wie das hier. Ohne etwas Marmelade darauf wäre es wohl wie Papier essen. Wobei die Marmelade mich hingegen mit einer Süße erschlägt, die den Geschmack des Obstes völlig überdeckt und es mir schwer macht, die Frucht zu erkennen, aus der sie gemacht ist. Der Geruch deutet stark auf Himbeere, aber wenn es nur danach riecht, aber nicht schmeckt, dann könnte das ja auch für einen eher künstlichen Ursprung sprechen ...

Je bewusster ich das Essen zu mir nehme desto weniger schmeckt es mir. Auch das Mittagessen gestern konnte mich nicht wirklich begeistern. Es ist schon klar, dass die Zubereitung großer Mengen für eine Klinik nicht die gleiche Qualität hat wie kleinere Portionen; wobei das, wenn ich so darüber nachdenke, bei Brot und Marmelade gar nicht gelten muss, da sie ja gut in großen Mengen produziert werden können.

Während ich noch über meinem Frühstück sinniere, schaut Dr. Domas ins Esszimmer, sieht mich und kommt auf mich zu. „Guten Morgen", begrüßt sie mich fröhlich. „Wie geht es Ihnen?" – „Gut", antworte ich wahrheitsgemäß und bin gespannt, was sie von mir möchte. „Ich würde mich freuen, wenn wir uns heute sehen könnten. Ich habe den Eindruck, dass sich bei Ihnen ganz viel verändert hat in den letzten Tagen und denke, ein Gespräch wäre gut. Was meinen Sie?" Obwohl sie es wie eine Frage formuliert hat, fühlt es sich doch eher wie eine Aufforderung an. Aber es passt mir gut, denn ich habe auch ein paar Dinge, die ich sie gerne fragen würde und so antworte ich zustimmend: „Ja, gerne. Wann soll ich denn vorbeischauen?" – „Wunderbar. Um 14 Uhr habe ich Zeit." – „Alles klar, dann komme ich in Ihr Büro." Dr. Domas lächelt, nickt und geht zur Kaffeemaschine, um sich einen Kaffeeccino zu holen.

Agnes kommt herein. Nachdem sie mich entdeckt hat, winkt sie mir fröhlich zu und ich winke zurück. So macht das Frühstück gleich doch mehr Spaß, auch wenn es davon nicht besser schmecken wird. Mit einem Teller, auf dem Brot und Käse liegen, kommt Agnes zu mir. „Darf ich mich zu dir setzen?", fragt sie höflich und natürlich darf sie das! „Geht es dir wieder besser?", will ich von ihr wissen, denn sie sieht immer noch blasser aus als sonst. „Es geht so", antwortet sie, „die Kopfschmerzen sind wieder in eine neue Phase gegangen, so ist das oft, wenn ein Entzündungsschub beginnt." Voller Mitgefühl schaue ich sie an, während sie beginnt, sich ihrem Frühstück zu widmen. „Sag mal, das Brot hier. Wie findest du es?", frage ich sie, weil es doch eine gute Gelegenheit ist, meine Eindrücke mit denen einer anderen Person abzugleichen. Sie kaut noch auf ihrem Bissen herum, als sie mir antwortet: „Ganz ... gut, finde ... ich. Ich habe ... schon schlechteres gegessen." Nun, entweder das Brot ist wirklich nicht so schlecht und ich bin nur sehr wählerisch, oder – fällt mir dann ein – ist sie einfach schon so lange hier, dass sie sich vielleicht einfach inzwischen daran gewöhnt hat? „Warum fragst du?", möchte sie wissen, als ihr Mund leergekaut ist. „Nur so. Ich habe irgendwie geschmackliche Erinnerungen an bestimmte Lebensmittel und meine Vorstellung von Brot ist etwas anders als das hier, aber mir fehlt es an Referenzwerten, weißt du." – „Verstehe", nickt sie und sagt nichts weiter dazu, sondern futtert weiter an ihrem Brot, während sie allerdings das Brot ansieht und vermutlich auch achtsamer wahrnimmt als zuvor.

„Guten Morgen, Frau-ohne-Namen", begrüßt mich plötzlich eine freundliche Stimme und ich sehe, dass es Viktor ist, „... und Freundin", setzt er mit Blick auf Agnes hinzu. Agnes kichert und stellt sich ihm vor: „Ich heiße Agnes Brumain, Herr Varrell. Sie brauchen sich ja nicht vorzustellen, ich kenne Sie. Ich habe Sie vor vielen Jahren im Theater gesehen und fand Sie absolut großartig!", strahlt sie ihn an und man sieht, dass auch er sich darüber freut. Und mich beschleicht das Gefühl, dass er sich besonders darüber freut, dass sie ihn nicht mit Mr. Efficient gleichsetzt, sondern sich an seine Rollen davor erinnert. „Möchten Sie sich nicht zu uns setzen?", fordert Agnes ihn freundlich auf und er lässt sich nicht lange bitten, setzt sein Tablett ab und fragt galant: „Ich habe etwas vergessen. Kann ich den Damen noch etwas vom Büffet mitbringen?" Worauf Agnes um einen Kaffee und ich um einen Saft bitte und mit einer kleinen Verbeugung marschiert er ab. „Hach, was für ein netter junger Mann. Es ist schon fantastisch Viktor Varell kennenzulernen. Ich habe darauf gewartet, dass er endlich ansprechbar wird." Und nach einer längeren Pause fügt sie nachdenklich hinzu: „Ob ich ihn um ein Selfie bitten kann?" Diesen letzten Satz hat Viktor offensichtlich mitbekommen als er zurück an den Tisch kommt und lächelt Agnes freundlich an: „Liebe Agnes, Sie brauchen nicht zu fragen, ich werde gerne ein Selfie mit Ihnen machen. Haben Sie denn Ihr Smartable dabei?" – „Ach, das liegt in meinem Zimmer." – „Kein Problem, dann machen wir das später. Versprochen. Jetzt sollten wir erst mal dieses herrliche Frühstück genießen." Er prostet Agnes und mir mit seinem Saftglas zu und macht sich sichtlich hungrig über sein Frühstück her. Während des Essens fragt er bei Agnes nach, welches Theaterstück sie mit ihm gesehen hatte und wo das war. Sie erzählt, dass ihn vor 25 Jahren mit ihrem Mann im Staatstheater in der Rolle des Romeo gesehen hat. Und Viktor blickt träumerisch aus dem Fenster. „Oh ja, das war meine erste große Rolle, ich war noch blutjung und", setzt er augenzwinkernd dazu, „unglaublich gutaussehend." Er fährt fort: „Heute erinnern sich nur noch wenige daran, dabei war es der Beginn meiner Karriere und ich bin wirklich schon sehr lange nicht mehr darauf angesprochen worden. Was für eine Ironie, dass ich in der Abteilung für Gedächtnisverlust landen muss, um jemanden zu treffen, der sich daran erinnert!" Und Viktor schüttelt den Kopf und lacht ganz unbeschwert.

Innerlich fühle mich mit einem Mal so warm, so zufrieden, so ... Ich muss wirklich erst eine Weile überlegen, um das passende Wort zu finden, aber dann fällt es mir ein: so zuhause! Und ich bin perplex. Könnte es sein, dass ich diese beiden schon kannte, bevor ich mein Gedächtnis verlor, oder warum fühle ich mich in ihrer Nähe so gut? Aber warum sollten sie mir dann nicht sagen, dass sie mich kennen? Das wird ja kein therapeutischer Trick sein, denn wenn Dr. Domas etwas über mich herausgefunden hat, dann würde sie mir das doch sagen. Oder? Ich bin etwas verunsichert, weil es sich einfach so wohlig nach Familie anfühlt, hier mit den beiden zu sitzen und zu frühstücken. Andererseits hätte mich Agnes doch nicht angelogen und kann mich gar nicht kennen, wenn sie schon seit 20 Jahren hier ist. Oder war ICH schon einmal hier? Meine Gedanken gehen kreuz und quer und ich bin wirklich froh, später den Termin mit Dr. Domas zu haben und hoffentlich ein paar meiner Fragen aufklären zu können.

Viktor lacht wieder herzlich über einen Scherz von Agnes und ich höre ihn sagen: „So gut wie heute mit Ihnen habe ich mich lange nicht amüsiert! Ich danke Ihnen beiden für die nette Gesellschaft. Jetzt möchte ich nochmal nach guten Büchern oder Stücken suchen, damit meine Karriere wieder interessant und nicht einfach nur ‚effizient' wird." Und er zwinkert uns zu, verneigt sich höflich zum Gruß und geht. „Ich mag diesen Kerl!", grinst

Agnes und fügt ernst hinzu: „Schade, dass auch er uns sehr bald verlassen wird. Sein Zustand hat sich so rasch gebessert, dass er sicherlich nicht mehr lange hier sein wird." Da hat sie wohl recht. Zustimmend und in einer Mischung aus Bedauern und gleichzeitiger Freude für ihn nicke ich.

*I*ch sitze an meinem Schreibtisch und warte auf Armand Kleber, Graciellas Biograf. Nachdem er mir sehr schnell auf meine Anfrage geantwortet hat, hatten wir kurz telefoniert und er erklärte sich sofort bereit, zu einem Besuch hierher zu kommen und alle Verschwiegenheitsklauseln einzuhalten. In Vorbereitung auf dieses Gespräch habe ich mir eine ganze Reihe von Fragen notiert, deren Antworten – sofern er sie hat – mir hilfreich sein können. Ich betrachte nochmal meine Fragen, denn als ich das Gespräch vereinbart hatte und mir die Fragen vor ein paar Tagen notierte, war Graciellas Situation noch eine andere als jetzt. Sie hat einen wirklich guten Zugang zur Frau-ohne-Chip (Himmel, wir brauchen wirklich einen Namen für sie!) entwickelt. Also genau genommen hat ihn die Frau-ohne-Chip entwickelt, die in den letzten Tagen ebenfalls enorme Fortschritte gemacht hat, und soweit ich das beobachten konnte, in dieser Zeit Beziehungen zu verschiedenen Patienten aufgebaut hat. Ihr eigenmächtiges Verhalten bei Viktor hätte zu einer vertieften Krise führen können, aber der Erfolg mit dieser Aktion war unglaublich. Ich hätte gewartet, bis er irgendwann so weit gewesen wäre, mit dem Telefonieren aufzuhören, aber sie hat es mit einem kurzen Satz beendet. Ich habe leider nicht gehört, was sie zu ihm gesagt hat, aber gesehen, wie er sein Smartable einpackt und sich sein ganzer Körper quasi von einem Moment auf den anderen beruhigt hat. Wie die Spannung von ihm abfiel und er in diesem Moment wieder zu sich selbst wurde. Das zu beobachten hat es mir unmöglich gemacht, die Frau-ohne-Chip irgendwie zu rügen. Wusste sie, was sie da tat? Ich muss unbedingt mit ihr darüber sprechen und bin schon auf unseren heutigen Sondertermin gespannt. Mein Termin mit Viktor gestern war hervorragend und ich werde ihm noch ein paar Tage Zeit geben und ihn bald entlassen können. Ich habe allerdings kein gutes Gefühl bei dem Gedanken, was passieren könnte, wenn er zurück in die Rolle des Mr. Efficient schlüpfen wird und sein Filmdouble, das die Serie in seiner Abwesenheit am Laufen gehalten hat, wieder auf die Wartebank gedrückt wird. Ich hoffe, ich kann ihm ein paar Strategien mitgeben, damit ihn die Rolle nicht wieder mental so aushebeln kann.

In meine Patientenakten tippe ich noch meine Notizen, als es klopft. „Herein", antworte ich ohne nachzudenken und schaue zur Tür. Ein Mann öffnet sie und schaut mich erwartungsvoll an. „Kleber", stellt er sich vor, „wir haben einen Termin, aber ich bin – fürchte ich – etwas zu früh." Ich stehe auf und gehe ihm entgegen. „Domas", lächle ich und versichere ihm, dass das kein Problem sei, senke begrüßend den Kopf und lade ihn mit einer Handbewegung in meine Sitzecke ein. „Wie schön, dass Sie gekommen sind! Hatten Sie eine angenehme Anreise?", versuche ich erst einmal das Gespräch in Gang zu bringen. „Der Flug war *okay. Danke!", antwortet er ausweichend und sein Gesicht zeigt mir, dass er den Flug schrecklich fand. Nun, er scheint jemand zu sein, der ziemlich leicht zu lesen ist – auf jeden Fall für mich, die ich mich natürlich berufsbedingt mit der non-verbalen Kommunikation intensiv befasst habe. „Ich bin sehr froh, dass Sie so schnell kommen konnten!", beende ich das offensichtlich ungünstige Thema der Anreise. Und während er in seiner Tasche kramt erklärt er mir, dass er die Verschwiegenheitserklärung, die ich ihm zugesandt habe, gelesen und unterzeichnet hat. Wunderbar, dass er sich schon mit den nötigen Formalitäten beschäftigt hat! „Haben Sie denn noch Fragen dazu?" – „Keine Fragen dazu", erklärt er mir. „Ich habe sie durchgelesen und verstehe natürlich, wie wichtig der Personenschutz besonders in diesem Fall ist. Ich habe sie Ihnen mitgebracht." Und während er mir das unterzeichnete Blatt hinlegt und ich kurz schaue, dass alles seine Richtigkeit hat, fährt er fort, während er ein weiteres Blatt aus seiner Tasche holt: „Nun, ich habe auch eine Verschwiegenheitserklärung für Sie. Möglicherweise sprechen wir hier Dinge an, die ich vertraglich zusichern musste, nicht an die Öffentlichkeit zu tragen. Mir ist natürlich klar, dass Sie der ärztlichen Schweigepflicht unterliegen, dennoch ist es mir wichtig, eine doppelte Absicherung zu haben. Ich hoffe, das werden Sie verstehen." Eine interessante Wendung, die mich auf das Gespräch noch neugieriger macht und ich bin jetzt noch mehr davon überzeugt, dass es eine ganz ausgezeichnete Idee war, diesen Mann einzuladen. „Sicher. Geben Sie mir bitte einen Moment, Ihre Erklärung zu lesen. Möchten Sie vielleicht in der Zwischenzeit ein Getränk oder einen Snack?", biete ich ihm an und deute auf den Beistelltisch, auf dem kalte und warme Getränke und ein paar Häppchen bereitstehen. „Bedienen Sie sich gerne!", fordere ich ihn auf, während ich mich dem Blatt zuwende. Der Text klingt sehr plausibel und so ähnlich meiner eigenen Verschwiegenheitserklärung, dass ich es für unproblematisch erachte, diese zu unterzeichnen ohne sie juristisch prüfen zu lassen. „Ich mache mir nur noch einen Scan für meine Unterlagen", erkläre ich ihm, als ich zum Schreibtisch gehe. Er hat sich inzwischen ein Wasser genommen, nippt daran und nickt mir zustimmend zu.*

Vom Schreibtisch bringe ich mein Smartable mit meinen Fragen und Notizen mit und informiere ihn, während ich mich wieder zu ihm setze: „Ich habe mir ein paar Fragen notiert. Aber Sie können mir gerne erst mal erzählen, wie Sie dazu gekommen sind, die Biografie zu schreiben und was für Informationsquellen Sie genutzt haben."

„Nun ...", beginnt Armand und zögert, „würden Sie mir vorher noch sagen, was Sie von Graciella halten und wie es ihr geht?" Es ist klar, dass er mich besser einschätzen möchte und sich damit auch entscheidet, wieviel Vertrauen er zu mir haben wird und was er mir erzählt. Ich kann das gut verstehen und so ist es an mir, vorsichtig informativ in Vorleistung zu treten. „Ich finde Graciella eine beeindruckende Frau. Sie hat die Belastungen, die eine Karriere wie ihre mit sich bringt, offensichtlich sehr lange tapfer getragen und ich gehe davon aus, dass ihr Gedächtnisverlust – wie in so vielen Fällen – ein Schutz-

mechanismus ist. Dank Ihrer Biografie, Herr Kleber, habe ich den Einsatz von Musik in ihrer Therapie versucht und damit einen ersten Durchbruch erreicht. Das ist auch der Grund, warum ich hoffe, dass Sie mir vielleicht weitere Impulse liefern könnten, die ich in Ihrer Therapie einsetzen kann, um sie hoffentlich wieder komplett zu heilen." Und damit blicke ich ihn erwartungsvoll an.

Armand nickt und es scheint mir, als wenn er sich damit selbst bestätigt, dass er das Richtige tut und – wie mir erst im Laufe des Gespräches klar wird – beschließt, wirklich ganz offen zu mir zu sein. Denn was ich von ihm erfahre, macht mich sehr betroffen und übertrifft alle meine Erwartungen.

Zunächst berichtet er mir, wie die Biografie zustande gekommen ist. Schon allein das wäre ein eigenes Buch wert, finde ich. Armand hatte bereits zwei erfolgreiche Biografien bei einem kleineren Verlag veröffentlicht als die Idee entstand, über Graciella Liono zu schreiben, die zu dieser Zeit bereits eine Berühmtheit war und nach dem Tod ihres ersten Mannes alle Geschäfte übernommen hatte und durch ihre kreativen Ideen die Gewinne noch vervielfachen konnte. Der Verlag, für den er damals schrieb, wandte sich an das Marketingbüro von Graciella, um diesem Buch zu maximalem wirtschaftlichen Erfolg zu verhelfen. Alles schien perfekt. Armand bekam die Zusage, die Biografie schreiben zu können, so wie er es wollte. Mit dem Marketing von Graciella und seinem Verlag im Hintergrund war der wirtschaftliche Erfolg dieses Projekts gesichert. Die Verträge wurden unterzeichnet und die Arbeiten an der

Biografie begannen, beziehungsweise wurden fortgesetzt, denn das Projekt hatte Armand schon länger beschäftigt, bevor er sich mit der Idee an seinen Verlag gewandt hatte. Was wie ein Glücksgriff aussah, wurde für Armand allerdings zur fatalen Falle. Als er den Vertrag unterzeichnete war ihm nicht klar, dass er sich zur Verschwiegenheit verpflichtete und mit der redaktionellen Bearbeitung inhaltlich dem Verlag (genau genommen der Marketingagentur) alle Rechte zu beliebigen Text-änderungen überließ. In Zusammenarbeit zwischen Verlag und Graciellas Marketingstrategen blieb von seiner ursprünglich verfassten Biografie nur wenig übrig. Unter seinem Namen wurde eine der üblichen Selbst-darstellungen veröffentlicht, in der es nicht auf Wahrheits-gehalt ankommt, sondern lediglich das beste Vermarktungsergebnis zählt. So ziemlich der einzige verbliebene Teil seines ursprünglichen Skriptes war der Hinweis auf die mögliche Tanzkarriere. Ansonsten wurde das Buch komplett umgeschrieben, so dass es von seiner Beschreibung des Werdegangs einer erfolgreichen Frau eher zu einer Art Anleitung zum Erfolg wurde, im Sinne von: „Du kannst alles schaffen, wenn du es nur hart genug versuchst!" Durch die vertragliche Bindung hatte er jegliche Einflussmöglichkeiten auf das Skript verloren und ihm waren sogar rechtlich die Hände gebunden, eine zweite Biografie mit der echten Lebensbeschreibung zu ver-öffentlichen oder irgendwie in der Öffentlichkeit auf das manipulierte Skript hinzuweisen. Es kam sogar noch schlimmer, er war vertraglich daran gebunden, in Talkshows und anderen Werbeveranstaltungen zum Buch, die Inhalte zu vertreten, die er gar nicht geschrieben hatte. Wie sehr er darunter gelitten hatte und immer noch leidet, ist ihm deutlich anzumerken und mir ist jetzt klar, warum ihm die rechtliche Absicherung so wichtig war. Und ich bin froh, dass er die Chance sofort ergriff, sein profundes Wissen über Graciella zu ihrer Hilfe einzusetzen. Aber da scheint noch mehr zu sein, denn in der Art, wie er über sie spricht, scheint es hier eine klare emotionale Bindung zu geben. Und selbst ohne mein Psychologiestudium hätte ich wohl bemerkt, dass er Gefühle für diese Frau hegt. Als er mir berichtet, dass er im Nachbarhaus von Graciella aufwuchs, wird mir klar, wie gut er sie kennt und wie lange diese Zuneigung zu ihr möglicherweise schon besteht.

In der veröffentlichten Biografie wird aufgeführt, dass sie in einem Armenviertel der Stadt aufwuchs, bis ihr erster Ehemann, Roan Liono, sie daraus befreite. Er habe sie zufällig bei einer Wohltätigkeitsveranstaltung kennengelernt, bei der sie als Bedienung arbeitete, um Geld für Tanzstunden zu sammeln, um sich den Traum einer Karriere als Tänzerin zu erfüllen. Mit dieser schicksalhaften Begegnung begann, so wird es weiter ausgeführt, ihr wirkliches Leben: eine moderne Version des Aschenputtel-Themas, in der Roan sie aus der Armut befreit. Durch ihn lernte sie angeblich, sich in gehobenen Kreisen zu bewegen, und kam durch das Studium, das er ihr ermöglichte, zu Bildung und Wissen. Roan selbst wird als findiger Firmengründer präsentiert, der es mit einigen Startups in den sozialen Medien schnell zu großem Erfolg gebracht hat. Durch einen tragischen Flugzeugabsturz kam er ums Leben und Graciella war gezwungen, die Verantwortung für seine

Firmen zu übernehmen, wodurch sie selbst über sich hinauswuchs und die Firmen zu noch größerem Erfolg brachte. Das Firmenimperium heute besteht – und vergrößert sich stetig – durch die Einfälle und Führungskraft dieser Frau. Mit dem erfolgreichen Schauspieler Lars Larsson fand sie, so die Biografie, eine neue Liebe, die ihr Leben perfekt machte. Sie ist ein Vorbild an Energie, Ehrgeiz und Erfolg.

Soweit die offizielle Version der Biografie, doch Armand erzählt mir, dass sie in einem reichen Viertel aufwuchsen. Überbehütet und gleichzeitig voller Verpflichtungen. Zur Privatschule wurden sie mit der Limousine gefahren, um möglichst wenig Kontakt mit „dem Pöbel" zu haben. Es war ein goldener Käfig, wie Armand es bezeichnet und ich kann es mir lebhaft vorstellen. Sich in die Regeln der reichen Gesellschaft einzufügen waren die größten Werte, die ihnen eingebläut wurden. Das Aussehen und die Repräsentationskraft sind wichtig, besonders für eine reiche Frau. Viel wichtiger als das persönliche Wohlbefinden. Graciella durfte etliche Jahre tanzen, aber ihre Familie sah es nie als mögliche Karriere. Es war gut für die Haltung, gut für die Kondition und als besondere Begabung der Tochter ein schönes Aushängeschild - aber für ihre Familie blieb es ein nettes Hobby ohne echte Bedeutung, während es für Graciella alles bedeutete. Beim Tanzen war sie glücklich, war sie eins mit sich und der Welt – genau das, was ich auch hier in der Klinik an ihr wahrnehmen konnte. Armand und Graciella waren seit sie sich kannten beste Freunde, gaben sich gegenseitig Halt und verstanden sich auch durch die gleichen Lebenserfahrungen, dem Leben in den *gleichen Kreisen. Bei Armand war es die Begeisterung für das Schreiben, das ihm als Hobby zugestanden wurde, bis er alt genug war, um sich dem Ernst des Lebens zuzuwenden – das heißt für die Vermehrung des Familienbesitzes Verantwortung zu übernehmen. Anders als Graciella hatte Armand das Glück noch einen älteren Bruder zu haben, der sich für das Familienunternehmen interessierte (oder zumindest seine Rolle im Leben darin sah, sich hier als Aushängeschild einzubringen), so dass der Druck auf Armand geringer war als bei Graciella. Als einziges Kind ruhte die geballte Last des Familienerhalts auf ihr. Die Verantwortung, die ihre Eltern ihr aufbürdeten, war enorm. Sie sollte das Vermögen der Familie bewahren, nein, vergrößern, wozu auch eine gute Heirat gehörte. Im Aufstand gegen den familiären Druck heiratete sie Roan, einen jungen Revolutionär aus der mittleren Einkommensschicht, im Glauben, mit ihm jemanden gefunden zu haben, der sie aus dem Korsett dieses Lebens befreien würde. Das war weit gefehlt. Roan kam zwar nicht aus so wohlhabenden Verhältnissen, aber sein ganzes Streben war, Reichtum und Macht zu erlangen und Teil der reichen Gesellschaft zu werden, der Graciella entkommen wollte. Seine Heirat mit ihr war zwar auch von Zuneigung geprägt, aber gleichzeitig ein geschickter Schachzug für ihn, dieser Gesellschaftsschicht näher zu kommen. Statt endlich das tun zu können, was sie wirklich wollte, nämlich beruflich zu tanzen – und das Talent hat sie! - wurde sie zu Roans Aushängeschild und immer mehr von ihm in seinen geschäftlichen Unternehmungen als Maskottchen vereinnahmt. Graciellas Vater verzieh ihr diesen Schritt nicht. In* seinen Augen hatte sie ihn und die Familie im Stich gelassen, obwohl er den wachsenden Wohlstand seines Schwiegersohns wohl mit einem gewissen Stolz verfolgte. Ein Halbbruder, der aus einer nebenehelichen Beziehung entstanden war, und der bis dahin keine Rolle im Leben der Familie gespielt hatte, wurde von ihm als neuer „Thronerbe" eingesetzt und Graciella im Grunde aus dem Familiengedächtnis verbannt. Es ist erstaunlich, wie sehr man ihre Herkunft verleugnen konnte, obwohl es genug Menschen gibt, die die Wahrheit kennen. Armand und Graciella blieben auch in dieser Zeit immer in Kontakt und trafen sich gelegentlich, zumindest wenn es ihre Verpflichtungen zuließen. Als Roan mit dem Flugzeug abstürzte, war dies für Graciella ein großer Schock, und die Geschäftsführer verlangten von ihr, die Firma umgehend zu verkaufen. Aus einem Gefühl von Verantwortung für die Mitarbeiter, für das, was Roan aufgebaut hatte und vielleicht auch, um ihrem Vater zu beweisen, dass sie ihren Platz in der Gesellschaft hatte, übernahm sie stattdessen die Leitung und führte die Unternehmen zu noch größerem Erfolg. „Ich sah sie ab da eigentlich kaum noch, denn mit der Übernahme der Geschäfte hatte sie im Grunde keine Zeit mehr. Sie ging ganz in ihrer neuen Aufgabe auf – aber vielleicht wäre es richtiger zu sagen: unter, denn ihr Alltag ab da war übervoll mit der Leitung, Kontrolle und Präsentation der Firmen, die sie eigentlich hasste. Mit Lars versuchte sie die Liebe, die Kunst, den Tanz und die Leichtigkeit in ihr Leben zurückzuholen. Doch dafür hat er leider die falsche Persönlichkeit. Die Liebe verschenkt er gerne und großzügig und lebt die Leichtigkeit, aber ohne sie mit Graciella zu teilen." Verbittert schweigt Armand nach diesen Worten und fügt nach einer kurzen Pause hinzu: „Wie ein schlechter Roman. Nicht wahr?"

Ich weiß erst mal gar nicht, was ich sagen soll, und antworte ihm ehrlich: „Nun, hinter jeder Heldensaga steht ein richtiges Leben mit Höhen und Tiefen. Ich danke Ihnen sehr für Ihre Offenheit! Es erklärt mir alles sehr gut, auch, warum ihre Amnesie so hartnäckig ist. Da gibt es sehr viel, woran sie sich wahrscheinlich nicht gerne erinnern möchte." Die kleinen Zahnrädchen meiner Gedanken laufen auf Hochtouren. Was passiert, wenn Graciella sich wieder an alles erinnert. Ihr Leben klingt wie ein Gefängnis und sie selbst bleibt auf der Strecke. Sich nur an alles zu erinnern, löst die dahinterliegenden Probleme nicht, die zu ihrem Gedächtnisverlust geführt haben. Auch das muss ich in meiner Therapie berücksichtigen. Da ihre Eltern zwar noch leben – anders als es in den Medien gesagt wird – aber keinen Kontakt haben und wünschen, werde ich hier keine Unterstützung finden.

„Sie wissen ja, dass Graciella bereits im vergangenen Jahr einen Gedächtnisverlust hatte?", unterbricht Armand meine Gedanken. „Wie bitte?", ich glaube, mich verhört zu haben und starre ihn entgeistert an. „Hmm, also hat man es nicht erwähnt, war ja eigentlich klar…", schüttelt er empört den Kopf, „Ja, sie hatte im letzten Jahr eine Phase mehrerer Wochen, in denen sie sich an nichts erinnern konnte. Ich habe schon befürchtet, dass man Sie darüber womöglich nicht in Kenntnis gesetzt hat. Sie wurde von Dr. Humbert behandelt und er hatte sehr schnellen Erfolg. Allerdings nicht nachhaltig, weshalb man sich nun wohl dazu entschlossen hat, sie doch in eine Klinik, zu Ihnen, zu bringen." Ich koche innerlich vor Wut. Wenn das stimmt und man mir nichts davon gesagt hat, dann ist das ein Grund, die Therapie mit Graciella abzubrechen, denn die Voraussetzungen sind natürlich ganz andere und man hat mich schlichtweg belogen. „Also das würde in jedem Fall erklären, warum die Therapie hier so langsam erst anschlägt.", knirsche ich mühsam hervor, „Dr. Humbert also..." Mehr kriege ich in meinem Bemühen um Selbstbeherrschung nicht rausgepresst. Diesen Arzt habe ich echt gefressen, lässt sich privat sehr teuer für die autosuggestive Schlaftherapie, kurz AGS, bezahlen. Betreut seine Patienten schlecht und hat mit dieser Methode oft genug keine nachhaltigen Erfolge, sondern im Gegenteil scheint er mir weitere Amnesien fast schon vorzu- programmieren. AGS darf immer nur in Kombination mit anderen Therapieformen angewandt werden! Das weiß jeder gute Arzt, nur, dass ihm das egal ist. Humbert, den ich inzwischen auf mehreren Kongressen getroffen habe, ist ein großspuriger, geschäftstüchtiger Kerl mit guten Anwälten und vermutlich ebenso gutem Marketing, da er immer noch einen guten Ruf hat, obwohl viele seiner Patienten nicht dauerhaft als geheilt gelten können. Sie ist nicht die erste Patientin, die nach einer Behandlung durch ihn bei mir gelandet ist. Er ist wirklich der letzte Arzt, dem ich jemanden anvertrauen würde, aber das ist bei Leuten mit viel Geld offensichtlich anders, denn er verspricht schnelle Erfolge und hat genau sie als Zielgruppe ins Visier genommen und verdient dabei logischerweise nicht schlecht. *Fast scheint es mir, dass gerade bei reichen Leuten nichts den uralten Spruch „Zeit ist Geld" zu schlagen scheint. Irgendwann muss doch mal auffallen, dass seine Erfolge nicht nachhaltig und für die Patienten mehr gefährlich als hilfreich sind!*

„Ich verpflichte mich, mit meinem Tun zur Gesundheit und dem Wohlergehen meiner Mitmenschen beizutragen." So lautet der neue hippokratische Eid und meiner Meinung nach müsste so jemand wie Humbert auf der Stelle zu Staub zerfallen, wenn er diese Worte in den Mund nimmt, denn mir scheint es, dass er sich einzig und allein seinem Geldbeutel verpflichtet fühlt! In mir kocht eine unglaubliche Wut und ich merke, wie mein Puls nach oben schießt. „Doro, fahr runter!", ruft meine innere Stimme, die ich für Situationen wie diese trainiert habe. Ich atme also tief durch und reguliere meine Gefühle. Okay, dieser Typ ist ein echtes Reizthema für mich, aber ich sollte mich jetzt wieder mit Graciella beschäftigen. Natürlich werde ich sie nicht rausschmeißen oder die Behandlung abbrechen, das hat sie nicht verdient. Mit ihrem Mann oder dem Geschäftsführer, mit dem ich zu tun hatte, werde ich nur sehr vorsichtig das Thema der verschwiegenen Behandlung ansprechen können, um Armand nicht zu kompromittieren.

Insgesamt hat mir dieses Gespräch unglaublich weitergeholfen. Ich habe nun eine viel bessere Vorstellung von der Frau, die ich zu heilen versuche. Armand möchte ihr wirklich helfen und ist dafür sogar in den Flieger gestiegen, obwohl er – wie er mir am Ende des Gespräches gesteht – nichts mehr hasst. Wenn das kein wahrer Freund ist. Ich überlege, ob eine Begegnung der beiden zum jetzigen Zeitpunkt eine gute Idee ist, als Armand mich darüber in Kenntnis setzt, dass er sich ein Zimmer im Hotel genommen hat und erst mal noch vor Ort bleiben wird. Ich finde es nur fair, auch ihm gegenüber ganz offen zu sein: „Ich danke Ihnen sehr für das Gespräch! Das, was Sie mir alles erzählt haben, hilft mir wirklich sehr in meiner Einschätzung. Ich denke, dass ein Treffen zwischen Ihnen und Graciella therapeutisch sinnvoll ist, bin mir aber über den richtigen Zeitpunkt noch nicht sicher. Ich gehe aber davon aus, dass Sie sie auch gerne sehen möchten?", unterbreche ich meine Ausführung selbst und er nickt eifrig zustimmend, während ich fortfahre: „Ich würde aber gerne mit den neuen Informationen erst in Ruhe überlegen und es ist insofern großartig, dass Sie noch ein wenig in der Nähe sind. Im Moment hat sich aus dem Kontakt zu einer anderen Patientin eine erste Öffnung ergeben. Ich möchte Graciella Zeit lassen und die Entwicklung beobachten."

„Ich finde es gut, dass Sie ihr Zeit geben, und ich kann hier genauso gut schreiben, wie woanders. Ein Vorteil meines Berufs." Er lächelt und fährt fort: „Insofern kann ich problemlos auch länger hierbleiben – dann muss ich auch nicht so schnell wieder in ein Flugzeug", setzt er scherzend hinzu. „Ich arbeite gerade an einer neuen Biografie. Eine Auftragsarbeit diesmal, bei der ich sicher gegangen bin, dass auch mein Text veröffentlicht wird und nur kleine redaktionellen Änderungen gemacht werden können", erzählt er mir. „Über wen schreiben Sie, wenn ich fragen darf?", hake ich vorsichtig nach. „Sie dürfen. Diesmal ist es keine Berühmtheit, sondern ein Koch, dessen Leben sehr interessant ist und dem viel zu wenig Beachtung geschenkt wird, obwohl wir ihm das Kariaki-Ragout verdanken, das heute in keiner Küche mehr wegzudenken ist." – „Oh, das ist mein absolutes Lieblingsessen! Und über dessen Erfinder schreiben Sie? Und es stimmt, ich habe nicht die leiseste Ahnung, wer das erfunden hat. Er hätte besser seinen Namen im Gericht hinterlassen sollen, statt den der Frucht, die darin Verwendung findet." – „Nun, Hirsch-Ragout ging einfach nicht, das hätte ja alle auf die falsche Fährte gelockt", grinst Armand. – „Das ist allerdings richtig. Ein Herr Hirsch also." – „Genau, Emanuel Hirsch. Nicht der beste Name für einen Koch, fürchte ich, aber eine ganz einzigartige Persönlichkeit!" – „Nun, ich werde Ihr Buch sicherlich lesen, wenn es erschienen ist. Über den Erfinder des besten Essens der Welt möchte ich gerne mehr wissen." – „Ich werde Ihnen ein Exemplar zukommen lassen, das verspreche ich Ihnen und jetzt werde ich mich mal auf den Weg ins Hotel und an die Arbeit machen, damit es dann auch irgendwann fertig wird." Armand lächelt, greift seine Tasche und Jacke und ich begleite ihn auf den Flur. Bevor wir uns verabschiedet haben, will es der Zufall, dass Graciella den Flur entlang kommt und mir damit die Entscheidung abgenommen wird, wann sich die beiden wiedersehen sollten. Nun, das gehört zu den Gefahren, wenn man jemanden in die Abteilung zum Gespräch einlädt, nicht wahr?

Armand schaut Graciella besorgt und liebevoll an – spätestens jetzt wäre jeder Zweifel ausgelöscht, was er für sie empfindet - und sie sieht ihn an. Sie stutzt, bleibt kurz stehen und sieht ihn intensiv an mit dem Blick von

jemandem, der das Gefühl hat, die andere Person zu
kennen, aber nicht einordnen kann, woher und wer das nun
eigentlich ist. Dann geht sie nachdenklich weiter und dreht
sich noch einmal kurz um, bevor sie im Esszimmer
verschwindet. Ich beobachte Armand, der ihr nachschaut.
„Es fehlt nicht viel und sie wird sich an Sie erinnern",
äußere ich laut meine Gedanken und Armand lächelt. Es ist
wirklich gut, dass er in der Nähe bleibt, denn ich bin mir
sicher, als langjähriger Freund und Vertrauter kann er die
Therapie gut unterstützen und vielleicht wird ein richtiges
Zusammentreffen schneller sinnvoll sein, als ich mir das
noch vor ein paar Minuten gedacht habe, denn selbst dieser
kurze Moment des Wiedersehens hat nach meiner
Einschätzung in ihr bereits etwas ausgelöst. „Ein kostbarer
Moment", höre ich ihn in sanfter Stimme sagen und es
kommt mir fast so vor, als hätte er meine Gedanken gelesen.

Nach dem Frühstück mache ich mich auf den Weg
zur Werkstatt, wo gestern mein Malkurs
stattgefunden hat. Ich möchte sehen, ob der
Kursleiter heute da ist und etwas herausgefunden hat. Als
ich zum Raum komme, ist er noch leer. Ich gehe hinein
und betrachte mir die Bilder, die an den Wänden
aufgehängt sind. Wunderschöne, berührende Werke sind
dabei, die von den Menschen, die sie geschaffen haben,
nicht mitgenommen, sondern einfach zurückgelassen
wurden – wie Kiki – oder die sie vielleicht auch bewusst
verschenkt haben. Die unterschiedlichsten Gefühle
schauen mir entgegen. Ich sehe Trauer, Wut, Ratlosigkeit,

aber auch Freude und Energie. Zumindest ist es das, was ich in ihnen sehen kann. Wie viel davon tatsächlich beim Malen gefühlt wurde, wird freilich ein Geheimnis bleiben. Ein Bild spricht mich besonders an. Es ist die einfache, fast kindliche Zeichnung eines alten Gemäuers, mit der Anmutung eines Schlosses. Wobei, wenn ich es mir genauer betrachte, dann sieht es wohl eher aus wie ein Kloster. Das Gebäude ist zwar intakt, aber ziemlich in die Jahre gekommen und an einer Stelle lugt ein Kirchturm hervor. Es ist umgeben von großen Bäumen und die Menschen, die auf dem Bild zu sehen sind, tragen lange Gewänder, wie man es von Nonnen oder Mönchen erwarten würde. Die Sonne scheint, leichte, weiße Wolken lassen den Himmel weich und zart erscheinen. Das Bild strahlt eine ungeheure Friedlichkeit aus. Ganz in das Bild versunken kriege ich fast einen Herzinfarkt, als mich eine Hand an der Schulter antippt. Reflexartig drehe ich mich um und starre mit rasendem Puls in die Augen einer jungen Frau, die in dem Moment erst realisiert, wie sehr sie mich erschreckt hat. „Sorry, ich wollte Sie nicht erschrecken", stammelt sie verlegen, während ich versuche, meinen Herzschlag zu beruhigen und tief ein- und ausatme. „Uff", entfährt es mir, „ich war etwas versunken, fürchte ich. Das konnten Sie ja nicht wissen", und lächle sie mühsam an.

„Kommen Sie zum Kurs?", möchte sie wissen. „Zum Kurs? Ja, ... nein. Ich hatte gehofft, der Leiter des Malkurses ist da. Er wollte für mich etwas herausfinden." – „Ach so, Louis ist krank. Der hat irgendeinen Infekt und ist sicherlich erst nächste Woche wieder da", erläutert sie mir.

„Mist", denke ich bei mir. Da brauche ich aber jetzt viel Geduld oder ich frage sie, ob sie für mich etwas in der Symboldatenbank nachsehen kann. Ich entscheide mich für letzteres und frage nach. „Nee, sorry, ich kenne mich damit nicht aus. Ich bin nur die Vertretung und mache heute den Puzzleworkshop und morgen das Handwerken, Papierfalten übermorgen fällt aus", listet sie mir ihre Termine auf. „Mit Kunst habe ich's nicht so", beendet sie entschuldigend. Tja, da bleibt mir nur das Warten ... Ich danke ihr und wende mich zum Gehen. „Aber, ...", beginnt sie nochmal zu sprechen und ich drehe mich erwartungsvoll zu ihr um. „Kenne ich Sie nicht von irgendwoher?" Und jetzt beginnt mein Herz noch einmal wie wild zu schlagen, mindestens so intensiv wie eben, als sie mich so erschreckt hat und ich schaue sie an, während mein Puls heftig pocht. „Wirklich?", höre ich mich fast ohne Stimme sagen und sie mustert mich mit dem Blick einer Person, die krampfhaft nach dem Kontext sucht, in den sie mich einordnen kann. „Ja, doch. Warten Sie!", grübelt sie laut. Ich warte, äußerlich geduldig, während ich das Gefühl habe vor lauter Anspannung innerlich fast zu zerbersten. Plötzlich fällt es ihr ein und sie strahlt über das ganze Gesicht: „Sie sind doch die Frau ohne Chip, die keiner kennt? Richtig?" Und während sie ganz stolz ist, dass sie wieder weiß, woher sie mich kennt, habe ich vor Enttäuschung das Gefühl, einfach in mich zusammensinken zu wollen. Ich antworte nicht, nicke kurz und verlasse eilig den Raum. Draußen lehne ich mich erst mal gegen die Wand, um mir wieder etwas Halt zu verschaffen. „Wie konnte ich auch denken, dass ausgerechnet sie mich hätte kennen sollen?", schimpfe ich mich selbst aus. Und die andere Stimme in mir verteidigt mich: „Es hätte doch sein können! Zufälle gibt es nun mal und es hätte wirklich sein können!" – Aber da kontert schon wieder die Zweiflerin in mir: „Ja, hätte natürlich. Aber wie wahrscheinlich ist das? Da wird in den Medien über mehrere Wochen erfolglos gesucht und dann sollte hier plötzlich jemand auftauchen, der all das nicht mitbekommen hat und sich an dich erinnert. Total wahrscheinlich!", schließt die Stimme sarkastisch und ich muss ihr Recht geben und kann nur noch ein kleines, fast schon trotziges „Es hätte doch sein können!" entgegen-setzen, muss mich aber geschlagen geben. Es erinnert sich wohl einfach niemand an mich.

Obwohl ich mich wieder einigermaßen beruhigt habe, hat mich die Situation doch innerlich ziemlich aufgewühlt. Ist ja auch nicht wirklich verwunderlich, wo es meinen wunden Punkt betrifft.

Als Graciella mich auf dem Gang sieht, bemerkt sie wohl, dass es mir gerade nicht gut geht. Sie gibt mir einen Kopfhörer und sagt leise: „Musik macht alles besser!" Und ich bin noch so in meinem Gefühl gefangen, dass mir erst nachdem ich den Kopfhörer schon im Ohr habe auffällt, dass sie gerade mit mir gesprochen hat! Das allein ist für mich ein riesiges Geschenk und drängt meinen Kummer in den Hintergrund. Ich lächle sie an und bedanke mich. Sie lächelt zurück und sucht in ihrem Smartable nach Musik – offensichtlich nach einer ganz bestimmten - und als diese beginnt, weiß ich auch wieso. Es ist fröhliche, mitreißende Musik mit einem wundervollen Rhythmus und selbst mir, die nicht so die Tänzerin zu sein scheint, fällt es schwer, nicht einfach drauf loszutanzen. Graciella, die längst begonnen hat, durch den Raum zu hüpfen, strahlt mich an und fordert mich auf: „Komm, mach mit!" Und nachdem ich meine anfängliche Scheu beiseitegeschoben habe – denn was spielt es schon für eine Rolle, ob es vielleicht doof aussieht, wie ich mich hier bewege? Ich mache das ja für mich, weil der Impuls da ist, weil es mir guttut und weil es Spaß macht! – tanze ich mit Graciella wild im Raum umher, genieße die Freude an der Bewegung, an der Musik und die Fröhlichkeit der Musik überträgt sich auf meine Stimmung, so dass ich mich wieder leicht fühle und im Einklang mit mir selbst, wenn auch ein wenig außer Atem, weil ich so viel Bewegung gar nicht mehr gewohnt bin.

Als das Musikstück endet, stehen wir da, versuchen wieder zu Luft zu kommen und lachen. Meinem Impuls folgend nehme ich Graciella kurz in den Arm. „Danke! Das hat so gut getan!" Und sie nickt zustimmend und glücklich. Dann schweift ihr Blick in die Ferne und im nächsten Moment sehe ich in ihrem Gesicht eine drastische Veränderung. Hinter mir hat sie offensichtlich etwas entdeckt, was sie beunruhigt. Ich drehe mich um und sehe Dr. Domas mit einem Mann am anderen Ende des Raumes zum Flur hin stehen, der zu ihr blickt. Er sieht sehr ernst aus und sein Blick ist ziemlich durchdringend. Sie schaut ihn erst überlegend, dann abwehrend an und verlässt fluchtartig den Raum. Vielleicht ist es noch keine richtige Erinnerung, aber doch ein klares negatives Gefühl, das sie mit diesem Mann verbindet, und ich frage mich, wer das wohl sein könnte, dessen Anwesenheit Graciella so zusetzt. Der Mann sieht Graciella nach und ich sehe in seinem Gesicht keine Regung. Wie eine Maske, wie so ein Roboter sieht er für mich aus. „Ist das wieder ein ‚Bot'?", frage ich mich. Auch bei Dr. Domas sehe ich Ablehnung in ihrer Haltung, während der Mann auf sie einredet und in die Richtung blickt, in die Graciella verschwunden ist. Ich sehe Dr. Domas nicken und selbst aus der Ferne ist die Anspannung wahrnehmbar, die zwischen beiden herrscht. Viktor betritt den Raum in der Ecke, in der die beiden stehen, grüßt höflich, geht dann an ihnen vorbei und kommt, als er mich sieht, direkt auf mich zu.

„Uh, da ist aber dicke Luft", kommentiert er und zeigt mir mit einem Augenschlag, dass er von den beiden spricht. „Weißt du, wer das ist? Ist das so ein Bot? Der hat so einen starren Blick, dass einem ganz anders wird", frage ich mit leichtem Erschaudern. „Roboter, passt zwar irgendwie, aber nein: Das ist Raoul Mercier, einer der Geschäftsführer von SocCOM." Und als er meinen verwirrten Gesichtsausdruck sieht, fügt er hinzu: „SocCOM ist das Firmennetz von Graciella Liono. Der Typ ist ein knallharter Geschäftsmann und während Graciella der kreative und repräsentative Kopf der Firma ist, ist er der wirtschaftliche. Vermutlich will er wissen, wann er wieder mit Graciella in der Firma rechnen kann", und nach einer Pause setzt er hinzu: „... oder ob überhaupt." Wir schweigen und ich ahne, warum dieser Mann für Graciella mit so negativen Gefühlen besetzt sein könnte.

Schon allein sein Auftreten, seine Ausdruckslosigkeit hat etwas Erschreckendes und mit so jemandem zusammen zu arbeiten ist sicherlich nicht besonders angenehm, denn er wirkt wie jemand, der weiß was er will, und auch, wie er das durchsetzt – gegen alle Widerstände. Auch wenn er höchstwahrscheinlich in dem was er tut ziemlich gut ist, macht er in seiner Regungslosigkeit nicht den Eindruck eines Teamplayers. Wenn es stimmt, dass hier eine Entscheidung ansteht, ob Graciella in die Firma zurückkehrt oder jemand anders die Leitung übernimmt, dann kann ich den Druck und die Anspannung verstehen, die da herrscht.

„Da wir gerade schon beim ‚Du' angekommen sind", grinst Viktor, „könnte ich deine Meinung zu diesem Stück haben, das ich gefunden habe und gerne spielen möchte?" Ups, stimmt, ich habe ihn einfach geduzt. Das ist mir gar nicht aufgefallen, aber irgendwie ist das mit dem Grad gefühlter Vertrautheit einfach so passiert. „Falls ich es kenne, gerne, sonst muss ich es erst lesen", antworte ich ihm. „Aber können wir das später machen, ich würde gerne erst schauen, wie es Graciella geht. Nachdem sie den Herrn da drüben – Mercier, sagst du? – gesehen hat, ging sie ziemlich schnell weg." – „Ja klar! Machen wir später. Ich weiß ja, wo du wohnst", scherzt er und lächelnd mache ich mich auf den Weg zu Graciellas Zimmer, wo ich hoffe, sie anzutreffen.

„Verdammter Kerl", denke ich und frage mich, warum der hier einfach auftauchen muss, statt mich anzurufen. Natürlich sehe ich, wie Graciella reagiert, als sie ihn sieht. Ähnlich wie bei Armand vorhin scheint die Erinnerung langsam wiederzukommen und in dieser Phase kommt es meistens vor, dass Personen zwar noch nicht wirklich erkannt werden, aber sich doch die Gefühle und Verbindungen zu diesen Personen schon zeigen. Während Armand bei Graciella eindeutig positiv besetzt ist, ist es mit Mercier eher das Gegenteil und das ist in dieser kritischen Phase der Heilung absolut kontraproduktiv. Und dann macht er mir auch noch Druck, als könnte ich vorhersagen, wann Graciella wieder einsatzfähig sein wird? „Hören Sie, Herr Mercier, mir ist schon klar, dass Sie für die Firma planen müssen, aber wir haben es hier mit einer Erkrankung zu tun, deren Heilung ein Prozess ist, der sich nicht so einfach prognostizieren lässt. Ich tue mein Bestes, um ihr Erinnerungsvermögen wiederherzustellen – das ist mein Job – und Sie kümmern sich bitte um den Ihren. Druck und Besuche hier sind nicht hilfreich und insofern erwarte ich von Ihnen, dass Sie sich zukünftig an die Regeln halten und telefonisch bei mir melden und auf gar keinen Fall hier unangemeldet auftauchen! Und nun wünsche ich Ihnen einen guten Tag und wende mich wieder meiner Arbeit zu." Er macht die Andeutung einer Verbeugung. Selbst jetzt drückt sein Gesicht nichts aus. Ein richtiges Pokerface und ich denke, dass ich auf den Gesichtern von Pflegebots mehr Ausdruck gesehen habe als auf seinem. Was für ein absolut unangenehmer Mensch. Er wendet sich zum Gehen und ich *habe das Gefühl sicherstellen zu müssen, dass er auch wirklich geht und warte, bis er die Tür zur Abteilung verlassen hat. Raphael kommt den Gang entlang und ich informiere ihn direkt, dass Herr Mercier hier nur noch nach Ankündigung Zutritt bekommt und bitte ihn, die Pforte entsprechend zu benachrichtigen. Anschließend gehe ich direkt zu Graciellas Zimmer, denn ich möchte nach ihr sehen, um aufzufangen, wenn diese Begegnungen etwas in ihr ausgelöst hat. Ich hoffe, sie ist überhaupt dort. Ich klopfe an, aber niemand antwortet, so dass ich vorsichtig die Tür öffne, um nachzusehen. Von mir abgewandt sehe ich zwei Frauen nebeneinander auf dem Bett sitzen in Richtung Fenster blickend. Graciella und die Frau-ohne-Chip sitzen eng nebeneinander, jede hat einen Arm um den Rücken der anderen gelegt und es ist ein gegenseitiges Stützen und Halten, das mich berührt. Es ist erstaunlich, welche Verbindung die beiden in kurzer Zeit aufgebaut haben. Ich bin nun beruhigt und weiß, dass ich hier nicht gebraucht werde, weshalb ich mich ganz leise zurückziehe und die Tür wieder schließe, um diesen Moment nicht zu stören.*

Wir sitzen einfach nur da und geben uns Schutz. Keine Worte sind nötig, das Gefühl nicht allein zu sein, zählt für mich. Wir haben keine Kopfhörer und jede von uns hängt ihren eigenen Gedanken nach. Ich kann absolut nicht sagen wie lange, aber das spielt auch keine Rolle, denn der Augenblick zählt. Wenn ich sage, jede hängt ihren Gedanken nach, dann stimmt das nicht so ganz. Für mich ist es eher wie eine Meditation: Die Ruhe spüren, ganz bei sich selbst sein, die Außenwelt wird unwichtig. Nichts müssen, die Gedanken loslassen, einfach nur sein. Nach den vielen Eindrücken an diesem Tag tut es besonders gut – und mir scheint, dass es Graciella damit genauso geht. Vom Gang her dringt der Klang der Glocke, die das Mittagessen ankündigt, zu mir. Sie holt mich aus der wundervollen gedanklichen Leere zurück und erinnert mich an die Leere in meinem Bauch. Auch für Graciella scheint die Glocke ein Signal zu sein, so dass wir uns ansehen, lächeln und ohne Eile die Umarmung beenden. „Kommst du mit zum Essen", frage ich sie, nachdem mein Magen mit lautem Knurren kundgetan hat, dass er etwas zu tun haben möchte. Graciella schüttelt den Kopf: „Nein, ich habe keinen Hunger. Ich werde mich ein wenig hinlegen, denke ich." – „Alles klar. Ruh dich aus!", und ich stehe auf, um den Raum zu verlassen. Da fragt sie mich: „Weißt du, wer der Mann war?" – „Viktor sagt, er heißt Mercier", antworte ich ihr wahrheitsgemäß und sie schaut mich nachdenklich an. „Ich kann mich nicht an ihn erinnern, aber mir ist so, als ob er meinetwegen hier war." Bevor sie mich mehr zu ihm fragen kann und da ich mir in dem Fall nicht sicher bin, ob es gut für sie wäre, verabschiede ich mich und mache ich mich auf den Weg ins Esszimmer. Auf dem Flur begegnet mir Rosie, die ich freudig begrüße. Von ihr erhalte ich nur ein distanziertes „Guten Tag!" und einen Blick, der mir deutlich sagt, dass sie mich nicht erkennt. Es tut mir ein klein wenig weh, obwohl es bei ihrer Erkrankung ja nicht überraschend ist.

Agnes ist im Esszimmer. Sie winkt mir fröhlich zu und fordert mich auf, an ihren Tisch zu kommen. Aufgeregt berichtet sie mir, dass es heute ihr Lieblingsessen gibt: Kartoffelpüree, Fischstäbchen und Spinat. Ich bin auf das Essen gespannt und wie sich dieses Essen mit meinen Geschmackserinnerungen messen wird. Es zeigt sich, dass das Essen in keinster Weise so schmeckt, wie ich das erwarte – aber darüber bin ich inzwischen ja nicht mehr wirklich überrascht. Das Kartoffelpüree schmeckt nicht nach Kartoffeln, die Fischstäbchen nicht nach Fisch und der Spinat, nun, auch der ist eine grünliche Enttäuschung. Aber ich möchte Agnes Freude über ihr Lieblingsessen nicht verderben und behalte meine Enttäuschung für mich. Agnes hat ihr Smartable dabei, damit Viktor sein versprochenes Selfie mit ihr machen kann, aber er taucht nicht auf. Genauso wenig wie Rosie. „Rosie hat mich vorhin nicht erkannt", berichte ich ihr. „Die gute Rosie", lächelt Agnes, „im Schach geschlagen hat sie mich heute trotzdem, obwohl sie einen wirklich schlechten Tag hat." Ich will gerade nachfragen, was sie über Rosie weiß, denn ihr Satz, dass sie auf sie eifersüchtig gewesen sei, ist mir noch sehr präsent, als mir mein Termin mit Dr. Domas ebenfalls wieder einfällt und so hebe ich mir die Frage für ein anderes Gespräch auf und verabschiede mich direkt nach dem Essen, um erst noch in meinem Zimmer mein Buch zu holen, was ich Dr. Domas gerne zeigen möchte.

Nachdem ich darüber nachgedacht hatte, ob mein Notizbuch heimlich gelesen werden könnte, habe ich für mich beschlossen, offen damit umzugehen. Da ich Dr.

Domas vertraue, ist es für mich in Ordnung, dass sie meine Notizen liest, wobei ich nicht glauben kann, dass sie das heimlich tun würde. Die meisten Dinge, die ich gerne ansprechen möchte und zu denen ich Fragen habe, sind ohnehin darin festgehalten und ich würde sonst vielleicht die Hälfte vergessen. Und so fühle ich mich – „gewappnet" mit meinem Buch, den beiden Bildern und vielen Fragen – sehr gespannt auf das, was unser Termin bringen wird. Und nach den emotionalen Höhen und Tiefen dieses Tages bin ich dank der Zeit mit Graciella in ihrem Zimmer wieder zuversichtlich und ruhig. Dafür bin ich sehr dankbar.

Als die Frau-ohne-Chip bei mir eintrifft (also, wenn wir nicht bald irgendeinen verwendbaren Namen für sie haben, dann muss ich einen erfinden!) hält sie das Notizbuch und Papiere in der Hand. Ich freue mich, dass sie mir diese Dinge mitgebracht hat, und begrüße sie in meiner Sitzecke wie üblich mit: „Wie fühlen Sie sich heute?" Inzwischen weiß ich, dass ich von ihr ehrliche Antworten erwarten kann, aber die Länge der folgenden Antwort überrascht mich dann doch. „Ich habe heute gefühlt so viel erlebt, dass es mir für eine Woche reicht", beginnt sie. „Es geht mir gut, aber ich habe in verschiedenen Situationen heute so viele Gefühlszustände erlebt, die ich – glaube ich – erst mal verarbeiten muss und um genau zu sein, weiß ich gar nicht wo ich anfangen soll mit Erzählen und Fragen." Und nach einer kurzen Pause fährt sie fort: „Ich habe Erinnerungen, aber es ist wenig Konkretes, was auf meine Vergangenheit schließen lässt.

Anderseits ist es wiederum so konkret, dass ich etwas mehr darüber weiß, wer ich bin – aber halt nicht: warum. Ich habe ein Lied erkannt, das Graciella mir vorgespielt hat und ich konnte es mitsummen. Graciella hat eine wirklich schöne Gesangsstimme! Und dann war da noch das hier", sagt sie, während sie mir eines ihrer Blätter reicht und fortfährt: „Ich habe das hier in der Malwerkstatt gezeichnet und ich habe keine Ahnung, wie ich darauf kam, aber ich bin mir sehr sicher, dass es eine Erinnerung ist, dass es dieses Symbol gibt und es etwas über meine Herkunft verrät. Leider konnte Louis", und sie ergänzt, als sie meinen verwirrten Blick sieht, da ich nicht die leiseste Ahnung habe, wer Louis ist, „Louis ist der Leiter des Malworkshops. Nun, er konnte leider nicht in der Symboldatenbank nachschauen, was es bedeutet, und heute ist er krank. Könnten Sie für mich in die Datenbank schauen?" Die Worte sprudeln einfach nur so aus ihr heraus und ich grüble. Symboldatenbank? Kenne ich nicht, aber ist ja auch nicht mein Fachgebiet, aber ich betrachte das Symbol und es sieht auch für mich auch nicht so aus wie etwas, dass sie sich ausgedacht hat, sondern wie etwas, dass sie gesehen hat und es kennt. „Könnten Sie?", hakt sie nach und ich überlege laut: „Also ich kenne diese Datenbank nicht, aber ich kann mal schauen, ob ich sie finden kann. Warten Sie einen Moment." In meinem Smartable schließe ich die Notizeingabe und suche nach „Symboldatenbank". Sie wird mir angezeigt – also eigentlich werden mir mehrere angezeigt und ich klicke auf die erste. Sie scheint kostenlos zu sein und ich kann mit dem Smartable ein Bild machen und direkt in die Datenbank hochladen, während meine Patientin die Hände angespannt aufeinanderpresst. „Es lädt", lasse ich sie wissen und drehe den Bildschirm so, dass sie mit mir darauf schauen kann. Ein Text informiert uns, „ich suche noch für dich – bitte noch einen Augenblick Geduld …". Ich bin fast genauso gespannt wie sie und als der Bildschirm sich verändert, um das Ergebnis der Suche anzuzeigen, halten wir fast gleichzeitig die Luft an.

„Tut uns leid. Dieses Symbol ist unbekannt." Liegt es nun daran, dass es eine schlechte Datenbank ist oder ein unbekanntes Symbol? Ich versuche es in einer weiteren Datenbank und – nach dem gleichen Ergebnis – mit einer dritten. Hmm. Offensichtlich ist es tatsächlich nicht bekannt. Oder die Datenbanken taugen alle nichts. Also ändere ich meine Recherche und frage nach der ultimativen Symboldatenbank. Hier wird mir eine kostenpflichtige Datenbank angepriesen, die zu einem beachtlichen Preis lizenziert werden muss, so dass ich meine Recherche an dieser Stelle erst mal einstelle und obwohl ich es nicht mehr sagen müsste, drücke ich mein ehrliches Bedauern aus, dass wir nicht weitergekommen sind.

„Das ist halt so, ich frage Louis nochmal, wenn er wieder da ist. Aber das war ja nicht die einzige Erinnerung. Ich habe auch das hier gemalt", führt sie aus und legt mir ein weiteres Blatt hin. Ich sehe wunderbare verschnörkelte Initialen, wie ich sie mal in einem Museum gesehen habe. „Das haben Sie gezeichnet?", verleihe ich meiner Ver-wunderung Ausdruck, und das ist im Grunde eine dumme Frage, da sie es mir ja gerade gesagt hat. „Jepp, als ich gewartet habe, floss mir das quasi so einfach aus der Hand.

Ich weiß nicht, woher das kam, aber das weiß ich bei dem Symbol ja auch nicht", schließt sie und zuckt mit den Schultern. „Das ist schon bemerkenswert und ich weiß wirklich nicht, wo diese Art der Initialen heute noch verwendet werden." Irgendwie werfen ihre Erinnerungen mehr Rätsel auf als Antworten, habe ich den Eindruck. „Die anderen Erinnerungen, die ich hatte, kann ich schlechter einordnen, denn sie sind geschmacklicher Art", setzt sie etwas verlegen hinzu. „Geschmacklicher Art?", frage ich verwirrt nach, weil ich mir nicht sicher bin, was sie damit meint. „Nun, wenn ich etwas achtsam esse, dann stelle ich fest, dass der Geschmack von meinen geschmacklichen Erinnerungen abweicht. So geht es mir mit dem Brot, dem Müsli, dem Kartoffelpüree heute, aber eigentlich allem, was ich in den letzten Tagen gegessen habe." Sie schaut mich erwartungsvoll an. „Das ist wirklich interessant und habe ich so noch von keinem anderen Patienten gehört", lasse ich sie wissen und mache mir einige Notizen zu dem Gesagten. Es ist wirklich erstaunlich, was sich hier in den wenigen Tagen bei ihr verändert hat. Und das ist ja nicht alles: Neben diesen Erinnerungen hat sie Beziehungen zu Mitpatienten aufgebaut, wie ich es ebenfalls noch nicht erlebt habe.

Vielleicht ein guter Zeitpunkt, sie dazu zu befragen: „Sie scheinen sich sehr gut mit Agnes, Graciella und Viktor zu verstehen." – „Ja, sie sind wirklich ganz wundervolle Menschen! Heute beim Frühstück war es mir fast so, als ob ich Viktor und Agnes kennen würde. Könnte das sein?", schließt sie mit einer Gegenfrage, die mich schon wieder in Erstaunen versetzt. „Wie kommen Sie auf diesen

Gedanken?" – „Es war einfach ein Gefühl. Ein Gefühl von Vertrautheit und Familie, was doch eigentlich gar nicht sein kann. Oder?" – „Mit Agnes und Viktor oder mehr mit einem von beiden?" – „Tatsächlich mit beiden. Vielleicht war es auch die Situation, die entspannte Atmosphäre am Frühstückstisch?", rätselt sie laut. – „Also die beiden kannten sich definitiv nicht, bevor sie hierherkamen", lasse ich sie wissen. „Aber Agnes hat Viktor vor vielen Jahren auf der Bühne gesehen. Das ist jetzt vielleicht nicht richtig ‚kennen', aber doch ein Anknüpfungspunkt zwischen beiden", lässt sie mich wissen und mir wird wieder einmal deutlich, wie wenig ich teilweise über das Leben meiner Patienten weiß, wenn es über ihre direkte Lebenssituation hinaus geht. „Das würde aber nicht das familiäre Gefühl erklären, denn ansonsten gibt es – nach meinen Informationen – keine Verbindungen zwischen den beiden." – „Und...", nach kurzem Zögern fährt sie mit einem anderen Gedanken fort, „es kann nicht sein, dass ich schon einmal hier war und die beiden kennengelernt habe und mich nur nicht daran erinnern kann?" Sichtlich beunruhigt sieht sie mich an und ich verstehe, dass diese Frage aus einem nachvollziehbaren Misstrauen ihrem Erinnerungsvermögen gegenüber entspringt, aber da kann ich sie beruhigen: „Nein, Sie waren niemals zuvor hier in der Klinik! Sie haben in der kurzen Zeit einfach eine erstaunliche Verbindung aufgebaut. Und Agnes ist schon sehr lange hier, während Viktor bis vor zwei Tagen nicht ansprechbar war. Und – weil wir gerade von Viktor sprechen – was haben Sie ihm eigentlich gesagt?" Endlich kann ich ihr die Frage, die mich schon zwei Tage beschäftigt, auch stellen. Verlegen schaut sie mich an: „Ich habe nicht direkt etwas zu ihm gesagt, sondern im Grunde sein Telefonat beantwortet. Er hat doch immer von ‚verkaufen‘ gesprochen und ich habe ihn wissen lassen, dass ich verkaufe und mich darum kümmere. Ich stand ja hinter ihm und so hat er mich nicht bemerkt und es anscheinend für eine tatsächliche Beantwortung seines Telefonats gehalten.“ Sie schweigt etwas verlegen und setzt entschuldigend hinzu: „Ich kann wirklich nicht sagen, wieso ich das gemacht habe. Es war so ein Bauchgefühl.“ Ich muss lächeln und gleichzeitig den Kopf schütteln: „Das ist eine sehr interessante Behandlungsmethode, die Bauchgefühl-Methode.“ Ich grinse: „Zum Glück hat Ihr Bauchgefühl Sie nicht getäuscht und es hat bei Viktor tatsächlich den Durchbruch gebracht, denn seitdem ist er ja wie ausgewechselt.“ Indem sie in seine Erinnerungs- oder Realitätsebene eingestiegen ist, konnte sie ihm helfen, diese Ebene zu verlassen. Das ist ebenso faszinierend wie unerwartet und als ich darüber nachdenke wird mir klar, dass wir in Fällen von Demenz das ja ebenfalls tun – nur aufgrund der Erkrankung nicht mit einem heilenden Erfolg, sondern eher lindernd. Wir sagen Rosie ja auch nicht, dass Gustaf tot ist, sondern je nach Situation, dass er bei der Arbeit ist oder gleich zu ihr kommen wird, einfach um sie nicht wieder durch den Schmerz seines Verlustes zu führen. Über diesen Behandlungsansatz werde ich nach dem Erfolg mit Viktor in jedem Fall genauer nachdenken! „Sie sind mir also nicht böse?“, möchte sie von mir wissen und ich kann sie beruhigen: „Ich habe den Eindruck, dass Ihr Bauchgefühl ein ganz guter Ratgeber ist und dass es auch dazu beiträgt, wie Sie in so kurzer Zeit Beziehungen *aufgebaut haben. Das ist eine Eigenschaft, die ich hier nicht oft erlebe." Und während ich kurz nachdenke, muss ich mir eingestehen, dass es eine Eigenschaft ist, die ich überhaupt nicht sehr oft erlebe.*

„Sie haben beachtlich viele Dinge über sich herausgefunden!", lasse ich sie wissen und sie strahlt mich an wie eine Schülerin, der gerade Bestnoten bescheinigt wurden. „Es gibt sehr viele Dinge, die ich mag", sagt sie, während sie mir eine Seite in ihrem Buch zeigt. „Es sind viel weniger Dinge, von denen ich herausgefunden habe, dass ich sie nicht mag", auch hier deutet sie auf eine kürzere Liste. „Am Spannendsten finde ich allerdings die Liste der Dinge, die ich kann." Und wieder streckt sie mir eine andere Buchseite entgegen, auf der ich lesen kann:

Was kann ich gut?

- Mit der Hand schreiben

- Andere zum Lächeln bringen

- Der Natur lauschen

- Still sein

- Zuhören

- Buchstaben malen

- Pflanzen erkennen

- Musik genießen

- *Fühlen, wie es jemandem geht*

„Und da kann ich dann jetzt wohl noch ‚Auf mein Bauchgefühl hören' ergänzen", strahlt sie mich an. „Darf ich?", frage ich und strecke ihr die Hand entgegen, in die sie bereitwillig ihr Buch legt. So kann ich mir ihre Liste in Ruhe ansehen und finde sie insofern außergewöhnlich, dass die wenigsten aufgeführten Dinge darauf im klassischen Sinn „erlernte Dinge" sind, die sie kann. Also schon erlernt, aber in einem anderen Sinn: Es sind eher Fähigkeiten, die sie an sich entdeckt hat und die sie hier auflistet. In meiner Praxis kenne ich auf diese Frage Antworten wie „ich kann super Skifahren", „ich bin ein Ass in meinem Beruf", oder „ich kann herausragend Kochen" – also immer Antworten verbunden mit einem Attribut, das diese Fähigkeit heraushebt, so dass die Aussage immer im Konkurrenz-kampf zu anderen zu stehen scheint und nur erwähnt wird, weil es als besonders herausragende Fähigkeit gesehen wird. Doch was diese Frau hier auflistet, zeigt Bescheidenheit und Selbstreflektion, wie ich sie noch nie erlebt habe. Und es ist ja nicht so, als würde es sie stolz machen, diese Fähigkeiten oder Eigenschaften zu haben, sondern sie ist stolz darauf, sie entdeckt zu haben. Und auf diese Liste und das, wofür sie steht, darf sie meines Erachtens stolz sein! „Wow", lasse ich ehrlich verlauten: „Das ist eine wirklich großartige Liste! Sie könnten noch Selbstreflektion dazu setzen." Und sie denkt sofort über meinen Vorschlag nach.

Manche der notierten Fähigkeiten kann ich bestätigen: Zum Beispiel die Sache mit dem Lächeln. Ich habe in den letzten Tagen in ihrer Gegenwart so viele Menschen lächeln sehen, wie lange nicht und ich erlebe sie als sehr empathisch, wie sonst hätte sie so schnell einen so innigen Zugang zu einigen ihrer Mitpatienten gewinnen können? Auch eine erstaunliche körperliche Nähe ist entstanden, wenn ich an die freundschaftliche Umarmung mit Graciella denke oder wie sie mit Agnes die Köpfe zusammensteckt. Etwas, das in unserer distanzierten Gesellschaft selten vorkommt. Überhaupt schaut sie mit ihrer „Kann-Liste" eher auf Eigenschaften, die sie charakterisieren und die mir zeigen, was für ein besonderer Mensch sie ist, der irgendwie in seinen Gedanken und seinem Handeln abseits unserer Gesellschaft steht. Und natürlich frage ich mich, woher das kommt – und ob es möglicherweise etwas mit dem fehlenden Chip zu tun hat. Nachdenklich gebe ich ihr Buch an sie zurück, in dem sie direkt die beiden Punkte – Selbstreflektion und Bauchgefühl - ergänzt. In der Tat ist mit der Hand zu schreiben für sie eine Selbstverständlichkeit und die verschnörkelten Initialen, die sie mir gezeigt hat, sind hier nochmal eine Steigerung der regelmäßigen, schönen Handschrift, die bei ihr fließend und locker das Papier füllt. Mit den Initialen und wo sie noch praktiziert oder gelehrt werden, werde ich mich beschäftigen, und kriege damit vielleicht Hinweise auf ihre Herkunft. Sie ein interessanter Fall und hat – wie ich finde – eine interessante Persönlichkeit, die hier nach und nach zum Vorschein kommt. Ein Blick auf die Uhr sagt mir, dass dieser Termin schon länger gedauert hat, als beabsichtigt und um meine weiteren Termine nicht zu verschieben, sollte ich das Gespräch zu einem vernünftigen Abschluss bringen und so frage ich sie: „Wie geht es Ihnen mit diesen Erkenntnissen über sich selbst?"

Sie überlegt kurz und sagt dann: „Die Erkenntnisse lassen mich weniger verloren fühlen, weil ich anfange, herauszufinden wer ich bin, auch wenn ich noch nicht weiß, wer ich war." Sie kann auch gut mit Worten umgehen, denke ich bei mir und nicke zustimmend: „Das haben Sie sehr schön formuliert und das freut mich sehr!" Und während sie lächelt, füge ich hinzu: „Wenn Sie Fragen haben oder Unterstützung brauchen, dann zögern Sie bitte nicht, mich zu anzusprechen. Ja?" – „Danke, das mache ich!", und setzt nach einer kurzen Pause hinzu: „Ich kann doch mal raus in den Park gehen, oder?" Ich bin überrascht, denn auch diese Frage habe ich bisher von keinem Patienten gehört. „Aber sicher, wenn Sie das möchten. Ich sage den Pflegenden Bescheid, dass wir das abgesprochen haben und Sie melden sich bei einem der Pflegenden ab, wenn Sie rausgehen wollen und wieder an, wenn Sie reinkommen." – „Prima, danke!", strahlt sie mich an. „Es ist aber echt kalt draußen", fällt mir plötzlich ein und ich bin mir ziemlich sicher, dass bei den paar Kleidungsstücken, die wir ihr damals gegeben haben, keine Jacke war, die sie drinnen bisher ja auch nicht gebraucht hat: „Ich muss Ihnen aber erst noch eine Jacke besorgen, damit Sie draußen nicht frieren! Bitte auf keinen Fall ohne Jacke rausgehen, es ist schließlich Winter und ich möchte nicht, dass Sie sich erkälten", höre ich mich sagen und komme mir vor wie eine besorgte Mutter. Aber wir haben Januar und auch wenn die

Winter nicht mehr so kalt sind wie das in der Vergangenheit der Fall war, weiß ich ja nicht wie empfindlich ihr Körper auf das Wetter reagiert, besonders wo sie jetzt ja schon so lange gar nicht draußen war. „Versprochen", grinst sie und scheint eine ähnliche Assoziation zu haben wie ich, so dass wir beide lachen müssen. Es fühlt sich so gar nicht an wie ein Patientengespräch, sondern eher wie das Gespräch mit einer Freundin, fällt mir da auf. Was ist das nur mit dieser Patientin? Alles ist irgendwie anders. Auf der einen Seite ist es wirklich schön mit jemandem zu sprechen, der so warmherzig, freundlich und humorvoll ist, auf der anderen Seite darf ich meine professionelle Distanz nicht verlieren, denn sie ist und bleibt eine Patientin! Kaum, dass sie durch die Tür verschwunden ist, klopft auch schon Jackie, mein nächster Termin. Meine Notizen zum Gespräch werde ich dann erst später vervollständigen können.

Sascha

Der gestrige Tag war wirklich aufregend, aber er war gleichzeitig auch sehr schön und ich frage mich, ob es das Gefühl der Gemeinschaft, des Nützlichseins oder Gebrauchtwerdens ist, das mich so erfüllt. Vermutlich liegt die Wahrheit irgendwo dazwischen und es sind all diese Dinge, die mir gutgetan haben. Fröhlich stehe ich auf, schaue erst mal, was mein Einblatt macht (das immer noch ziemlich geknickt dreinschaut), rede ihm gut zu, schaue dann aus dem Fenster und sehe wieder den von Lampen erleuchteten kahlen winterlichen Park und schwere Wolken, die mir den Eindruck vermitteln, dass es heute noch schneien könnte. Es ist bedauerlich, dass ich mein Fenster nicht öffnen kann, ich würde sehr gerne die frische Luft einatmen und auch die Kühle spüren, die da draußen herrscht. Auf meine Frage, warum sich die Fenster nicht öffnen lassen wurde mir erklärt, dass das mit der Klimatechnik im Haus zu tun hat, aber mir gibt es schon das Gefühl, irgendwie eingesperrt zu sein. Umso mehr freue ich mich, wenn ich heute – hoffentlich - in den Park gehen kann. Dass ich dazu eine Jacke brauchen könnte, daran habe ich gar nicht gedacht. Das Leben hier ist schon merkwürdig reduziert.

Mit großen Schritten begebe ich mich ins Esszimmer, noch früher als die letzten Tage, und strahle die Küchenhilfe an. „Guten Morgen!", begrüße ich sie und sie lächelt zurück. „Sie werden ja jeden Tag früher", staunt sie und ich sehe, dass sie gerade erst begonnen hat, das Frühstücksbüffet aufzubauen. „Naja, Sie sind deutlich früher aufgestanden als ich!", setze ich dem entgegen, worauf sie das Gesicht verzieht und sagt: „Stimmt, mein Wecker klingelt unbarmherzig!" – „Das ist, glaube ich mich zu erinnern, sein Job", scherze ich und sie nickt: „Da haben Sie wohl recht."

Da sie in die Küche geht, um weitere Sachen zu holen, gehe ich ihr hinterher. „Darf ich?", versichere ich mich an der Schwelle zur Küche und sie nickt zustimmend: „Ist für mich okay." Ohne nachzudenken gehe ich zum Waschbecken und wasche mir gründlich die Hände bevor ich anfange, ihr zu helfen, die Lebensmittel auf Platten, in Töpfe und Kannen zu verteilen. „Man könnte fast meinen, dass Sie in der Gastronomie gearbeitet haben", wundert sie sich und auch ich bin erstaunt, wie selbstverständlich es sich für mich anfühlt, mich hier zu organisieren und die notwendigen Vorbereitungen für das Frühstück ohne wirkliche Anleitung zu treffen. „Mir hat noch nie jemand geholfen", beginnt sie nachdenklich, nachdem wir kurze Zeit schweigend nebeneinander gearbeitet haben: „Genau genommen, werde ich von den meisten hier gar nicht wahrgenommen. In anderen Abteilungen wird das Essen von Bots verteilt, aber Dr. Domas besteht darauf, dass in dieser Abteilung keine Bots zum Einsatz kommen. Ich hätte auch keine Lust, mir einen anderen Beruf zu suchen, denn ich mache das jetzt auch schon 50 Jahre hier und werde wohl bald in Rente gehen", berichtet sie mir. „In Rente gehen?", wundere ich mich. Irgendwie komme ich nicht darauf, was sie meint. „Was bedeutet das ‚in Rente gehen'?", frage ich nach. – „Wie können Sie das nicht wissen?" Die Küchenhilfe schaut mich sichtlich verwirrt an und fährt dann aber mehr zu sich selbst als zu mir fort: „Naja, wenn die Erinnerungen nicht da sind ...", zuckt kurz mit den Schultern und versucht es mir dann zu erklären: „Also erst geht man über viele Jahre arbeiten und dann, wenn man zu alt zum Arbeiten ist, dann geht man in Rente und bekommt weiter Geld und kann sich um sich kümmern." – „Aber sollte man sich nicht auch um sich kümmern, wenn man arbeiten geht?", frage ich spontan. Und während sie noch überlegt, frage ich schon neugierig weiter: „Und Sie arbeiten also hier als Küchenhilfe?" – „Man nennt es heute Küchenassistenz", sagt sie betont, während sie sich aufrichtet, als wäre das eine Auszeichnung, und mit verschmitztem Grinsen sinkt sie wieder in normale Haltung und setzt hinzu: „Aber das erst seit so dreißig Jahren und das, was ich mache, ist gleich geblieben, auch wenn sich der Name geändert hat." „Küchenassistenz", lasse ich den Namen laut auf der Zunge zergehen: „Also assistieren Sie der Küche, wenn man den Namen genau nimmt?" – „Irgendwie schon", grübelt sie. Und wie aufs Stichwort klingelt der Ofen und teilt mit, dass die Brötchen fertig sind, so dass wir beide lachen müssen. „Aber das mit der Rente habe ich noch nicht ganz verstanden", komme ich nochmal darauf zurück. „Was mache ich dann den ganzen Tag, wenn ich in Rente bin und ich mich um mich kümmere?" – „Ja, also...", beginnt sie und setzt das Blech mit den Brötchen auf die Anrichte und sieht mich nachdenklich an, „... also das ist ganz individuell: Manche gehen ins Fitness-Studio, manche reisen, manche sitzen einfach zuhause, halt so, wie es passt." – „Was werden Sie tun?", frage ich weiter. Die Küchenhilfe, sorry, Küchenassistenz grübelt über meine Frage nach und macht ein sehr konzentriertes Gesicht. „Ich habe noch nicht darüber nachgedacht, aber ich habe auch noch 5 Jahre Zeit und dann bekommen wir Vorschläge, wenn es so weit ist", lässt sie mich schließlich wissen. „Vorschläge?", wundere ich mich: „Wer macht Ihnen Vorschläge?" – „Das macht der Arzt, der den Rentencheck macht. Der schaut dann, wie es mir geht und stellt mir zwei alternative Programme vor, aus denen ich mich entscheiden kann. Also zum Beispiel Fitness oder Reisen – ach, nee, Reisen wird bei mir wohl eher nicht vorgeschlagen, dazu braucht man viel Geld – also Fitness oder zuhause sein. Und wenn ich mich für Fitness entscheide, dann meldet der mich direkt an und macht alles Weitere. Das ist superpraktisch und wenn ich das nicht möchte, dann bleibe ich einfach zuhause." – „Und was machen Sie dann zuhause?", frage ich weiter. „Ich kann mich ausruhen und mich um mich selbst kümmern", erklärt sie, als wäre es die logischste Sache der Welt. Aber irgendwie komme ich mit dem Konzept nicht klar: „Aber ich kann mich doch nicht den ganzen Tag ausruhen und was tue ich, um mich um mich selbst zu kümmern?" – „Ich habe doch mein Smartable, damit kann ich mich beschäftigen. Kann mich unterhalten lassen, mir Tipps holen, wie ich gut aussehe, mit welchen Übungen ich mich fit halte und all sowas, um mich um mich selbst zu kümmern", erklärt sie mir. „Also das Smartable sorgt dann für Unterhaltung und hilft Ihnen, sich um sich selbst zu kümmern, richtig?", versuche ich zusammenzufassen, was ich verstanden habe. „Genau, ich kann dann den ganzen Tag tun und lassen, was ich möchte." – „Und was möchten SIE?", frage ich nochmal nach und betone damit genau, was ich gerne wissen möchte, obwohl ich den Eindruck habe, dass wir uns hier irgendwie im Kreis drehen. „Was ich möchte?", diesmal ist sie es, die die Worte laut wiederholt und auf eine Antwort von innen wartet, aber da scheint keine zu kommen, denn sie schließt: „Ich weiß es nicht", und sieht mich überrascht und etwas verwirrt an und zeigt sichtliches Unbehagen über die Entwicklung unseres Gespräches, so dass ich direkt umschwenke: „Sie haben ja auch noch Zeit, darüber nachzudenken! Und vielleicht sollten wir bis dahin auch noch das Büffet weiter bestücken, bevor im Esszimmer eine Hungerrevolte ausbricht", scherze ich, um sie wieder ganz in den Moment und aus der Verwirrung zu holen. „Richtig, wir haben hier ja auch noch etwas zu tun." Beherzt und sichtlich erleichtert, den Gedanken beiseiteschieben zu können, macht sie sich wieder an die Arbeit.

Es ist ein komisches Konzept, irgendwie. Ich kümmere mich erst um mich, wenn ich in Rente bin? Das kann doch nicht so sein? Ich würde gerne nochmal nachfragen, wie es mit dem „um sich kümmern" jetzt bei ihr aussieht, denn es scheint mir unmöglich zu sein, etwas zu tun und sich nicht gleichzeitig auch um sich zu kümmern. Hand in Hand arbeiten wir wortlos zusammen und bauen das Büffet auf. Als der letzte Handgriff erledigt ist, schauen wir uns zufrieden an. „Ich fände es ja sehr schön, wenn wir jetzt auch zusammen frühstücken", äußere ich meine

Gedanken und sehe sie erwartungsvoll an. Sie blickt überrascht zurück: „Also wenn das Frühstück steht, frühstücke ich normalerweise auch, aber in der Küche. Ich kann mich doch nicht so einfach hier ins Esszimmer setzen!" – „Wieso nicht?", hören wir eine Stimme hinter uns, schrecken zusammen und sehen zu Raphael, der gerade ins Zimmer kommt und offensichtlich den letzten Teil unserer Unterhaltung noch mitbekommen hat. „Also ich sehe keinen Grund, warum nicht", wiederholt er, „ist doch viel netter, als alleine in der Küche zu sitzen. Und außerdem hast du dann das Buffet viel besser im Blick – wenn etwas aufgefüllt werden muss", setzt er noch hinzu. Und ich nicke begeistert zustimmend. Ein gutes Argument! Etwas schüchtern, aber immer noch nicht so ganz überzeugt, nickt auch die Küchenassistentin. „Aber wenn jemand kommt und meckert?", fragt sie unsicher. „Wer soll denn kommen und meckern?", argumentiert Raphael weiter: „Und selbst wenn jemand kommen sollte, es ist ja für Mitarbeiter nicht verboten, das Esszimmer zu nutzen. Und ein Recht auf Pause haben wir alle. Also: ran ans Frühstück ihr zwei!", fordert er uns auf, holt sich einen Tee und verlässt aufmunternd nickend den Raum wieder. „Ja, also, okay, dann holen wir uns mal was zum Essen", sagt die Küchenassistentin immer noch etwas verlegen und geht in die Küche, von wo sie mit einem Teller zurückkommt, auf dem ihr mitgebrachtes Brot liegt, während ich mein Frühstück am Buffet zusammensuche.

Als Agnes etwas später ins Esszimmer kommt, sitzen wir gemütlich beim Frühstück an meinem üblichen Tisch. „Guten Morgen", ruft sie uns schon beim Eintreten in den

Raum zu und schaut ein wenig überrascht auf meine Gesellschaft. Die Küchenassistentin will schon verlegen aufstehen, aber Agnes kommt lächelnd auf sie zu und begrüßt sie herzlich: „Wie schön, noch ein freundliches Gesicht in der Runde zu haben! Ich bin Agnes." Und setzt direkt hinzu, „wie Sie ja vermutlich wissen." – „Ja, ich kenne Ihren Namen. Ich heiße übrigens Sascha." Und schon verneigt sie den Kopf zum Gruß und Agnes tut es ihr gleich. Damit ist der formelle Teil sozusagen erledigt und Agnes, die morgens wirklich besonders hungrig ist, schreitet zur Tat. „Braucht noch jemand etwas vom Buffet, wenn ich jetzt hingehe?", bietet sie an, aber wir schütteln die Köpfe. Sascha heißt sie also. Der Name passt irgendwie zu ihr, denke ich und frage mich gleichzeitig, warum ich finde, dass er zu ihr passt. Und es sticht ein wenig in meinem Herzen, dass ich immer noch namenlos umherwandle.

Als Agnes mit ihrem beladenen Teller zurückkommt, sieht sie mich ein wenig betreten an: „Könntest du mir einen Kaffeeccino holen? Ich komme heute einfach nicht darauf, wie man die Maschine bedient." Bevor ich reagieren kann, steht Sascha schon auf: „Ich mache das, dann schaue ich gleich mal, ob noch etwas nachgelegt werden muss." Das ist sicher nicht der Fall, da ja bisher kaum etwas vom Buffet genommen wurde, aber es ist wirklich freundlich von ihr. Auch Agnes blickt ihr lächelnd nach. „Ich habe noch nie mit ihr gesprochen und wusste gar nicht, dass sie so nett ist", sagt sie leise zu mir. Ich muss grinsen: „Ihr seid einfach nicht auf die Idee gekommen, miteinander zu reden, sonst hättet ihr das schon rausgefunden." Und da kommt mir der Gedanke, dass ich auch Agnes zu der Sache mit dem „Um-sich-kümmern" fragen kann und schieße direkt los: „Als ich mich vorhin mit Sascha unterhalten habe, hat sie gesagt, dass die Rente die Zeit ist, sich um sich selbst zu kümmern, aber ich denke, dass sollte man auch während der Arbeit tun. Wie ist das?" Agnes sieht mich interessiert an: „Natürlich habe ich mich um mich selbst gekümmert, als ich noch gearbeitet habe. Ich habe Sport gemacht, hatte meine Termine im Beauty Salon oder habe Filme geschaut." Sie lächelt bei der Erinnerung. „Andererseits", fährt sie nach einer Pause fort, „so richtig viel Zeit dafür hatte ich in meinem Alltag als Pilotin, Ehefrau und Mutter nicht. Entweder ich war auf der Arbeit oder ich hatte andere Aufgaben oder habe mich um meine Familie gekümmert. Wenn ich darüber nachdenke, dann blieb da nicht wirklich Zeit für mich. Aber ab und zu war ich beim Sport, im Beauty Salon und habe Filme geschaut!" – „Aber ist das nicht ungesund, wenn man keine Zeit für sich selbst hat?" – „Ja, vielleicht, aber Nichtstun ist auch ungesund, besonders wenn es in Langeweile ausartet." – „Inwiefern?" in meinen Gedanken habe ich das meditative Zusammensitzen mit Graciella gestern vor Augen, dass für mich ein „Nichtstun" aber gar nicht langweilig war, sondern mir im Gegenteil sehr gut getan hat. „Nun,", beginnt Agnes, „es ist nicht gut, wenn Menschen langweilig ist, dann kommen sie auf dumme Gedanken." – „Was für dumme Gedanken denn zum Beispiel?", offensichtlich hat sie ein komplett anderes Verständnis davon als ich und ich finde es sehr spannend, mehr darüber zu erfahren. Sascha kommt mit Agnes

Kaffeeccino zurück zum Tisch und Agnes sieht sie hilfesuchend an, da sie immer noch nach Beispielen sucht und fragt sie: „Was machen denn Menschen alles für dumme Sachen aus Langeweile?" Sascha überlegt kurz und sagt: „Sie machen zum Beispiel Sachen kaputt. Einfach so. Ganz sinnlos. Oder sie ärgern andere, spielen Streiche." Und nach einer kurzen Pause führt sie noch an: „Oder sie nehmen Drogen!" Agnes nickt zustimmend. Dass Menschen aus Langeweile solche Dinge tun, kann ich mir kaum vorstellen. Für mich ist es undenkbar, etwas einfach nur so kaputt zu machen oder andere zu quälen. Aber offensichtlich scheint das ein Problem zu sein, denn beide sind sich hierin einig. Dennoch lässt es mich nicht los, dass „Nichtstun" so negativ gesehen wird: „Aber man kann doch auch nichts tun und sich nicht langweilen und nichts zerstören oder blödes tun." – Erstaunt schauen mich beide an und schütteln einvernehmlich die Köpfe. „Nichtstun IST langweilig", sagt Agnes und Sascha setzt bekräftigend hinzu: „Darum haben wir ja auch mit den Smartables immer etwas zu tun. Zum Glück! Da kann ich Filme schauen, Spiele spielen, lesen, zeichnen, Nachrichten schreiben. Das kann ich stundenlang, da wird mir nicht langweilig und ich habe etwas zu tun." – „Also ich habe mich bisher auch ohne Smartable nicht gelangweilt. Ich kann aus dem Fenster schauen, mich unterhalten, nachdenken und ich kann auch ohne Smartables ein Buch lesen oder etwas schreiben oder spielen." – „Naja, aber du hättest mehr zu tun, wenn du ein Smartable hättest!" Agnes und Sascha sind nicht so richtig überzeugt davon, dass ich ohne Smartable nicht doch Langeweile habe. Da ich ja keine Erinnerung habe, ob mein Leben mit Smartable vielleicht ausgefüllter war, kann ich schlecht auf meiner Position beharren. Vorstellen kann ich mir das allerdings nicht. In jedem Fall gehen unsere Meinungen hier sehr auseinander und es wundert mich, dass sie die Smartables als so wichtig empfinden und fast schon abhängig von ihnen erscheinen, auch wenn es nicht das Ausmaß zu haben scheint, wie bei Brandon. Wie kommt es, dass ich da so anders bin? Weil ich die Smartables vergessen und gelernt habe, mich anderweitig zu beschäftigen? Wäre ich genauso, wenn ich ein Smartable hätte? Auch überzeugt es mich nicht, dass ich immer etwas tun muss, um mich nicht zu langweilen. Da sind meine Erfahrungen ganz anders. Klar finde ich es schön, etwas zu tun, wie Sascha mit dem Frühstück zu helfen, aber ich finde es genauso schön, einfach in den Park zu schauen, der Bewegung der Bäume im Wind zuzusehen oder den Wolken. Warum finden sie das langweilig? Und selbst wenn mir langweilig wäre, dann würde ich doch nicht auf den Gedanken kommen, etwas sinnlos kaputt zu machen oder andere zu ärgern? Oder würde ich? Ich habe viele neue Fragen und werde mein Notizbuch heute wieder ordentlich mit Gedanken füttern können.

Wir drei verfallen in nachdenkliches Schweigen als Dr. Domas zu uns an den Tisch kommt. Sascha springt verlegen auf und läuft in die Küche und Dr. Domas sieht ihr zwar verwundert nach, aber macht nicht den Eindruck, als hätte sie ein Problem damit, dass Sascha mit uns hier gesessen hat. Sie wendet sich an mich: „Ich habe Bescheid gesagt wegen des Spaziergangs im Park. Aber", fügt sie bedauernd hinzu, „ich habe noch keine passende Jacke auftreiben können." Agnes sieht erstaunt von einer zur anderen. „In den Park?", fragt sie verwundert und schaut mich an: „Aber es ist doch wirklich kalt draußen! Willst du wirklich da raus?" – „Das möchte ich wirklich gerne. Hättest du vielleicht eine Jacke, die ich mir leihen könnte?", kommt mir der Gedanke, da sie mir in Größe und Statur ähnelt. „Aber klar doch! Du kannst meine haben. Wir können ja gleich mal probieren, ob sie dir passt." – „Wunderbar, das ist eine gute Lösung", freut sich auch Dr. Domas und ich strahle und Aufregung macht sich in mir breit. Meinem heutigen Besuch im Park steht dann hoffentlich nichts mehr im Wege!

Als ich eine halbe Stunde später - warm eingepackt in Agnes Mantel und sogar mit Handschuhen und einem Schal gegen die Kälte gewappnet - aus dem Seitenausgang in den Park betrete und die kalte Luft auf meiner Haut spüre ist es mir, als wäre ich aus einem Käfig befreit worden. Die Luft ist kalt und mein Atem hinterlässt kleine Wolken, aber es fühlt sich so frisch und erfrischend an, dass ich mich belebt fühle und gar nicht friere. Meine Blicke schweifen zum Himmel und zu den Bäumen und ich wandere umher und bestaune die raue Rinde, die kahlen Äste und Zweige. Es dauert nicht lange und ich befreie mich von den Handschuhen, um die Rinde zu fühlen. Ich sehe das wintermüde Gras und in einer Ecke höre ich das Scharren eines Vogels auf Futtersuche. Tief atme ich die winterliche Luft ein und versuche, den Geruch des Parks wahrzunehmen. Es kommt mir so vor, als müsste ich diesen Moment, diesen Park, mit allen

Sinnen erkunden. Ich schaue mich um, drehe mich mit ausgestreckten Armen um mich selbst, ähnlich wie beim Tanz mit Graciella und fühle mich großartig. Mein Gesicht ist dem Himmel entgegengestreckt und da beginnt es plötzlich zu schneien. Dicke weiße Flocken fallen aus den Wolken. Treffen meine Jacke und treffen mich im Gesicht, wo sie sich erst ganz kalt und dann nass anfühlen, wie so ein kleiner kalter Kuss. Es ist einfach herrlich und ich bleibe einfach stehen mit dem Gesicht gen Himmel, die Arme ausgestreckt, als ob ich den Schnee, den Park, die Welt umarmen wollte. Und ja, wenn ich könnte, würde ich am liebsten die Welt umarmen. So frei wie in diesem Moment habe ich mich noch nicht gefühlt seit ich hier bin! Ich kann nicht sagen, wie lange ich so stehe, aber Agnes' Mantel wird ganz weiß von den zahlreichen, dicken, kontinuierlich fallenden Schneeflocken und auch der Park um mich herum ist schon von einer zarten weißen Schicht bedeckt. Alle Geräusche werden vom Schnee gedämpft und der Verkehrslärm, den ich anfangs gar nicht, dann sehr stark wahrgenommen hatte, wird im Schnee unwichtiger und leiser. Als ich zum Klinikgebäude blicke, sehe ich Graciella, Viktor, Rosie, Agnes und Dr. Domas am Fenster stehen. Ich winke ihnen fröhlich zu und frage mich, warum sie nicht auch nach draußen kommen, um diesen wundervollen Moment mit mir zu teilen.

Immer dichter wird das Schneegestöber und auch das Weiß um mich herum verdichtet sich und wird in kürzester Zeit zu einer richtigen Schneedecke. Ich teste, ob es sich um klebrigen Schnee oder Pulverschnee handelt und mir wird schnell klar, dass sich aus diesem Schnee sehr gut etwas bauen lässt und ich beginne eine große Schneekugel zu formen und diese dann durch den zunehmenden Schnee zu rollen und so zu vergrößern. Ich winke meinen Zuschauern am Fenster zu, doch zu mir zu kommen, aber es sieht nicht so aus, als wären sie motiviert, obwohl sie mir sehr interessiert zusehen. Ich muss lachen. Sie wissen ja gar nicht, was sie sich hier entgehen lassen! Erst nach einer Weile Schneekugeln rollen fällt mir auf, dass sowohl meine Hände als auch meine Füße sich sehr kalt anfühlen. Nun, die Handschuhe sind durchweicht und meine Schuhe scheinen definitiv eher für drinnen als draußen geeignet zu sein. Bevor ich aber wieder nach drinnen gehe, möchte ich mein Schneeprojekt beenden, auch wenn es immer noch heftig schneit. Meine Schneekugel setze ich auf eine Bank im Park und forme daraus einen Bärenkopf, indem ich zwei kleinere Kugeln als Ohren aufsetze und aus herunterfallenden Ästen einen Mund sowie aus zwei Flaschendeckeln, die neben der Bank liegen, Augen auf meinen Bärenkopf drücke. Zufrieden betrachte ich mein Werk und mache mich mit durchnässten Socken auf den Rückweg. Obwohl meine Füße wirklich durchgefroren sind, bedauere ich, wieder ins Gebäude gehen zu müssen. Ich bin wirklich gerne draußen! Noch etwas für meine Liste der Dinge, die ich mag.

Ich werde von den anderen freudig begrüßt und schnicke ihnen vom Mantel etwas Schnee entgegen. „Das sah aus, als hättest du wirklich Spaß", staunt Agnes und ich nicke zustimmend: „Absolut!" – „Aber das war doch sicher sehr kalt", möchte Viktor wissen und ich berühre kurz mit meiner eiskalten Hand die seine und er zuckt zusammen, aber ich lache ihn an: „Es war wundervoll draußen, was macht da schon ein bisschen Kälte? Aber jetzt gehe ich mich mal aufwärmen. Wir können uns später auch über das Buch unterhalten, zu dem du mich gefragt hattest, wenn du möchtest." Viktor nickt begeistert. „Du hast es jetzt also gelesen?" Statt einer Antwort nicke ich. „Super", freut er sich. „Nach dem Mittagessen, oder hast du Termine?" Ich muss lächeln: „Nein, heute keine Termine. Nach dem Mittagessen passt gut!" Ich bemerke Dr. Domas' Blick. Sie schaut mich nachdenklich, freundlich an. Und bevor ich in mein Zimmer gehe, habe ich den Impuls, ihr nochmals zu danken, dass ich in den Park gehen konnte, also umarme ich sie spontan – mal wieder ohne wirklich nachzudenken – und frage: „Es war so schön draußen: Ich darf doch wieder in den Park, oder?" Und sie grinst mich etwas verlegen an: „Geht schon klar. Aber immer abmelden und jetzt erst mal aufwärmen, Sie sind ja richtig durchgefroren!" Und sie sieht mich besorgt an, aber ich strahle einfach nur, weil ich mich nach dem Ausflug nach draußen so unbeschreiblich glücklich fühle. „Bin schon weg", grinse ich und gehe mit kalten, aber gleichzeitig leichten Füßen in mein Zimmer. Dort ziehe ich mir erst mal die nassen Socken aus und lasse kühles Wasser über Füße und Hände laufen, was sich einfach herrlich warm und belebend anfühlt. Als ich mich selbst im Spiegel ansehe, sehe ich rote Wangen und blitzende Augen. So lebendig habe ich mich noch nie gefühlt – also zumindest in der Zeit, an die ich mich erinnern kann. Und nach kurzer Zeit fühlen sich meine Hände und Füße richtig wohlig warm an und ich setze mich mit gekreuzten Beinen auf mein Bett, schließe meine Augen, und denke nichts, fühle nichts, sondern bin einfach nur im Augenblick und erfüllt von innerer Ruhe und Zufriedenheit. Nach einer Weile der Stille räkele ich mich und lächle. Nichtstun ist kein bisschen langweilig!

Beim Mittagessen sehe ich Rosie, sie lächelt mich freundlich an. „Hallo, Rosie", grüße ich sie freudig und sie schaut mich überlegend an. „Hallo Kindchen", lächelt sie und ich bin mir in diesem Moment nicht sicher, ob sie mich erkannt hat oder einfach einen geschickten Weg gefunden hat, die fehlende Erinnerung an meinen Namen – die ich ja bedauerlicherweise mit ihr teile – zu überspielen. „Darf ich mich zu Ihnen setzen?", frage ich vorsichtig, denn ich möchte mich ihr nicht aufdrängen. „Aber sicher, es dauert noch ein wenig, bis mein Mann von der Arbeit kommt", sagt sie und ich vergewissere ihr, dass ich den Platz frei mache, wenn er kommt, aber einfach nicht so gerne alleine esse. „Ach ja, das verstehe ich gut! Ich esse auch nicht gerne allein. Gesellschaft zu haben ist viel schöner. Meistens esse ich ja mit den Kindern", lässt sie mich wissen und ich bin überrascht, denn von Kindern habe ich von ihr bisher noch nie etwas gehört. „Wie viele Kinder haben Sie denn", frage ich vorsichtig nach und gerne gibt sie mir Auskunft: „Es sind zwei Kinder. Ein Junge und ein Mädchen. Wundervolle Kinder, wirklich! So klug und lieb! Aber es sind nicht meine, müssen Sie wissen, ich schaue nur nach ihnen, aber ich habe sie so gern, als wären es meine eigenen!" Das erklärt vielleicht, wieso ich sie hier noch nie gesehen habe. Der sanfte Blick in ihren Augen als sie von den Kindern spricht zeigt mir, wie wichtig sie für sie sind. Ich würde gerne fragen, was sie jetzt so machen, denn sicherlich ist es schon eine Weile her, dass sie sie gesehen hat, da ich nichts von einem Besuch hier mitbekommen habe. Da ich nicht weiß, wo in ihrem Leben sie sich gedanklich gerade befindet und sie weder verwirren noch aufwühlen möchte, tue ich das nicht. Es fühlt sich falsch an, nachzuhaken, also schwenke ich das Gespräch auf unverfänglichere Themen. „Wie schmeckt das Essen?", frage ich also beiläufig, obwohl ich sehe, wie begeistert sich diese zierliche Frau die Nudeln in den Mund stopft. „Mlöcker", antwortet sie dann auch direkt mit vollem Mund. „Na, dann werde ich mir auch welche davon holen. Kann ich Ihnen noch irgendwas mitbringen?" Sie schüttelt den Kopf und die nächste Gabel voller Nudeln mit Soße verschwindet von ihrem Teller. Ich wünschte, ich könnte das Essen mit so viel Genuss essen wie sie. Aber es schmeckt mir jeden Tag weniger, weshalb ich langsamer und mit deutlich weniger Appetit meine Nudeln zu mir nehme. Nach dem Essen steht sie auf, grüßt mich freundlich zum Abschied und geht. Aber ich bin nur kurz allein, bis Viktor zu mir kommt und mich erwartungsvoll ansieht. Nachdem er mir gestern noch das Buch gebracht hatte, habe ich mich hingesetzt und es gelesen, denn ich kannte es nicht und er wollte ja unbedingt meine Meinung dazu wissen. Ich gehe davon aus, dass er mich gefragt hat, da es hier ja nicht so viele Menschen gibt, die er fragen könnte und wir uns vor dem Buchregal unterhalten haben, so dass er ein gewisses Interesse meinerseits annimmt. Und es ist schön, dass meine Meinung für ihn eine Rolle spielt. Es gibt mir das Gefühl etwas Sinnvolles tun zu können.

„Hast du schon gegessen?", frage ich ihn, denn ich habe ihn vorher im Esszimmer gar nicht bemerkt. „Das Essen ist nicht so wichtig wie das Buch!", lässt er mich wissen und blickt mich weiter mit großen Augen erwartungsvoll an: „Du hast es jetzt also gelesen?", will er wissen. „Ja, habe ich. Das habe ich dir ja versprochen!", antworte ich. „Also, was denkst du?", seine Anspannung ist ihm ins Gesicht geschrieben. Mir ist klar, dass er von mir hören möchte, dass es ein tolles Buch ist, dass unbedingt ein Film mit ihm in der Hauptrolle werden sollte, aber meine Meinung über das Buch ist eher zwiegespalten. Also beginne ich unser Gespräch mit einer Frage und will von ihm wissen: „Was an der Rolle macht aus, dass du sie gerne spielen möchtest?" – „Nun, dieser Polizist ist richtig cool. Er ist nicht so ein langweiliger Broker, sondern schreitet zur Tat und räumt in seinem Viertel mit den Verbrechern so richtig auf." Sein ganzes Gesicht strahlt vor Begeisterung. Vor dem Hintergrund seiner letzten Rolle ist das eine durchaus nachvollziehbare Argumentation und fasst auch den Inhalt des Buches ziemlich gut zusammen. Mir kommt dieser Polizist so gesetzlos vor, wie die Verbrecher, die er bekämpft und das macht ihn mir nicht sympathisch, aber jetzt habe ich eine Ahnung davon, was Viktor daran gefällt. „Also würdest du ihn gerne spielen, weil er cool und tatkräftig ist?", wiederhole ich seine Formulierung in der Hoffnung, dass ich dann vielleicht noch mehr über seine Motivation erfahre. Und das tue ich, denn Viktor fährt mit glühender Stimme fort:

„Das ist ein richtiger Held. Gegen alle Widerstände setzt er die Gerechtigkeit durch, so ein einsamer Wolf, der so klug ist und so gut kämpfen kann. Er ist unbeirrbar und stark, kennt sich aus und hat wirklich die tollsten Waffen." Viktor sieht mich wieder erwartungsvoll an, doch ich schweige noch und sortiere meine Gedanken als er fortfährt: „Er ist so, wie ich als Kind immer sein wollte." Und nachdenklich setzt er noch in etwas leiserer Stimme - als würde er mehr zu sich selbst sprechen - verwundert hinzu: „vielleicht wollte ich deshalb immer Schauspieler werden ...?"

Ich bin froh, dass ich unser Gespräch nicht direkt mit meiner Meinung über das Buch angefangen habe, denn diese Rolle bedeutet ihm wirklich viel. Ich finde die Geschichte ziemlich schwach, die Persönlichkeit des Polizisten zu eindimensional und die Handlung absolut vorhersehbar. Trotz der darin vorkommenden Gewalt, die mir überhaupt nicht gefallen hat, fand ich den Handlungsstrang durch die Vorsehbarkeit ziemlich langweilig. Aber eine Geschichte ist ja nicht nur der Handlungskern, sondern auch das, was daraus gemacht wird. „Ich kann mir vorstellen, dass diese Geschichte viele Menschen ansprechen kann, und ich denke ich verstehe, warum du sie gerne spielen möchtest. Ich kenne mich mit Filmen nicht besonders gut aus. Wenn es um das echte Leben geht, so bereitet mir dieses Das-Gesetz-in-die-eigene-Hand-nehmen-Konzept etwas Unwohlsein. Aber wenn du das gerne spielen möchtest, warum nicht?", lasse ich ihn meine Meinung wissen und fahre dann fort: „Die Fragen, die du dir stellen könntest", beginne ich und als würde ich abzählen, halte ich für jede neue Frage einen Finger hoch, „Habe ich Möglichkeiten, diesen Film zu realisieren? Wer würde mich dabei unterstützen und welche Hindernisse muss ich möglicherweise überwinden? Welche Aspekte der Rolle oder Handlung sind mir besonders wichtig und sollten im Film auf jeden Fall rüberkommen? Und welche Art Film soll es werden?"

Viktor, der mir aufmerksam zugehört hat, unterbricht mich, bevor mir weitere Fragen einfallen können: „Wie meinst du das, welche Art Film soll es werden?" – „Naja, die Geschichte kann ja ganz verschieden erzählt werden und ich vermute, dass es Filme mit ähnlichem Inhalt schon gegeben hat. Also letztlich geht es dabei wohl um die Frage: Wie mache ich diesen Film zu etwas Besonderem, zu einem, der in Erinnerung bleibt." Der Gedanke in Erinnerung zu bleiben, etwas Besonderes zu schaffen, spricht Viktor an, denn er nickt nachdenklich und zustimmend zugleich. Vielleicht ist es meiner Situation geschuldet, dass das Gefühl „in Erinnerung zu bleiben" so wichtig erscheint, aber vielleicht ist es auch einfach ein Grundbedürfnis, das wir Menschen haben. Gerade als Schauspieler kann er viele Menschen erreichen und hat gute Chancen, in Erinnerung zu bleiben. Seine Rolle als Mr. Efficient hat ihn ja wohl international bekannt gemacht.

„Welche Art Film?" höre ich Viktor wiederholen und dann an mich gerichtet: „Was für einen Film würdest du daraus machen?" Ich muss lachen: „Lieber Viktor, ich bin doch kein Regisseur und es ist nicht entscheidend, was ICH daraus machen würde, sondern was DU in diesem Film sehen und ausdrücken möchtest!" Viktor grinst: „Da hast du wohl recht. Ich bin es so gewohnt, gesagt zu bekommen, was und wie ich spielen soll, dass ich wohl erst wieder lernen muss, Entscheidungen selbst zu treffen." Graciella, die sich unserem Tisch genähert hat, setzt sich mit einem Teller Suppe zu uns. „Es ist auch schön, nicht die Verantwortung zu haben", sagt sie und beginnt ihre Suppe zu löffeln, während Viktor und ich uns erstaunt ansehen. Uns überrascht weniger, was sie gesagt hat – vor dem Hintergrund dessen, was ich über sie weiß, ist diese Aussage wenig erstaunlich – sondern, dass sie in dieser Form mit uns gesprochen hat. Sie scheint langsam aus ihrer inneren Isolation zu kommen und ich freue mich unfassbar darüber. Graciellas Einwurf mit der Verantwortung lässt einen anderen Gedanken bei mir aufkommen: Was ist mit Viktors Verpflichtungen aus dem vorhandenen Vertrag? „Was wird mit deiner Rolle als Mr. Efficient?" Denn was nützt es, wenn Viktor schöne Pläne macht, die er dann gar nicht umsetzen kann? „Ha, gut dass du fragst, denn ich habe darüber nachgedacht. Also ich habe zwei Möglichkeiten: Erstens, ich komme aus dem Vertrag direkt raus. Durch meinen krankheitsbedingten Ausfall sind die von mir gerade eh eher genervt und mein Filmdouble macht das ja nun schon seit ein paar Wochen ganz gut. Ich habe mir gestern mal die aktuelle Folge angesehen und man merkt kaum, dass ich das gar nicht bin, selbst ich musste zweimal hinsehen!" Und Viktor verfällt in ein sehr herzliches, fröhliches und absolut ansteckendes Lachen. „Und zweitens, kann ich mich in der

Zeit, in der ich vielleicht noch weiterspielen muss, um die Planung des neuen Films kümmern. Eine Verkürzung der Vertragslaufzeit werde ich auf jeden Fall hinbekommen, sagt mein Agent, der sich jetzt aber um eine direkte Vertragsauflösung bemüht, denn das wäre mir deutlich lieber." Beeindruckt blicke ich Viktor an. „Du hast das wirklich schon in die Wege geleitet! Das ist echt großartig und ich drücke die Daumen, dass es so klappt und du die richtigen Begleiter für dein neues Projekt findest!" – „Auch hier habe ich mir schon ein paar Leute ausgeguckt, die mir helfen könnten, aber mein Agent meinte, ich sollte mit dem Kontaktieren noch warten, bis er die vertragliche Sache geregelt hat. Er möchte, dass meine Genesung nach außen noch nicht durchdringt, damit er besser verhandeln kann, dieser Fuchs!", grinst Viktor. „Es klingt, als hättest du da einen guten Berater!" – „Das habe ich wirklich!" Und ein sanftes Glänzen in seinen Augen gibt mir das Gefühl, dass er vielleicht mehr als nur ein Berater für Viktor sein könnte ...

Graciella verfolgt unsere Unterhaltung schweigend, aber sehr aufmerksam. Sie sieht nachdenklich und etwas traurig aus, so dass ich nachfrage, ob sie okay ist. Sie nickt ernsthaft. Je mehr sie aus ihrer Schale kommt, desto trauriger wirkt sie auf mich, fällt mir in diesem Moment auf. Sie tanzt weniger und strahlt deutlich weniger. „Wollen wir zusammen Musik hören?", frage ich darum, in der Hoffnung, sie damit auch aufmuntern zu können und sie lächelt und nickt freudig. Viktor verabschiedet sich und wünscht uns viel Spaß. „Ich bin schon gespannt, was du heute an Musik auf Lager hast", sage ich mit Vorfreude, während wir gemeinsam die Teller wegräumen und sie mir ihren einen Kopfhörer reicht.

*D*a ruft doch glatt dieser Herr Mercier gerade an und fragt, wie es Graciella heute geht und ob sie Fortschritte macht. Bei allem Verständnis für die Firmeninteressen geht mir das doch ziemlich auf den Nerv. Was denkt der sich denn? Als ob ich von einem Tag auf den anderen eine Wunderheilung vollbringe? Vor allen Dingen, nachdem sein Auftritt gestern ja eher keine positive Wirkung auf sie hatte.*

Kaum habe ich den Hörer aufgelegt, klingelt das Telefon erneut. Noch leicht gereizt vom kurzen Gespräch mit Mercier hebe ich ab. „Domas", höre ich mich selbst in rauherem Ton sagen, als ich das beabsichtigt habe. – „Bruns, Kriminalpolizei. Störe ich gerade?" – „Guten Tag, Herr Bruns, ein paar Minuten habe ich, worum geht es denn?" – „Es geht um Ihre Patientin, die Frau ohne Chip." – „Ah, ja. Was ist Ihr Anliegen?", und bevor er fragen kann, füge ich noch hinzu: „Sie kann sich noch nicht an irgendetwas erinnern." – „Nun, das denke ich mir, denn sonst hätte ich ja von Ihnen schon was gehört. Ist ja eine richtig harte Nuss, dieser Fall!" – „Da haben Sie recht. So eine Patientin hatte ich noch nie!" Ich kenne Kriminalobermeister Bruns schon lange, da er unter anderem für die Fälle zuständig ist, wenn jemand mit Amnesie irgendwo aufgegriffen wird. Nicht immer werden die Patienten zu mir gebracht, es gibt in der Stadt noch andere Kliniken und meine Kapazitäten sind begrenzt, aber ich weiß, dass Bruns etwas von meinen Methoden hält und die Patienten gerne bei mir unterbringt. Und die Fälle summieren sich in den vergangenen Jahren schon zu einer beachtlichen Anzahl, was sicher auch damit zu tun hat, dass die meisten Menschen allein wohnen und damit nicht von Angehörigen gefunden werden. Wenn jemand zu lange seine Wohnung nicht verlässt, gibt der Chip ein Signal und die Polizei prüft, ob alles in Ordnung ist. Hierbei zeigen sich immer häufiger Amnesien, was ein ausgesprochen beunruhigendes Phänomen ist. „Wir haben Neuigkeiten zu Ihrer Patientin", unterbricht er meine Gedanken und ich bin hellwach. „Neuigkeiten?", wiederhole ich gespannt. „Jepp", und da er weiß, dass er nun meine ganze Aufmerksamkeit hat, macht er erst eine längere Pause, bevor er fortfährt, „wir haben eine Aufzeichnung von ihrem Unfall." Damit habe ich nun nicht gerechnet. „Wo kommt die nach so langer Zeit auf einmal her?" – „Nun, in der Nähe des Unfallortes, wo wir sie gefunden haben, sind zahlreiche Wohnblocks. Neben der offiziellen Überwachungskamera des Hauses hatte jemand aus den oberen Wohnungen eine private Kamera aufgestellt, die einen anderen Blickwinkel auf die Straße hatte und – zwar aus ziemlicher Entfernung – aber doch vollständig den Unfall und was darüber hinaus passiert ist, aufgezeichnet hat." – „Wow. Und was ist passiert?" Ich hasse es, wenn Leute sich so die Würmer aus der Nase ziehen lassen, aber er scheint es zu genießen, mich zappeln zu lassen. „Also der Kerl wurde bei einer Razzia hochgenommen und seine Wohnung untersucht, dabei wurde die Kamera entdeckt und ausgewertet. Blöd für ihn, dass da einige seiner Geschäfte auf den Filmen waren, aber er hat die Videos wohl auch für Erpressungen *genutzt." – „Ja, ich verstehe. Aber was ist denn nun mit meiner Patientin geschehen?" – „Ach, mit ihr", fährt er fort und es muss ihm doch klar sein, dass mich der Typ, der die Kamera aufgestellt hatte, herzlich wenig interessiert! „Sie wurde von einem Auto erwischt. Am Auto nicht mal ein Kratzer, ein richtiger Panzer, wie die Reiche-Leute-Autos eben so sind. Man sieht den Unfall und anschließend den Diebstahl ihrer Tasche, die wir aber noch nicht finden konnten. Obwohl wir den Dieb bereits zur Rede gestellt haben", informiert er mich. – „Da hätte ihr ja noch weitaus mehr passieren können", wird mir klar und ich bin einmal mehr wütend auf die Technik, der wir uns ausliefern, obwohl sie sich immer wieder als fehlerhaft erweist. – „Wir haben die Besitzer schon befragt, die haben absolut nichts mitbekommen, aber das kennen wir ja. Das Auto fährt selbst und die Reisenden pennen oder kümmern sich nicht um das, was um sie herum passiert. Hätte sie einen Chip gehabt, wie sich das gehört, wäre sie sofort gefunden worden", schließt er vorwurfsvoll, als hätte sie sich das ausgesucht und als wäre es ihre Schuld, dass sie von einem Auto angefahren wurde. „Und was passiert jetzt?", will ich wissen. – „Wie? Was passiert jetzt? Ja, weiter nichts. Wir versuchen noch herauszukriegen, was mit ihrer Tasche passiert ist und wir haben immer noch keine Vorstellung davon, woher sie kam und wohin sie wollte!" – „Kann ich mir das Video ansehen?", frage ich ihn in der Hoffnung, doch irgendetwas Hilfreiches entdecken zu können. „Von mir aus", stimmt er zu und ich höre ihn im Hintergrund tippen. „So, habe es Ihnen geschickt", lässt er mich wissen. „Ich glaube ja nicht, dass Sie viel daraus machen können,* aber es ist alles drauf, was die Frau betrifft." – „Vielen Dank, dass Sie an mich gedacht haben, das kann mir sehr helfen." – „Wenn sich was tut, so mit den Erinnerungen bei ihr, melden Sie sich aber gleich bei mir, ja?" – „Sicher", vergewissere ich ihm, auch wenn ich bei mir denke, dass ich das immer noch selbst entscheide, wann und zu welchem Zeitpunkt ich die Polizei informiere. Gerade in ihrem Fall habe ich das Gefühl, dass ich erst mal definitiv mehr zum Hintergrund wissen muss, bevor ich sie der Polizei überlasse. „Gut. Dann noch einen schönen Tag, Dr. Domas, und bis zum nächsten Fall ..." – „Auch Ihnen einen schönen Tag, Kriminalobermeister Bruns!" Und direkt nach dem Auflegen öffne ich gespannt mein Postfach und lade mir das Video herunter, um es mir sofort anzusehen.

Der Film hat in der Tat keine besonders berauschende Qualität. Er ist, wie Bruns ja schon sagte, aus relativ großer Entfernung aufgenommen und beim Hineinzoomen wird die Bildqualität recht schlecht, aber es geht schon. Ich erkenne eine Straße mit einer Rechtskurve, mit Abzweigungen zu Häusern. Auf beiden Seiten der Straße sind Parkplätze zu erkennen, von denen die meisten belegt sind. Auf der gegenüberliegenden Seite erkennt man einen hässlichen Wohnblock und ich erahne, in welchem Stadtviertel wir hier sind. Auch an den geparkten Autos kann man erkennen, dass es sich um einen eher ärmeren Teil der Stadt handelt. Auf der linken Seite ist eine Grünfläche mit Bäumen zu sehen, was auch der Grund ist, warum die Straße an der Stelle abbiegt. Zwischen den Bäumen liegt einiger Müll. Warum werden da eigentlich keine Reinigungsrobots eingesetzt? An solchen Ecken wären sie doch besonders wichtig, aber möglicherweise werden sie dort eben auch geklaut oder auseinandergenommen oder der Müll liegt noch nicht lange da.

Die Uhrenanzeige im Film zeigt mir, dass es genau 18:34 ist, als ich von der Seite der Grünfläche her eine Gestalt auftauchen sehe, die von Statur und Haaren aussieht wie die Frau-ohne-Chip, über der Schulter trägt sie eine mittelgroße Tasche. Sie schaut sich um und bleibt vor dem Müll stehen, dann blickt sie Richtung Straße und betrachtet ein Auto, das auf der Straße an ihr vorbeifährt und dreht sich dann wieder weg Richtung Grünfläche. Ein weiteres Auto nähert sich aus der anderen Richtung, es ist eine Limousine, die an dieser Stelle irgendwie deplatziert wirkt. Statt der Straße zu folgen und rechts zu fahren, fährt diese Limousine jedoch direkt geradeaus und ... ich halte die Luft an, da ich ja weiß, was passiert ... fährt direkt in die Frau auf der Grünfläche. Ein schrecklicher Moment, das anzusehen! Von hinten wird sie von der massiven Stoßstange des Autos nach vorne umgestoßen und stürzt auf den dort liegenden Müll. Zunächst ist sie hinter dem Auto gar nicht mehr richtig zu sehen, aber beim Auto wird der Rückwärtsgang eingelegt und es fährt auf die Straße zurück und fährt dann ordnungsgemäß die Straße entlang, als sei nichts geschehen, während die Frau, die auf eines der dort liegenden Möbelstücke gestürzt ist, sich langsam bewegt und offensichtlich versucht aufzustehen, was ihr aber nur so halb gelingt, bis sie nach einem kurzen Moment bewusstlos auf dem Müll in sich zusammensinkt. Ich bekomme eine Gänsehaut.

Diese selbstfahrende Limousine hat sie einfach umgenietet und ist dann wieder zurück auf die Straße. Es gab einige Reklamationen für dieses Modell von eOUSO, das durch seine auffällige Form gut zu erkennen ist. Es ist eines der teuersten Modelle auf dem Markt. Wie üblich bei diesen Autos sieht man von den Insassen überhaupt nichts und so halte ich es für durchaus möglich, dass sie tatsächlich von dem Unfall nichts mitbekommen haben – oder – was ebenso wahrscheinlich ist – sich nicht wirklich verantwortlich fühlen, selbst wenn sie mitbekommen haben sollten, dass ihr Auto einen Unfall verursacht hat. Seit Einführung der Haftpflicht für selbstfahrende Autos, die die Halter als „Mitfahrer" deklariert und aus jeder Verantwortung für Unfälle herausnimmt, gibt es keine Fahrerflucht mehr. Zumindest nach dem Gesetz. Wut erfüllt mich immer mehr, während die Uhr des Films tickt und ich sie da so liegen sehe. Ja, klar, mit Chip wäre innerhalb von 5 Minuten ein Rettungswagen vor Ort gewesen, aber das ändert nichts daran, dass hier direkt gehandelt hätte werden können, wenn die Insassen nicht so ignorant gewesen wären, denn den Aufprall müssten sie in jedem Fall gemerkt haben! Ein paar Autos fahren an ihr vorbei. Eines davon ist sogar ein Oldtimer, der noch menschengesteuert ist, aber auch dieser bemerkt den leblosen Frauenkörper über dem Müll nicht – oder ignoriert ihn bewusst? Zehn schier endlos lange Minuten vergehen, bis zwei Fußgänger auf der Bildfläche erscheinen - und an ihr vorbeigehen. Sie entdecken die Frau zwar, aber schauen beide direkt in die andere Richtung und gehen sich unterhaltend weiter. Ich möchte laut schreien: Ihr Idioten, da liegt jemand, der Hilfe braucht! Aber das würde ja auch nichts nützen. Es ist so schrecklich, sich das anzusehen und mir ist ganz schlecht. Nach weiteren 5 Minuten kommt eine bis zur Unkenntlichkeit eingehüllte, große Gestalt, die vor ihr stehen bleibt, sich kurz umsieht und dann ihre Tasche schnappt und mit eiligen Schritten verschwindet. Verdammt nochmal! Wie lange dauert das noch, bis hier endlich jemand hilft? Eine weitere Person, im engen Minikleid, erscheint von rechts. Sie hat einen Hund dabei, der sich langsam schnüffelnd voran bewegt, während die Frau voll und ganz mit ihrem Smartable beschäftigt ist. Beim bewusstlosen Frauenkörper bleibt der Hund stehen, schnüffelt und stubst sie mit der Nase an, während seine Halterin völlig in ihr Smartable versunken ist und erst stehen bleibt, als sie merkt, dass der Hund sich nicht mehr weiterbewegt. Sie erblickt die verunglückte Frau und versucht, ihren Hund weiterzuziehen, aber der verweigert sich, setzt sich vor die Frau und bellt. Noch ein paar Mal versucht die Halterin ihren Hund zum Weitergehen zu bewegen, aber wenigstens dem scheint klar zu sein, dass hier jemand Hilfe braucht und er bleibt stur und bellt lauter. Die Halterin greift zum Smartable und telefoniert – ich vermute, dass sie den Notruf absetzt, während der Hund die Frau-ohne-Chip wieder beschnüffelt und sich wie beschützend zu ihr setzt, während die Halterin sich wieder ganz ihrem Smartable widmet, statt vielleicht mal nach der Frau zu sehen. Die Medizinerin in mir kocht vor Wut! Die Frau-ohne-Chip hätte inzwischen tot sein können – und wenn ich nicht wüsste, dass sie sich gerade quicklebendig in meiner Klinik aufhält, würde ich das nach Ansicht dieser Bilder definitiv vermuten. Es dauert noch weitere 8 Minuten, bis der Krankenwagen endlich eintrifft. Insgesamt sind über 20 Minuten vergangen, in denen keine medizinische Erstversorgung stattgefunden hat. Wie wir aus zahlreichen Studien wissen, fördert eine längere Bewusstlosigkeit die Schwere der Amnesie und ich bin nun weniger überrascht, wie umfassend die Amnesie bei ihr ist. Nach dem Eintreffen der Rettungskräfte wird sie erstversorgt. Der Hund, der ihr vermutlich das Leben gerettet hat, ist erst dann bereit, sich von der Stelle zu bewegen und folgt seiner in das Smartable versunkenen Halterin. Ich sehe, wie die ohnmächtige Frau in den Krankenwagen verladen wird und dieser mit Blaulicht davonfährt.

An dieser Stelle endet der Film und ich sitze stumm da und versuche meine Wut zu unterdrücken, meine Gefühle insgesamt ruhig zu stellen, um mit klarem Verstand zu sortieren, was ich hier gesehen habe. Hilft mir das irgendwie weiter? Ist es etwas, das ich ihr zeigen sollte, um Erinnerungen zu fördern? Was würde ich unter Umständen triggern?

Davon abgesehen, kommen ein paar weitere Fragen hoch, die ich schon wieder vergessen hatte: Wie kommt sie in diesen Teil der Stadt? Die Polizei hatte ja eine Auswertung der Stadtkameras gemacht und dort ist ihr Gesicht nirgendwo aufgetaucht. Sie tauchte aus der Grünfläche auf, aber wie kam sie dorthin? Ich hasse es ja, wenn eine Information mehr Fragen als Antworten aufwirft und so beschließe ich, die Informationen erst mal sacken zu lassen, um mir selbst Zeit zu geben und dann zu entscheiden, wie ich mit diesen Informationen umgehen soll.

Als es am Nachmittag bei mir klopft und die Frau-ohne-Chip hereinkommt und vorsichtig fragt, ob ich einen Moment Zeit für sie hätte, fällt es mir nicht ganz leicht, die Bilder ihres leblosen Körpers auf dem Müll liegend von meinem geistigen Auge zu vertreiben. Da ich Zeit habe – heute ist schließlich mein Bürotag, an dem ich keine Patientensitzungen geplant habe – bitte ich sie herein und bin gespannt, worüber sie mit mir sprechen möchte. Vom Park ist sie ja sehr glücklich wieder zurückgekommen.

„Wie fühlen Sie sich heute?", eröffne ich gewohnheitsmäßig das Gespräch, doch offensichtlich geht es heute nicht um sie selbst, denn sie antwortet mir ohne Umschweife: „Ich mache mir Sorgen um Graciella." Wieder einmal ist es ihr gelungen, mich zu überraschen. „Inwiefern?", frage ich sie. „Nun, ich weiß, es steht mir nicht zu, mich hier einzumischen, aber ich möchte einfach meine Beobachtungen mit Ihnen teilen, weil Sie ja ihre Ärztin sind." Ich nicke ihr aufmunternd zu und sie fährt fort: „Je mehr sie sich öffnet, desto trauriger wird sie." – „Woran machen Sie das fest?" – „Ihr Leuchten, das sie beim Tanzen hatte, wird immer weniger. Sie schaut ganz oft sehr ernst und unglücklich, während sie vorher eher neutral – oder wie soll ich es sagen? Undurchdringlich? Emotionslos? Ja, am ehesten trifft wohl ‚emotionslos' – ausgesehen hat." Sie blickt mich eindringlich an. „Und dieser Typ gestern hat sie auch erschreckt." – „Ja, das habe ich auch bemerkt", pflichte ich ihr bei. „Sind Sie sicher, dass Sie keine Therapeutin waren?", frage ich scherzend, weil ich so viel Mitdenken und Gedanken um Mitpatienten wirklich nicht gewohnt bin, doch sie ist offensichtlich nicht zu Scherzen aufgelegt,

sondern ernsthaft beunruhigt, so dass ich auch wieder ernst werde: „Danke, dass Sie Ihre Beobachtungen und Sorgen mit mir teilen! Ich bin für diese Hinweise wirklich dankbar, denn Sie haben einen guten Draht zu ihr aufgebaut und bekommen mehr von ihr mit als ich. Ich habe morgen eine Sitzung mit ihr und werde das berücksichtigen. Ich denke auch, dass die Erinnerungen bei ihr im Moment zurückkommen und das ist eine emotional sehr herausfordernde Phase. Menschen kommen damit unterschiedlich gut zurecht." – „Das kann ich mir gut vorstellen", antwortet sie nachdenklich. Wieder einmal fällt mir auf, dass ich mich mit ihr eher wie mit einer Kollegin oder Freundin unterhalte. Sie hat so eine ganz eigene, liebenswerte Art. „Ich werde den Erinnerungsprozess mit Graciella sehr behutsam angehen und nichts überstürzen und ihr die Zeit geben, die sie braucht!", verspreche ich ihr und auf ihrem Gesicht erkenne ich Erleichterung.

„Sie waren heute also draußen", frage ich, weil mich doch ihre Beschreibung der Eindrücke davon sehr interessiert: „Wie hat es Ihnen gefallen?" – „Es war wundervoll, die Luft war herrlich. So kühl und frisch! Und dann noch Schnee! Ich liebe Schnee!", strahlt sie mich an. „Es hat so gut getan, draußen zu sein und Agnes hat mir sogar ihre Jacke geschenkt." Und nach kurzer Pause fügt sie hinzu: „Ich möchte öfter rausgehen." – „Ich sehe darin kein Problem, aber bessere Schuhe wären sicher gut. Aber da können wir sicher auch noch welche auftreiben", beschließe ich zuversichtlich und lächele freundlich. Ihr ganzes Gesicht strahlt eine mitreißende Freude aus. Kein Wunder, dass sie so viele Kontakte geknüpft hat. So einen warmherzigen und freundlichen Menschen habe ich bisher noch nicht kennengelernt. Und das steht in krassem Gegensatz zu den kaltherzigen und unfreundlichen Menschen, die ihr nach dem Unfall begegnet sind und deren Gestalten in meinem Kopf wieder auftauchen. Nein, ich werde ihr den Film nicht zeigen, wird mir in diesem Moment klar und ich bin erstaunt, dass ich das überhaupt erwogen habe. In unserer nächsten Sitzung werde ich allerdings mit ihr darüber sprechen, aber nicht jetzt. Ich tanke ihre unbändige Freude und frage mich, wann ich das letzte Mal so viel Begeisterung empfunden habe, wie sie ausstrahlt.

„Dann störe ich Sie aber jetzt nicht länger", lächelt sie und bedankt sich nochmal, dass ich mir die Zeit für sie genommen habe. Höflichkeitsformen hat sie, die ich ebenfalls nicht gewohnt bin. Schon im Gehen begriffen dreht sie sich nochmal um und sieht aus, als wollte sie noch etwas sagen. „Ja?", versuche ich sie zu ermuntern. „Also, eine Sache hätte ich noch, wo ich gerade da bin", druckst sie verlegen. „Schießen Sie los", fordere ich sie auf und sie sagt: „Nun, ich habe heute morgen mit Sascha gefrühstückt …" – „Sascha? Wer ist das?", unterbreche ich sie verwirrt, bevor sie fortfahren kann. „Sascha, die Küchenassistentin", erklärt sie mir und fährt dann fort, „also ich habe sie gebeten mit mir im Esszimmer zu frühstücken und sie wollte erst nicht, weil sie sich nicht sicher war, ob sie das darf, hat sich dann aber überreden lassen. Ich wollte nur sagen, dass es meine Idee war und möchte nicht, dass sie vielleicht Ärger deshalb bekommt." Sascha heißt also unsere Küchenassistentin! Ich kannte ihren Namen gar nicht, dabei arbeitet sie schon wirklich lange hier und es ist mir schon peinlich, dass ich das nicht wusste – und mich für sie bisher gar nicht interessiert habe. Und sie haben zusammen gefrühstückt! Bei dieser Patientin komme ich aus dem Staunen wirklich nicht heraus. „Nun, für mich ist das kein Problem, solange sie ihre Arbeit macht", und irgendwie klingt das erstaunlich hart, als ich es laut ausspreche und ich habe das Gefühl, es abmildern zu müssen: „Ich kann Ihnen versichern, dass sie keinen Ärger bekommt! Machen Sie sich da keine Gedanken." – „Danke, da bin ich froh", sie ist sichtlich erleichtert und setzt noch hinzu, „sie ist nämlich eine sehr nette Person und wirklich fleißig!" Als sie mein Büro verlassen hat denke ich über diesen Besuch nach und frage mich, wieso sie die Menschen um sich herum so anders wahrnimmt, als ich es gewohnt bin. Es ist ja nicht mal so, dass sie sie anders wahrnimmt, sondern sie nimmt sie überhaupt wahr! Ich tue das auch, aber muss mir eingestehen, dass meine Wahrnehmung von meiner Rolle als Ärztin geprägt ist – nur so kann ich es vor mir selbst erklären, dass es mir bisher nicht aufgefallen ist, dass mir der Name der Küchenassistentin nicht bekannt war, obwohl ich sie täglich sehe und sie schon hier war, als ich die Abteilung übernommen habe. Es hat mich bisher einfach nicht interessiert, da sie weder Pflegende noch Patientin ist, auf die ich offensichtlich meinen Fokus lege. Das ist irgendwie nachvollziehbar, aber gleichzeitig bei so einer langjährigen Mitarbeiterin nicht wirklich in Ordnung. Ich nehme mir vor, wenn ich ihr das nächste Mal begegne, ein paar Worte mit ihr zu wechseln und sie zukünftig auch zur Kenntnis zu nehmen. Und um den Namen nicht wieder zu

vergessen, wiederhole ich mit ihrem Gesicht vor meinem
geistigen Auge den Namen „Sascha".

Die Tage vergehen. Sie sind angefüllt mit schönen Gesprächen und jetzt täglichen Besuchen im Park. Nachdem mir Sascha ein paar Schuhe geschenkt hat, kann ich auch länger draußen bleiben, ohne dass meine Zehen durch die Kälte in Schockstarre fallen. Das gemeinsame Frühstück nach getaner Arbeit mit Sascha wird zum kleinen Ritual. Manchmal setzt sich sogar Dr. Domas für ein Weilchen zu uns oder steht kurz mit ihrem Kaffeeccino bei uns. Graciella sitzt oft schweigend dabei und Viktor kommt gerne dazu, wenn er nicht zu lange schläft. Er ist gerade voll von ansteckender Fröhlichkeit, die besonders Graciella guttut. Mir scheint, dass ihre Erinnerungen zunehmend zurückkommen, auch wenn wir nicht darüber sprechen. Jeden Tag hören wir gemeinsam Musik und reden ausführlich über das, was wir hören und was wir dabei empfinden. Wir geben den Tönen Gefühle und den Gefühlen Farben und es ist wirklich besonders, sich mit ihr so austauschen zu können. Agnes hingegen habe ich in den letzten Tagen nicht gesehen, sie hat eine Schmerzphase und ich habe sie nur einmal kurz in ihrem Zimmer besucht, um nachzuhören, ob ich etwas für sie tun kann. Das ist leider nicht der Fall. Die Schmerzen sind derzeit so schlimm, dass ihr alles zu viel ist und sie sich zwar über meinen Besuch gefreut hat, aber letztlich die Schmerzen am besten allein im verdunkelten Zimmer mit den entsprechenden Tabletten durchstehen möchte. Ich freue mich schon darauf, wenn es ihr wieder besser geht und sie die Runde mit ihrer Anwesenheit bereichert. Auch Rosie vermisst sie, zumindest an guten Tagen – und durch das fehlende Schachspiel mit Agnes scheinen es noch weniger gute Tage zu sein als zuvor. Rosie ist so eine liebenswerte Frau, die immer freundlich mit mir spricht, egal, ob sie sich nun an mich erinnert oder nicht – meistens tut sie das allerdings nicht. Ich habe ihr inzwischen schon etliche Male erzählt, dass ich mich nicht an meinen Namen erinnere, da sie immer wieder nach meinem Namen fragt. Aber ein Gutes hat die Wiederholung: es tut mir immer weniger weh, vielleicht auch weil ich sehe, dass es für sie überhaupt keine Rolle spielt. Ich könnte ihr auch jedes Mal einen anderen Namen nennen, wie Viktor mir vorgeschlagen hat, aber auch das würde letztlich keinen Unterschied machen. Aber ich hätte nur das Gefühl, sie anzulügen und das widerstrebt mir.

Der heutige Tag scheint besonders zu werden. Als ich nach meinem Einblatt schaue, entdecke ich doch tatsächlich eine klitzekleine grüne Spitze, die da aus der Erde lugt. Ein neues Blatt ist im Entstehen und ich freue mich unbändig, denn es zeigt mir, dass die Pflanze es schaffen wird! Und als wäre das nicht Grund zur Freude genug, kommt Viktor strahlend ins Esszimmer gelaufen, als Sascha gerade ihr Brot auspackt. „Mädels, das müssen wir feiern! Ich wurde entlassen", jubilierend blickt er uns an und wüssten wir nicht, worum es geht, würden wir wohl an seinem Verstand zweifeln. „Die Vertragsauflösung ist also wirklich durch?", frage ich vorsichtshalber nochmal nach und er nickt euphorisch! „Yes! Sebastian", inzwischen weiß ich, dass sein Agent so heißt, „hat es geschafft und ich bin komplett aus dem Vertrag raus. Ich muss keine einzige Folge mehr drehen und kann mich um mein neues Projekt kümmern." Sein Strahlen reicht von Ohr zu Ohr und beleuchtet das komplette Esszimmer. „Er hat mich gerade angerufen." – „Das ist einfach großartig!", kommentiere ich und könnte mich nicht mehr für ihn freuen! „Gratuliere dir", höre ich Graciella leise sagen und auch Sascha freut sich mit und klopft ihm anerkennend auf die Schulter. „Darauf müssen wir anstoßen!", verkündet Viktor und während er noch zu überlegen scheint womit, schlägt Sascha den Mehrfruchtsaft vor. Wir alle nicken und Viktor geht mit Sascha zum Büffet, um für uns vier Gläser davon abzufüllen. Graciella sieht sehr nachdenklich aus, während sie weg sind, aber lächelt wieder, als die beiden mit dem Saft zurückkommen. Wir stoßen an und gratulieren Viktor zu diesen wundervollen Neuigkeiten. Die Stimmung ist fröhlich und fast schon aufgekratzt, dass ich fast die Zeit vergesse. Und das, wo heute wieder Malen stattfindet, und ich hoffe, dass Louis wieder da ist und ich endlich mehr über das von mir gezeichnete Symbol erfahren kann. Aber ich schaue noch rechtzeitig auf die Uhr und verabschiede mich in bester Laune, wenn auch etwas nervös.

Louis

Als ich im Kursraum eintreffe, sehe ich eine Gestalt mit wuscheliger Frisur: Louis ist wieder da! Bis er mich sieht, ist er mit Verteilen von Material beschäftigt, aber kommt dann direkt auf mich zu: „Hallo, liebe Buchstabenkünstlerin!", begrüßt er mich. „Geht es Ihnen wieder gut?", frage ich ihn, da er mir immer noch ein wenig kränklich auszusehen scheint. „Joa, bin wieder fit", lässt er mich wissen, auch wenn sein Gesicht etwas anderes sagt als seine Worte. „Nun, Sie wollen bestimmt etwas zu Ihrem Symbol wissen, richtig?" Schweigend nicke ich und mein Herz klopft laut. „Also", und sein Gesichtsausdruck sagt mir schon, dass er nicht erfolgreich war, „ich habe kein identisches Symbol gefunden, aber einige, die ähnliche Elemente haben. Interessanterweise sind die alle uralt und haben einen religiösen Hintergrund. Ich habe sie mal ausgedruckt." Und während er ein paar Zettel holt, treffen die ersten Malwilligen im Raum ein und suchen sich Plätze, bzw. setzen sich wohl eher an ihre üblichen Tische. Auch Kiki kommt herein, geht zum gleichen Tisch, an dem sie letzte Woche gemalt hat, greift sich ein Blatt Papier und beginnt schweigend und in sehr düsteren Farben zu malen, während ihr Gesicht völlig unbeteiligt scheint.

Nachdem Louis mir die Ausdrucke gegeben hat, blickt er sich im Raum um, wie bei meinem ersten Besuch hier und scheint sich zu vergewissern, dass er nicht von jemandem gebraucht wird, bevor er sich mit mir über die Ausdrucke beugt und etwas dazu sagt: „Das hier ist das ‚Alles-Sehende-Auge-Gottes'", und er deutet auf ein Dreieck, um das kreisförmig Strahlen gemalt sind und ein Auge in der Mitte. Es kommt mir irgendwie bekannt vor und erinnert in seinen Elementen durchaus ein wenig an das von mir gezeichnete Symbol, aber ist doch gleichzeitig ganz anders. Wie aus einem dunklen Nebel, taucht langsam ein Name in meinem Gedächtnis auf, während Louis erklärt: „Es war früher, also wirklich viel früher, ein beliebtes Symbol göttlicher Macht und wurde mit …" – „Illuminati", höre ich mich sagen und frage mich, aus welcher Ecke meines Gehirns das jetzt wieder kommt, während Louis mich mit offenen Mund ansieht. Mein Gesichtsausdruck spiegelt vermutlich meine eigene Verwunderung wider, so dass Louis nach einer Weile des Staunens und Nachdenkens sagt: „Ich vermute, ich brauche nicht zu fragen, woher Sie das wissen, oder?" Als Antwort würde ein Kopfschütteln reichen, aber ich muss es laut aussprechen: „Ich habe nicht die leiseste Ahnung!" – „Wissen Sie denn auch etwas über sie? Ich habe, nachdem ich das in der Symboldatenbank gefunden habe, erst mal recherchiert." Ich denke nach, was an Informationen dazu noch in meinem Gehirn auftaucht. „Ein Geheimbund?", frage ich unsicher und füge hinzu, „aus dem 18. Jahrhundert?" Das ist alles, was ich derzeit an Informationen dazu ausgraben kann. „… und ein dicker Roman aus dem Jahr 2000", setzt Louis hinzu. „Stimmt, von Dan Brown", ergänze ich, ohne, dass ich es vor dem Aussprechen gewusst hätte. Wir sehen uns verwirrt an, während Louis schweigend nickt. „Können wir uns im Anschluss an den Workshop unterhalten?", fragt Louis und obwohl es wie eine Frage formuliert ist, ist es doch eher eine sehr dringliche Bitte und er sieht mich erwartungsvoll an. Ich nicke. Mein Termin mit Dr. Domas ist erst später und so habe ich im Anschluss an den Workshop noch Zeit. Ich schaue mich um und suche mir einen freien Tisch, um auch noch zu malen, aber mein Kopf ist voller Fragen, so dass ich nur ein Mandala aus kleinen Blumen auf mein Papier kritzele.

Ein ähnliches, aber doch ganz anderes Symbol konnte er also finden. Woher kommt mein Wissen darüber? Gibt es Gemeinsamkeiten mit diesem Geheimbund? Könnte das erklären, warum ich keinen Chip habe? Eine religiöse Symbolik. Bisher habe ich weder über Gott noch über Göttliches nachgedacht. Komme ich vielleicht aus einer religiösen Sekte? Sieht das von mir gemalte Symbol religiös aus? Wenn ich aus einem Geheimbund oder einer Sekte käme, dann wäre es ja vielleicht sogar möglich, dass ich eine absichtliche Gehirnwäsche hatte, meine Amnesie also womöglich einen komplett anderen Hintergrund haben könnte? Ich bin jetzt schon froh, wenn ich diese vielen Fragen nachher zu Papier bringen kann.

Louis schaut zu mir herüber und unsere Blicke treffen sich. Sein Gesicht verrät mir, dass er gerade genauso viele Fragen im Kopf hat, wie ich. Zwischendrin schüttelt er ungläubig den Kopf und – da ihn gerade keiner braucht – tippt und liest er auf seinem Smartable. Mein Mandala ist in den Umrissen fertig und ich beginne langsam die Felder auszumalen, konzentriert und systematisch setze ich den Farbstift an, fülle Strich für Strich die Bereiche meines

Mandalas und werde dabei zunehmend ruhiger. Als sich die Workshop-Zeit dem Ende nähert geht Louis umher, spricht leise mit den Patienten und kommt dann zu mir und betrachtet kurz mein Mandala. „Hübsch", kommentiert er. „So gleichmäßig, dass Sie das sicher auch nicht zum ersten Mal machen!", fügt er noch hinzu und geht zum nächsten Tisch. Nachdem die anderen den Raum verlassen haben, räumt er die zum Teil zurückgelassenen Bilder weg und setzt sich dann auf einen der Stühle zu mir. Ich warte, dass er das Gespräch beginnt, doch zunächst schweigt er und sieht mich intensiv an. Ich schweige ebenfalls - was sollte ich auch sagen? – und bin gespannt, worum es ihm geht.

„Also, ich kann nicht verstehen, dass Sie die Illuminati kennen und woher Ihr Symbol kommen kann und warum es nicht in der Datenbank ist!", beginnt er. Ich schaue ihn schulterzuckend und mit Bedauern an: „Ich weiß es doch auch nicht!" – „Weil", fährt er fort, „diese alten Symbole interessieren heute keinen mehr – also nicht ‚keinen' aber nur ganz, ganz wenige. Eigentlich nur Historienschreiber und Gelehrte. Sind Sie Gelehrte?", schließt er und schaut mich fragend an. In all meinen Fragen zu mir selbst ist dieser Aspekt noch nicht aufgetaucht. Das wäre natürlich eindeutig schöner als die möglichen Erklärungen für mein vorhandenes Wissen, die mir vorhin so durch den Kopf gegeistert sind. „Wenn ich das mal wüsste!", mache ich meiner Ratlosigkeit Luft. „Also," führt Louis aus, „ich studiere Kunst und bin gerade auf der Suche nach einem Thema für meine Abschlussprüfung und fand meine Recherche so spannend, dass ich mir überlegt habe, mich mit alten Symbolen zu beschäftigen. Da wäre es für mich natürlich super, wenn ich jemanden kenne, der etwas darüber weiß!" Erwartungsvoll blickt er mich an. Ich überlege: „Naja, ich würde jetzt nicht sagen, dass ich etwas darüber weiß, nur weil mir die Illuminati eingefallen sind. Und ...", ich mache eine Pause, weil schon wieder eine Information sich in meine Gedanken schiebt, „.... man müsste sich auch mit den Freimaurern beschäftigen, wenn es um das 'Alles-Sehende-Auge-Gottes' geht." – „Ha", ruft er siegessicher aus, „wusste ich doch, da ist noch mehr Wissen! Ganz bestimmt sind Sie eine Gelehrte und können mir helfen! Das machen Sie doch, oder?" – „Also ich helfe ja gern, aber ich weiß nicht, was ich weiß und mein Wissen ist eher zufällig als abrufbar. Und es ist ja auch die Frage, ob es um ein bestimmtes Symbol oder Symbole im Allgemeinen geht. Ich glaube, Sie sind mit einem guten Buch besser bedient als mit meinem unbewussten Halbwissen!" – „Ein Buch!?" Erstaunen und Abwehr vermischen sich seiner Stimme. „Ganz sicher sind Sie eine Gelehrte! Ich meine: Wer würde sonst von einem Buch sprechen?" – „Eine Bibliothekarin", antworte ich unmittelbar, aber das scheint eher unwahrscheinlich, denn im Brustton der Überzeugung lässt Louis mich wissen: „Bibliothekar ist ein ausgestorbener Beruf! Wir haben alles Wissen im Smartable, wir brauchen keine Bücher mehr!" – Vor meinem geistigen Auge formt sich das Bild einer Bibliothek. Lange, hohe Regale, in denen Bücher aufgereiht sind und die Luft erfüllt ist vom Geist ihres Inhalts, dem Wissen von Jahrhunderten. Woher kommt das nun wieder, gerade vor dem Hintergrund, dass es sie nicht mehr zu geben scheint? „Das heißt, Bücher werden auf den Smartables gelesen?", möchte ich von Louis wissen, aber der schüttelt den Kopf. „Nein, Bücher werden gar nicht mehr geschrieben, wir haben Informations-sammlungen, in denen wir die wichtigen Dinge finden, Bücher lesen kostet viel zu viel Zeit. Jetzt können wir uns schnell informieren und brauchen nicht lange langweilige Texte zu lesen." – „Und was ist mit Romanen? Es muss ja keine wissenschaftliche Abhandlung sein", wende ich ein. – „Wir haben doch Filme, wir brauchen keine Romane." Keine Bücher, keine Romane? Wie kann das sein? Und Moment: „Wir haben aber doch ein Buchregal im Wohnzimmer!" Ich fühle mich bestätigt, dass Bücher nicht vom Tisch sind, wie Louis behauptet. Doch mit einer wegwerfenden Bewegung und völlig überzeugt sagt er: „Ach, das ist doch hier nur zur Deko, da guckt doch keiner rein!" – „Äh, doch", widerspreche ich, „die werden genutzt!" Und ich denke an Viktor, wobei ich eingestehen muss, dass er der einzige ist, den ich außer mir selbst in meiner Zeit hier am Buchregal gesehen habe." – „Naja, Bücher sind vielleicht so Rentnerkram, wenn man sonst nichts zu tun hat. Aber nötig sind die nicht, es gibt doch alles online", wischt Louis meine Einwände vom Tisch. Sein Glaube an das Wissen aus dem Smartable scheint unerschütterlich. "Also ich bin da anderer Meinung und halte Bücher für wichtig. Und manches ist ja vielleicht auch nicht 'nötig', aber dennoch wichtig. Und wenn ich ein Buch nicht ganz lese, woher weiß ich und kann beurteilen, was für mich wichtig ist? Ich kann mir doch nur eine Meinung bilden, wenn ich es ganz gelesen habe und die

Argumentation vollständig verstehe. Und für ein Thema ist eine Sache wichtig, für ein anderes Thema etwas anderes aus dem Buch. Wie sollte das ein Smartable entscheiden können?" Louis schüttelt den Kopf und er erklärt mir, bemüht wie ein Erwachsener, der einem Kind etwas verständlich machen möchte: "Also das macht ja nicht das Smartable, sondern die PI dahinter. Alles ist ausgewertet und wird in den richtigen Zusammenhang gebracht. Mit meiner Suche finde ich alles, was es zum Thema gibt." – „PI? Was ist das?" – „Sie wissen nicht, was PI ist? Wirklich?" Ich nicke und denke mir, dass er anscheinend vergessen hat, dass ich hier wegen Gedächtnisverlust bin, aber er klärt mich auf: „PI ist die Abkürzung für Processor Intelligence." Und er sieht mich an, als müsste jetzt doch alles klar sein, aber ich hake nach: „Und ‚Processor Intelligence' ist jetzt was genau?" – „Von Hochleistungs-rechnern automatisiert verarbeitete Informationen, auf deren Basis alle Suchen beantwortet werden können." Es klingt wie ein Werbespruch und mir ist nun klar, dass er von Computerverarbeitung spricht, wobei ich mich frage, wo da die Intelligenzleistung steckt, die ich als eine Eigenheit des menschlichen Gehirns betrachten würde. Louis' Begeisterung schlägt aufgrund meiner Skepsis in gewissen Überzeugungseifer um: „Das ist einfach genial, weil ich immer gezielt die Informationen bekomme, die ich brauche." – „Und woher weiß PI, was Sie brauchen?" – „Ich stelle eine Frage und erhalte die Antwort. Und PI kennt mich, sie weiß es einfach", führt Louis aus. Ich nicke skeptisch und habe ein ungutes Gefühl in der Magengegend. „Hat das auch etwas mit dem Chip zu tun?", frage ich meinem Bauchgefühl folgend. „Nein, der Chip ist für andere Sachen! Also", er grübelt er kurz und fährt dann fort, „ich glaube nicht, dass es was mit dem Chip zu tun hat." – „Okay, wenn ich jetzt etwas suche, dann weiß PI, was für eine Antwort ich brauche?" – „Ja." – „Einfach so?" – „Ja!" – „Aber woher soll PI mich kennen?" Wir schweigen kurz und mir fällt etwas ein: „Darf ich an Ihrem Smartable etwas suchen?" – „Ja, sicher. Hier", und er reicht es mir herüber. Es ist das erste Mal, dass ich ein Smartable in den Händen halte und ich sehe einen Schlitz, der mich zur Eingabe meiner Frage auffordert. Ich tippe: „Wer bin ich?" Ein kreisende Lupe weist mich darauf hin, dass PI sucht und nach wenigen Sekunden erscheint die Antwort auf dem Display: „Louis Mattner, 24, Kunststudent, 3. Semester, männlich, Hobbies Blueball und Viewing, keine Geschwister, Konto überzogen, ..." Noch mehr Text wird generiert, der sich auf Louis bezieht und da es sich hier zum Teil um sehr private Dinge von ihm handelt, schaue ich nicht weiter hin, sondern reiche ihm sein Smartable zurück und sehe, dass er beim Anblick des Textes verlegen rot angelaufen ist. „Naja, ist ja auch mein Gerät." – „Stimmt, also habe ich die Frage falsch gestellt, aber", die Bemerkung kann ich mir jedenfalls nicht verkneifen, „das war nicht die Antwort, die ich gesucht habe, also mich kennt PI wohl nicht." – „Aber ist es ja mein Smartable und so wurde die Frage schon richtig beantwortet." Und da kommt ihm eine andere Idee: „Darf ich ein Bild von Ihnen machen und wir suchen nach Ihnen?" – „Ja, von mir aus." Und ich bin gespannt, aber nicht sehr hoffnungsvoll, dass hier die Informationen herauskommen, die ich mir wünschen würde. Mit dem Smartable fotografiert er mich, gibt den Text „Wer ist das?" in den Suchschlitz ein und lädt dann das Bild von mir hoch. Nach wenigen Sekunden erscheinen Bilder von mir und die Information, dass ich am 22. September ohne Erinnerungen und Chip gefunden wurde mit der Bitte, sich mit Informationen zu mir an die örtliche Polizei zu wenden. Das Bild sieht einigermaßen schrecklich aus und ich hätte mich durch die Schwellungen im Gesicht selbst fast nicht erkannt. Es ist sehr merkwürdig, das über mich selbst zu lesen, obwohl ich ja weiß, dass eine Medienfahndung gemacht wurde. Und ich frage mich, nachdem ich das Bild gesehen habe, ob mich niemand erkannt hat, weil ich so anders und entstellt aussehe, das Bild wurde kurz nach meinem Unfall gemacht. Nun, die PI hat mich offensichtlich trotzdem erkannt, aber weitergebracht, hat mich das nun auch nicht, dennoch schaut Louis mich siegessicher an und sagt triumphierend: „Sehen Sie! Er hat etwas über Sie gefunden!" - „Nur nicht das, was ich gesucht habe", dämpfe ich seine Freude, aber muss eingestehen, dass es schon vermessen wäre zu glauben, dass so umfassend erfolglos nach meiner Identität gesucht worden ist und wir jetzt so einfach Informationen zu meiner Person und Herkunft hätten finden können. „Aber wenn ich eine Gelehrte wäre, wie Sie vorhin vermutet haben, dann müsste ich doch irgendwo auftauchen!" Ein Argument, das auch Louis nicht verleugnen kann und nach einer Weile des Grübelns setzt er hinzu: „Vielleicht sind Sie ja ein Alien?" – „Ein unbekanntes Wesen aus dem All?" Ein amüsanter Gedanke, der jedoch auch nicht so haltbar ist: „Da wäre ich vermutlich nicht hier in der Klinik gelandet, sondern würde jetzt in irgendeinem Labor untersucht." Und ein kühler Schauer überkommt mich bei diesem Gedanken. „Stimmt", grinst Louis, „also wird es das eher nicht sein!" Offensichtlich hat er noch eine Idee und gibt in den Suchschlitz nun ein: „Mensch ohne Chip" ein. Wir finden erneut den Hinweis auf mich und dann Informationen zu den Vorzügen und Verwendungs-möglichkeiten des Chips, der seit dem 1.1. vor genau 50 Jahren jedem Menschen implantiert wird und die Informationen enden mit einem kleinen Hinweis, dass es bei der Einführung noch Skeptiker gegeben hätte, aber die Vernunft letztlich gesiegt hat und er aus dem heutigen Leben einfach nicht mehr wegzudenken ist. Das Gefühl, ein Dinosaurier zu sein, eine ausgestorbene Spezies, beschleicht mich, aber ich schüttele es ab, nur weil ich oder mein Symbol von der Suche nicht gefunden werden, heißt das letztlich ja nur, dass PI nicht so allwissend ist, wie Louis glaubt. Einer Erklärung, wer ich sein könnte und woher ich komme, sind wir auf diesem Weg jedenfalls nicht nähergekommen.

Ein lautes Klingeln schreckt mich auf. Es ist ein Wecker an Louis Smartable, der lautstark fiept und den Hinweis anzeigt, dass ein Gespräch mit Prof. Vandenbeck unmittelbar ansteht: „Verdammt, ich habe jetzt Sprech-stunde, das habe ich ja völlig vergessen!", und ein Blick auf die Uhr zeigt mir, wie viel Zeit vergangen ist. „Sorry, das ist wichtig", entschuldigt er sich und ich nicke verstehend. „Also, wenn Ihnen noch was einfällt, zum Alles-Sehenden-Auge-Gottes", lassen Sie es mich wissen, okay?" Er dreht das Smartable zu sich und wählt sich in ein Meeting ein, während ich aufstehe und mich auf den Weg zur Tür mache. Ich höre, wie eine schrille Stimme Louis begrüßt, verlasse leise den Raum und ziehe die Tür hinter mir zu.

Das war ein merkwürdiges Gespräch. Louis ist also Student, aber sein Wissen bezieht er durch das Smartable, das mit Processor Intelligence alle für ihn relevanten Informationen kennt. Zumindest ist er davon überzeugt. Die Bilder der Bibliothek, die in meinem Kopf aufgetaucht sind, meine Wissensbrocken unbekannter Herkunft zu scheinbar sehr obskuren Themen, die Bilder von mir selbst ... Gelehrte? Historienschreiberin – was das ist, darüber haben wir dann gar nicht mehr weitergesprochen - Alien? Bibliothekarin? Ganz ohne Spuren? Wie kann das sein? Louis ist ein junger Mensch, wie repräsentativ ist seine Meinung? Das wird ein interessantes Gespräch mit Dr. Domas heute, denn ich habe so viele Fragen! Da werde ich gleich mal mein Notizbuch zücken und mein Gehirn ein wenig entlasten, bevor ich nochmal in den Park gehe, um Luft zu schnappen und den Kopf frei zu kriegen. Mich draußen zu bewegen ist mir so wichtig geworden und lässt mich einerseits die Klinikräume als Gefängnis empfinden, auf der anderen Seite kann ich durch den Kontrast die Freiheit spüren, wenn ich draußen bin.

*I*ch bin sehr gespannt, wie das Treffen zwischen Armand und Graciella heute verlaufen wird. Nachdem ich in den letzten Tagen Graciella sehr intensiv beobachtet habe und in der Tat alle Anzeichen für eine Rückkehr der Erinnerungen zu beobachten sind, wird sie von der gleichzeitig auftretenden Ablehnung und Traurigkeit, die damit verbunden ist, blockiert. Die Beobachtungen der Frau-ohne-Chip zu Graciella kann ich bestätigen. Um für Graciella den Weg in die Gegenwart zu vereinfachen, habe ich Armand angerufen, denn von der kurzen Begegnung war klar, dass sie ihn – auch ohne ihn zu erkennen – mit einer positiven Verknüpfung zu unbewussten, angenehmen Erinnerungen wahrgenommen hat. Wie zu erwarten, hat er sich über die Möglichkeit, Graciella zu sehen, sehr gefreut und so werde ich gleich in der Sitzung zunächst mit ihr sprechen und ihn dann hinzubitten.

Graciella klopft leise. „Herein." Mit ernstem Gesicht tritt sie ein und wir setzen uns in meine Gesprächsecke. „Wie fühlen Sie sich heute?", eröffne ich das Gespräch. Vor gut einer Woche hätte ich noch keine Antwort bekommen, aber seit ein paar Tagen spricht sie mit mir. „Ich weiß nicht", antwortet sie zögerlich. Ich blicke sie mitfühlend an und schweige. Sie schaut auf ihre Hände, die sie in den Schoß gelegt hat. Schlanke, gepflegte Hände, die sie beim Tanzen sehr elegant einzusetzen weiß. Erst als ich mir nach langem Schweigen sicher bin, dass sie nichts weiter sagen wird, nehme ich den Faden auf: „Ich habe den Eindruck, dass sich bei Ihnen langsam Erinnerungen einstellen und das ist eine sehr schwierige Zeit, weil die Erinnerungen oft als Bilder auftauchen und gar nicht richtig eingeordnet werden können. Es ist, als würde man Ihnen ein paar Puzzleteile geben, aber nicht verraten, was für ein Bild dahintersteckt."

Ihr Gesicht zeigt mir, dass sie über meine Worte und die verwendete Metapher nachdenkt. „Könnte das für Sie so sein?", spiele ich ihr den Ball zu und Graciella nickt langsam. „Da sind Dinge, die machen mir Angst", gesteht sie, „mein Magen zieht sich zusammen, wenn die Bilder auftauchen." – „Es ist leider so, dass oft die negativen Dinge zuerst in unseren Erinnerungen auftauchen. Das hat etwas mit dem Neandertaler in uns zu tun, der uns vor negativen Einflüssen schützen möchte. Sicherlich gibt es auch gute, angenehme Gefühle. Fällt Ihnen hier etwas ein?" – „Da gibt es ein Stofftier, einen lila Elefanten, von dem habe ich geträumt und der fühlte sich so weich und warm an und er roch so gut, irgendwie ...", sie sucht nach den passenden Worten und lächelt in der Erinnerung an diesen Traum „also, dieser Elefant, der roch, ... wie soll ich es sagen ... der roch, so ein wenig süß, ein bisschen wie Kekse und ... aber ... noch mehr roch er ... wie ... wie zuhause." – „Das klingt toll! Und das ist ein wundervoller Traum und tatsächlich auch eine Erinnerung. Es gibt ein Bild von Ihnen, auf dem Sie genau so einen Elefanten im Arm haben. Da waren Sie vielleicht so 4 Jahre alt." – „Wirklich?", Graciella erstrahlt. „Möchten Sie es sehen?", frage ich sie, denn entgegen anderen Kollegen setze ich in dieser Phase der Amnesielösung ganz auf Freiwilligkeit und würde nie Bilder oder Filme oder Kontakte aufdrängen, wenn dies von den Patienten nicht gewünscht wird. Sie nickt begeistert und ich suche in ihrer Akte auf meinem Smartable das Bild heraus. Es gab nur wenige Kinderbilder von ihr und ich musste wirklich darum kämpfen, dass ich überhaupt welche von ihrem Ehemann bekommen habe. Auch in diesem Aspekt -

trotz der Krankheit - das rigide Regiment der Öffentlichkeitsarbeit und Rechtsabteilung von SocCOM, die Mitspracherecht hatten, welche privaten Bilder an mich weitergegeben wurden. Als ob ich damit an die Öffentlichkeit gehen würde! Ein so starkes Kontrollnetz der Persönlichkeit wie bei Graciella habe selbst ich noch nicht erlebt und wir hatten schon öfter Personen des öffentlichen Lebens hier in meiner Abteilung. Nun, es ist ein wirklich süßes Bild der kleinen Graciella, auf einer Schaukel sitzend, mit einem lila Elefanten im Arm und in die Kamera lachend. Als ich es gefunden habe, lasse ich Graciella auf meinen Bildschirm schauen und beobachte sie genau, während sie das Bild betrachtet. Zunächst sehe ich in ihrem Gesicht das Erstaunen darüber, dass sie selbst dieses kleine Mädchen sein soll, etwas, was wir wohl alle empfinden, wenn wir Bilder von uns selbst aus früher Kindheit sehen. Dann schlägt ihr Gesichtsausdruck um in langsam auftauchende Erinnerung: „Ich erinnere mich!" sagt sie aufgeregt. „Ich erinnere mich an die Schaukel, sie hing an einem großen Baum im Garten und ich liebte es, auf ihr zu schaukeln, und der Elefant sieht tatsächlich genauso aus, wie in meinem Traum. Er hieß....Paulchen!" Graciella lächelt liebevoll und fügt nach einer Pause hinzu: „Vielleicht sah er in meinem Traum etwas weniger zerknautscht aus. Aber er hat für viele Jahre immer bei mir im Bett geschlafen." Ich bin begeistert, wie gut das läuft und bin mir sicher, dass auch ihr Freund aus Kindertagen hier positive Erinnerungen wecken wird. Mit dem Elefanten und der Schaukel kommen weitere Erinnerungen und Bilder aus der Kindheit wieder in Graciellas Bewusstsein und sie berichtet mir davon, während ich einfach zuhöre – und mich innerlich darüber freue wie ein kleines Kind, auch wenn das natürlich nicht sehr professionell ist. Für mich ist dieser Moment, wenn die vagen Erinnerungstücke meiner Patienten sich wieder zu konkreten Bildern und Erinnerungen zusammensetzen und sie damit aus dem Schatten der Erinnerungslosigkeit ins Licht treten, jedes Mal ein Moment besonderer Erfüllung. Und gleichzeitig Bestätigung, warum ich diesen Beruf ausübe. Mit dem Blick auf die Uhr sehe ich, dass Armand Kleber bereits seit einer Weile vor der Tür wartet – nun ich hatte ihn ja vorbereitet, dass das Treffen abhängig davon ist, wie das Gespräch mit Graciella verläuft und vielleicht auch gar nicht stattfindet. Aber so wie das lief, sind es die besten Voraussetzungen, so dass ich Graciella nur noch auf seine Ankunft vorbereiten muss, da es nach dem absolut richtigen Zeitpunkt aussieht.

„Graciella, Sie haben sich nun an einige Dinge aus Ihrer Kindheit wieder erinnert und das ist großartig. Ich habe für unseren heutigen Termin einen Gast eingeladen, der ebenfalls mit Erinnerungen aus Ihrer Kindheit verknüpft ist, den Sie aber nicht sehen müssen, wenn Sie das nicht möchten." Ich mache eine Pause und warte auf ihre Reaktion und sehe eine Gefühlsmischung auf ihrem Gesicht, die Angst und gleichzeitig Neugierde widerspiegelt. „Es handelt sich um einen Freund aus Ihrer Kindheit, einen Jungen aus der Nachbarschaft", gebe ich ihr mehr Informationen und sehe, wie angestrengt sie nachdenkt und etwas weniger unsicher wirkt. „Ich weiß nicht, wer das sein könnte." – „Er heißt Armand", lasse ich sie wissen, aber auch das weckt noch keine Erinnerungen. „Er hat mir

ein Kinderbild von Ihnen beiden gegeben, das ich Ihnen zeigen könnte oder wir können ihn hereinbitten." – „Ein Freund", grübelt Graciella immer noch: „Armand?", fragt sie nach und geht auf meine Vorschläge gar nicht ein. „Ja, Armand. Möchten Sie gerne das Kinderbild sehen oder sollen er einfach hereinkommen? Was denken Sie?" – „Ja, ... doch, ... vielleicht das Kinderbild, ... denke ich", entscheidet Graciella unentschlossen und ich suche das Bild heraus, während ich ihr erkläre, dass es die beiden so ca. im Alter von 6 Jahren zeigt. Ich drehe das Smartable wieder zu ihr. Auf dem Bild sitzen sich zwei Kinder im Gras mit gekreuzten Beinen gegenüber und die Fingerspitzen ihrer Zeigefinger berühren sich. Konzentriert betrachten beide einen Käfer, der sich gerade von einem Zeigefinger zum anderen bewegt. Wie vom Donner gerührt erkennt Graciella den Jungen „Mandy!", ruft sie aus und schaut erwartungsvoll zur Tür. „Ich erinnere mich!" Ihre Begeisterung lässt mich lächeln. Das muss dann wohl sein Spitzname gewesen sein oder ist es immer noch, vielleicht hätte sie sich schneller an ihn erinnert, wenn ich diesen Namen gekannt hätte, aber das spielt nun auch keine Rolle mehr. „Dann werde ich ihn jetzt mal hereinholen", lasse ich sie im Aufstehen wissen und als ich die Tür zum Gang öffne, steht davor ein sichtlich nervöser Armand. „Mandy, darf ich bitten", lade ich ihn grinsend ein und während er den Raum betritt, springt Graciella auf und stürzt auf ihn zu, als hätten sie sich lange verloren und gerade wiedergefunden – und im Grunde ist es ja auch genau so. Ich setze mich leise hin, ich fühle mich zwar ein wenig als Störenfried, aber ich kann sie nicht alleine lassen, denn es ist ganz klar, dass solchen

Treffen nur unter Aufsicht stattfinden dürfen und im Verlauf protokolliert werden müssen. Da mir die Essenz wichtiger ist als die Details erster Begegnungen nach der Amnesie beschränke ich mich auf schriftliche Notizen und mache keine Filmaufnahmen, wie manche meiner Kollegen. Ich halte nichts davon, die Archive mit solchem Bildmaterial zu füllen und finde – weil diese Wiedersehen immer sehr persönlich und emotional sind – dass dies auch nicht in ein Klinikarchiv gehört.

„Gracie, ich habe mir solche Sorgen um dich gemacht", höre ich Armand mit kratziger Stimme sagen und Graciella leise antworten: „Ich bin so froh, dass du hier bist!" Es folgt eine lange, innige Umarmung der beiden. Ich weiß – in der Theorie – was gerade in Graciella vor sich geht. Wie durch eine geöffnete Schleuse dringen alle mit Armand verbundenen Erinnerungen in diesem Moment wieder in ihr Bewusstsein. Und diesen folgen andere Kindheitserinnerungen, positive wie negative. Es ist ein kritischer Moment, gerade bei ihrer stark empfundenen, unbewussten Ablehnung der Erinnerungen. In diesem Augenblick festgehalten zu werden, sich körperlich wie seelisch gestützt zu fühlen, ist unglaublich wertvoll im Heilungsprozess. Es gibt für mich nichts zu sagen und nichts zu tun, denn es braucht einfach seine Zeit. Ich spüre die Verbindung zwischen diesen beiden Menschen, die aus geteilten Erfahrungen, Erinnerungen, Erlebnissen entstanden sind und die existierende, starke emotionale Zuwendung. Eine Beziehung dieser Intensität ist ungewöhnlich, aber nach allem, was ich über die Geschichte dieser beiden Menschen weiß, finde ich es nicht *verwunderlich. Für viele Jahre sind sie sich gegenseitig Fels in der Brandung des Lebens gewesen. Dass dies auch in dieser Umarmung wahrnehmbar ist, überrascht mich darum kein bisschen ...*

Es dauert wirklich sehr lange, bis die beiden sich nicht mehr festhalten, sondern anlächeln und hinsetzen. Wie ich das kenne, nehmen mich die beiden kaum noch wahr, die ganze Aufmerksamkeit ist auf den wiedergefundenen Menschen gerichtet und das ist auch gut so. Graciella ist wie ausgewechselt, ihre Persönlichkeit, die in der Amnesie kaum sichtbar war, kommt zum Vorschein. Sie strahlt eine unglaubliche Energie aus, während sich die beiden unterhalten. In ihrem Gespräch wird für mich deutlich, dass ihre Erinnerungen weitreichend wiederhergestellt sind. Nach der anfänglichen Euphorie, üblich für die wieder-kehrende Vergangenheit, setzt im nächsten Schritt eine gewisse Ernüchterung ein, gerade wenn das geführte Leben voller Zwänge ist, wie das von Graciella. Auch das ist mir bekannt. Der Gedanke, wieder in dieses Leben zurück-zukehren, ist zumeist mit entsprechenden Ängsten verbunden. Darüber hinaus ist das Vertrauen in das eigene Gehirn noch lange nicht wiederhergestellt. Auch darum bedarf es in den Tagen nach Amnesieauflösung, wie es im Fachjargon heißt, einer sehr intensiven Betreuung. Ich sage an dieser Stelle alle nicht so dringlichen Therapietermine ab, um für Graciella Zeit zu haben.

Obwohl sich beide noch im Gespräch an den Händen halten, ist deutlich zu merken, dass die unterschiedlichen Sicht- und Lebensweisen der Beiden, die im Laufe ihres

Lebens zu einer Distanz geführt haben, sich bemerkbar machen. Es wird Zeit für mich, das Gespräch zu beenden, um beide nicht zu überfordern und das Gespräch auf einer positiven Ebene enden zu lassen und so mache ich mich vorsichtig bemerkbar und schalte mich in das Gespräch ein. Inzwischen habe ich gelernt, wie ich das am besten hinbekomme, so dass es sich nicht wie ein abrupter Abbruch anfühlt. Das Gefühl der Nähe verstärke ich dabei, sowie die empfundenen positiven Gefühle und beide verabschieden sich liebevoll voneinander. Es ist klar, dass sie sich bald wiedersehen werden, wenngleich noch offen ist, wann das sein wird. Es wäre nicht gut, direkt Verbindlichkeiten zu schaffen. Jetzt muss Graciella erst die Ereignisse von eben verarbeiten und auch Armand habe ich zugesichert, sich an mich wenden zu können, wenn er im Nachgang zum Treffen Fragen hat oder sonstige Unterstützung braucht. Auch für die Verwandten und Freunde ist es eine emotionale Herausforderung, nach Tagen oder Wochen wieder einen Platz in den Gedanken und dem Leben des Amnesie-Betroffenen einzunehmen und ich betrachte es als meine Pflicht, mich auch um ihr Wohlergehen zu kümmern – zumal das letztlich auch meinen Patienten zugutekommt.

Graciellas Blick ist verändert, sie bewegt sich anders und strahlt etwas anderes aus, als sie den Raum verlässt und sich dessen bewusst ist, wer sie ist. Sie weiß, dass sie jederzeit zu mir kommen oder mich erreichen kann. Ich habe hierfür eine besondere Nummer im Smartable, an der ich direkt sehen kann, wenn sie sich meldet. Es ist für mich quasi ein 24-Stunden Bereitschaftsdienst, aber es sind in der Regel wenige Tage, auch wenn diese sehr herausfordernd für mich sein können. Und wenn es droht mir zu viel zu werden, dann mache ich mir bewusst, wie wichtig und herausfordernd diese Tage für meine Patienten sind und dagegen ist mein Aufwand doch eher gering. Graciella nimmt vor Verlassen meines Büros meine rechte Hand und umschließt sie mit ihren beiden Händen und drückt sie wortlos ganz fest. Es ist ein stiller Dank, der mich besonders berührt.

Nach der Sitzung mit Graciella vervollständige ich meine Notizen in ihrer Krankenakte. Ich mache mir Gedanken darüber, wie es für sie jetzt weitergehen wird. Wie wird sie mit der durch die Erinnerung wiedergefundenen Belastung und Verantwortung umgehen? Sie ist eine starke Frau, daran gibt es keinen Zweifel, aber die dauerhafte Überlastung hat zur Amnesie geführt. Inzwischen ist dies keine unübliche Steigerung stressbedingter Erkrankungen mehr. In einem Aufsatz habe ich das Phänomen beschrieben und benannt: Amnesie-Out. Ein Begriff, den ich bewusst in Analogie zum Burnout gewählt habe. Rasch ansteigende Burnout-Zahlen Anfang des 21. Jahrhunderts machten ihn zur bedeutendsten mentalen Erkrankung, bevor er durch den Burn-On, vereinfacht gesagt die andauernde Stress-Belastung auf (zu) hohem Niveau auf Platz eins abgelöst wurde. In den letzten Jahren wird dies zunehmend durch die Amnesie als Schutz- und Abwehrmechanismus überholt. Haben wir ohnehin ein gesellschaftlich verbreitetes Problem mit Identitäts-störungen, so ist die Amnesie eine weitere, sich drastisch auf dem Vormarsch befindende Steigerungsform. Der Stress ist in seinen unterschiedlichen Ausprägungen zu einer Volkskrankheit geworden und dies, wo wir doch in der glücklichsten aller Zeiten leben – oder leben sollten. „Sei wer du willst" heißt unser Landesmotto so schön, mit dem implizierten Versprechen, dass wir unseren eigenen Weg gehen können, dass sich unsere Persönlichkeit frei entfalten kann. Und tatsächlich: Über viele Jahrhunderte waren wir Menschen gezwungen, aufgrund unserer Herkunft einen bestimmten Platz in der Gesellschaft einzunehmen. Vereinfacht könnte man sagen: Kinder armer Eltern fanden sich durch schlechte Bildung wiederum in schlecht bezahlten Jobs und eigener Armut wieder. Kinder reicher Eltern konnten noch so dumm sein, aber ihnen war es dank des elterlichen Vermögens einfach möglich, ohne etwas dafür tun zu müssen, im Luxus weiterleben. Das ist heute anders und das ist auch gut so: Jede und jeder hat die Chance, aufgrund seiner Fähigkeiten und Persönlichkeit seinen Platz in der Gesellschaft zu finden. Die Kinder werden immer wieder in ihrer frühen Entwicklung getestet und entsprechend ihrer vorhandenen Anlagen gefördert. Durch die frühe Förderung lassen sich schon im Kleinkindalter berufliche Möglichkeiten erkennen, die dann den Lebensweg so sehr erleichtern. Mit wählbaren Alternativen oder – wenn sich jemand nicht entscheiden kann – mit einem favorisierten Vorschlag, ist die Findung der eigenen Zukunft so viel einfacher geworden. Du kannst sein, wer du willst und erhältst die beste Unterstützung, die Herkunft spielt dabei keine Rolle mehr. Oder, das muss ich gerechterweise sagen, sie spielt FAST keine Rolle mehr. Wenn ich mir zum Beispiel Graciella ansehe, so hat sie sich *für die Karriere bei SocCOM entschieden, obwohl die Tanzkarriere ihr eigentlicher Wunsch war. Sie hat allerdings diese Entscheidung getroffen, auch wenn ich zugeben muss, dass ihre Eltern hier vermutlich einen maßgeblichen Einfluss hatten, auf direkte und indirekte Weise. Dennoch hätte sie die Chance gehabt, wenn sie sich zu diesem Wunsch bekannt hätte und auch die Unterstützung staatlicher Stellen, zumindest wenn bei den Auswertungen ihrer Fähigkeiten der Algorithmus dies als eine echte Option berechnet hätte. Und ich frage mich: Wäre sie glücklicher geworden? Hätte ihr Körper den hohen Anforderungen an Berufstänzer standgehalten? War ihre Entscheidung damals falsch oder richtig? Eine Frage, die nur Graciella beantworten kann. Und eine Frage, die sie sich vermutlich in den nächsten Tagen ebenfalls stellen wird. Wobei die damalige Entscheidung sich auch nicht einfach heute umkehren lässt. Die Amnesie hat ihr Leben komplett auf den Kopf gestellt, alles ist – trotz wiedergekehrter Erinnerung – neu und wird hinterfragt. Das ist normal, aber kann sehr verunsichernd sein und in manchen Fällen zu einem drastischen Lebenswandel führen, wie ich es bei Viktor beobachten kann, der nicht mehr in sein bisheriges Leben zurückkehren wird, sondern sich beruflich neu aufstellt und die entsprechende Unterstützung hat.*

Wie wird es mit unserem „heimlichen Herz" weitergehen, wie ich angefangen habe die Frau-ohne-Chip für mich zu nennen? In welches Leben wird sie zurückkehren? Aus welchem Leben kommt sie? Das Rätsel um sie ist noch lange nicht gelöst. Woher ist sie so plötzlich dort aufgetaucht?

Warum hat sie keinen Chip? Woher kommen ihre Eigenheiten? Woher kann sie Kalligrafie? Was ist das für ein Symbol, das sie gezeichnet hat? Woher kommt ihre freundliche, offene Art, mit der sie Zugänge zu einigen Patienten, aber auch dem Personal gefunden und die Atmosphäre in der gesamten Abteilung verändert hat. Es wird mehr gelacht, mehr aufeinander geachtet und erstaunlich viel umarmt. Und obwohl es erste Anzeigen für Erinnerungen gibt – wie war das? Geschmackserinnerungen?! – bewegt sich gleichzeitig sehr wenig, aber es ist auch schwer Impulse zu setzen, wenn es zu ihrem Umfeld keine Informationen gibt. Nun, wir haben heute einen Gesprächstermin und bisher überraschte sie mich jedes Mal mit neuen Erkenntnissen und ich muss zugeben, dass ich mich auf die Termine richtiggehend freue. Auch wenn ich für Graciella auf Abruf bin, habe ich darum diesen Termin nicht abgesagt.

E s klopft leise an meiner Zimmertür und auf mein überraschtes Herein betritt Graciella mein Zimmer. Sie hat mich noch nie in meinem Zimmer besucht. „Wie geht es dir?" frage ich sie, denn Dr. Domas hat erwähnt, dass sie heute ihre Erinnerungen wiedergefunden hat, und ich habe mich das die ganze Zeit gefragt, da ich sie tagsüber nicht mehr gesehen hatte. Ich mache die kleine Lampe an meinem Bett an, damit wir uns ansehen können und setze mich auf, während sie sich zu mir aufs Bett setzt. „Es war ein aufwühlender Tag", antwortet sie und ich nehme ihre Hände in meine und schaue sie mitfühlend an, denn das kann ich mir absolut vorstellen. „Du kannst dich an alles wieder erinnern?", frage ich, weil ich mir nicht vorstellen kann, wie die weißen Flecken in der Landkarte des Gehirns sich so plötzlich wieder mit allem füllen können, was zuvor verborgen war. „Ja, also ich denke schon, auch wenn ich das noch nicht so recht glauben kann und es sich meiner Vorstellungskraft entzieht, wieso ich mich vorher nicht erinnern konnte. Es ist alles so verwirrend!" Ich nicke voller Verständnis und wir sitzen schweigend beieinander, während die Wärme meiner Hände sich auf ihre kalten Hände überträgt.

„Als ich mich noch nicht erinnern konnte, habe ich mich eingesperrt oder eher ausgesperrt gefühlt, weil ich wusste, dass es da etwas außerhalb meines Horizontes gibt, was ich wissen sollte. Jetzt, wo ich wieder alles weiß, ist es ein bisschen so, als ob ich ohne die Erinnerungen tatsächlich freier gewesen wäre und nun wieder gefangen bin", sagt sie nach einer Weile und sieht mich traurig an. Nach kurzem Nachdenken kann ich antworten: „Sicherlich ist sowohl im Nicht-Wissen als auch im Erinnern Gefangenschaft und Freiheit gleichermaßen – vermutlich nur auf unterschiedlichen Ebenen, denkst du nicht?" Zögernd stimmt sie mir zu und wir schweigen beide in Gedanken versunken. „Was hast du heute gemacht?", fragt sie nach einer Weile und ich antworte bereitwillig: „Ich hatte einen Termin mit Dr. Domas und hatte am Vormittag ein interessantes Gespräch mit Louis." – „Louis?" – „Er macht die Workshops", erkläre ich und da ihr der Name nichts zu sagen scheint, hole ich weiter aus:

„Er ist ein sehr großer junger Mann mit blonden Locken und kurzem Bart, der immer mit einem grünen Rucksack unterwegs ist. Vielleicht hast du ihn ja schon mal auf dem Gang gesehen?" – „Ja, schon möglich. Worüber habt ihr euch unterhalten?" – „Nun, ich hatte ein Symbol gezeichnet, dessen Bedeutung und Herkunft er herausfinden wollte. Er hat nur ein Symbol mit ähnlichen Formen gefunden und darüber haben wir gesprochen und dann mal eine Recherche in seinem Smartable gemacht." Ich merke, dass es Graciella schwer fällt sich zu konzentrieren, aber trotzdem fragt sie nach: „Eine Recherche wonach?" – „Naja, nachdem Louis sagte, er könnte mit dem Smartable alles finden, was er braucht – wobei er mein Symbol ja schon mal nicht gefunden hat – habe ich nach mir selbst gesucht", antworte ich ein wenig verlegen. Graciella schaut mich interessiert an: „Und? Was habt ihr gefunden?" – „Nur die Medienfahndung, mit ziemlich gruseligen Bildern von mir. Kein Wunder, dass mich keiner erkannt hat", grinse ich. „Ich kann mich auch daran erinnern!", ruft Graciella erstaunt aus und bestätigt: „Die Bilder waren echt schlimm, aber das war ja auch kurz nachdem du gefunden wurdest." – „Vielleicht hätten sie mal ein bisschen warten sollen und dann wären die Chancen vielleicht höher gewesen?", schmunzele ich. „Ich könnte nochmal eine Suche nach dir mit einem aktuellen Bild verbreiten", bietet sie spontan an, „das würde vielleicht doch noch jemanden auf den Plan rufen, der dich kennt oder gesehen hat und mit SocCom habe ich die ideale Plattform dafür." - „Also die Suche mit einem aktuellen Bild von mir, die Louis heute morgen gemacht hat, hat zumindest bei der PI keine weiteren Wiedererkennungen gebracht. Denkst du, das könnte wirklich etwas bringen?" – „Ja nun, vielleicht. Man weiß es erst, wenn man es ausprobiert hat. Für SocCom wäre es", und sie stockt im Satz und scheint nicht weitersprechen zu wollen, also frage ich nach: „Für SocCom wäre es was?", so dass sie, sichtlich verlegen, ihren Satz vollendet: „wäre es eine geniale Werbung." Zum ersten Mal nehme ich sie als Geschäftsführerin wahr und obwohl ich weiß, dass ihr spontaner Gedanke der war, mir zu helfen, so sehe ich doch, dass sie nun auch wieder in anderen Kategorien denkt und weiß nicht so recht, was ich von ihrem Angebot halten soll. Es entsteht eine kurze, peinliche Stille, wie es sie zwischen uns noch nie gegeben hat und die für mich nicht gut aushaltbar ist. Also nehme ich das Gespräch wieder auf.

„Ich weiß nicht, ob es wirklich etwas bringt, werde aber über dein nettes Angebot nachdenken. Was mich aber im Gespräch mit Louis sehr verwirrt hat: Liest wirklich niemand mehr Bücher? Er sagt, es gibt Informations-sammlungen und Romane werden nicht gelesen, sondern als Filme geschaut. Ist das so?" Dankbar nimmt Graciella den Faden auf: „Nun, Bücher sind wirklich nicht mehr ‚on'. Es gibt so ein paar Buchclubs, da haben sich Fans zusammengeschlossen und in manchen Berufen kommt man auch nicht drumherum, aber im Allgemeinen haben Bücher wirklich ausgedient, da hat er vollkommen recht." – „Ich habe Bilder einer Bibliothek vor Augen gehabt. Gibt es denn wirklich keine Bibliotheken mehr?", hake ich nach. „Nun", Graciella überlegt, „ich glaube es gibt ein

Bibliotheksmuseum. Da kann man sich Bilder davon ansehen. Vielleicht hast du ja mal so ein Bild gesehen? Aber ansonsten gibt es sie nicht mehr. Wir haben ja digitale Bibliotheken, so dass man die Bücher nicht mehr lesen muss." – „Aber man KÖNNTE Bücher lesen, wenn man es wollte?" – „Ja, aber wieso sollte man das wollen?" – „Nun, weil man sich informieren kann, weil es SPASS macht, zu lesen, vielleicht", versuche ich es zu erklären, aber irgendwie scheint auch sie diese Freude an Büchern, die ich empfinde, nicht teilen zu können. Auf jeden Fall wird mir deutlich, dass Louis mit dieser Meinung nicht allein zu sein scheint, denn auch Dr. Domas, die ich heute natürlich darauf angesprochen habe, teilte diese Meinung. Bücher sind „off", PI ist „on", das gehört zu den Dingen, die ich wohl akzeptieren – aber als Meinung ja nicht teilen – muss. Da fällt mir noch etwas ein: „Seit wann sind Bücher denn ‚off'?" – „Also, auf jeden Fall seit ich denken kann. Ich kann mich nicht erinnern, jemals eins in den Händen gehabt zu haben." Erschreckender Gedanke für jemanden, der so viele positive Assoziationen – wenn schon keine konkreten Erinnerungen – mit Büchern hat. „Ein Buch ist ein ganzes Universum in meiner Hand. Es ist...", ich suche nach Worten, die es für sie begreiflich machen könnten, „es ist ... wie Musik. Ein Buch kann dein Herz öffnen und dich in eine andere Welt versetzen. Und wenn es ein Fachbuch ist, dir völlig neue Horizonte eröffnen. Es ist so bereichernd!" Graciella nickt: „Das verstehe ich und klingt schön, aber um ein ganzes Buch zu lesen, braucht man Zeit, die hat doch keiner mehr. Musik kann ich nebenbei hören. Vielleicht werden sie deshalb nicht mehr gebraucht?", mutmaßt sie und vielleicht hat sie damit ja recht. Die Zeit scheint anders geworden zu sein und ich frage mich, woher meine so abweichenden Ansichten und Vorstellungen wohl rühren. Es ist, als ob ich aus einer anderen Zeit in dieses Jahrhundert gekommen bin. „Gibt es eigentlich Zeitreisen?", frage ich und Graciella lacht. „Nein, das ist ein Hirngespinst. Materie lässt sich nicht durch Zeit und Raum transportieren, auch wenn das in Filmen immer wieder dargestellt wird, das ist wissenschaftlich klar erwiesen. Denkst du, du bist eine Zeitreisende?" – „Ich weiß manchmal ehrlich gesagt nicht, was ich denken soll", antworte ich. Graciella nickt verstehend. „Nun, dann fragst du eben ... ach, halt, du hast ja gar kein Smartable." – „Wen fragt man denn, wenn man ein Smartable hat?" – „Dann fragt man seinen ‚SmaF', seinen persönlichen Ratgeber." – „Und wer ist das?" – „Keine Person, sondern ein Programm auf dem Smartable, das dich kennt und genau weiß, was du brauchst." Der Satz kommt mir bekannt vor und ich denke an Louis und seine Überzeugung, dass das Smartable ihn kennt und nach dem kurzen Versuch zeigte es sich ja, dass es ihn ganz gut kennt. Oder zumindest ziemlich viele Informationen von ihm gesammelt hat.

„Also ich frage meinen persönlichen Ratgeber..." - „SmaF, die gängige Abkürzung für ‚Smart Friend'", unterbricht mich Graciella. „Okay, ich frage meinen ‚SmaF' zum Beispiel: ‚Bin ich eine Zeitreisende?' und dann bekomme ich Rat?" – „Na, diese Frage ist ja ganz klar mit ‚Bist du sicher nicht, denn das gibt es nicht' zu beantworten. Aber wenn du jetzt ein Thema hast, bei dem du dich nicht entscheiden kannst. Also sowas wie: ‚Soll ich das rote oder das blaue Auto kaufen?' – nur mal so als Beispiel – dann bekommst du eine Empfehlung ausgesprochen und Gründe, warum das für dich die bessere Option ist. Vielleicht weil es besser zu deinen Handtaschen passt oder Rot deine Persönlichkeit besser hervorhebt oder sowas. Ist ja jetzt auch nur ein dummes Beispiel." – „Aber wenn ich mir jetzt unsicher wäre, ob ich diesen oder einen anderen Beruf wählen sollte, dann würde mir mein persönlicher Ratgeber helfen?" – „Genau, er kennt dich." – „Aber", wende ich ein, „ich frage doch zuerst mal meine Familie und meine Freunde. Warum sollte ich dann noch mein Smartable fragen?" – „Familie und Freunde sind keine guten Ratgeber. Sie kennen dich doch nicht so gut", erhalte ich zur Antwort und bin wie vor den Kopf gestoßen. „Sie kennen mich nicht so gut? Aber genau, dass sie mich gut kennen, zeichnet sie doch aus!" – „Also vielleicht bist du doch eine Zeitreisende", grinst Graciella. „Wie kommst du nur auf solche Vorstellungen?" Ich schweige. Was sollte ich auch sagen? Hier scheinen wirklich Welten aufeinanderzuprallen. „Vielleicht komme ich ja aus einem anderen Land, wo es andere Werte gibt?", werfe ich ein. „Eine so andere Kultur gibt es nicht", lässt mich Graciella überzeugt wissen. „Dann bin ich vielleicht von einem anderen Stern. Louis hatte schon die Theorie, ich könnte ja ein Alien sein." Doch auch dies, was ja ohnehin kein ernstgemeinter Einwurf meinerseits war, kann Graciella nicht überzeugen. „Nach jahrelanger, sehr aufwändiger und kostspieliger Suche im All mussten die Gelehrten einsehen, dass es kein Leben im All gibt. Also vergiss es! Woher du deine Ansichten hast, wird sich erst klären, wenn du dich wieder erinnern kannst." Und ich fürchte, da muss ich ihr wohl recht geben.

Nachdem sie gegangen ist, denke ich noch lange über die heutigen Gespräche nach. Ich habe nicht nur keinen Chip, ich bin anders. Ich freue mich, dass Dr. Domas zugestimmt hat, dass ich einen Ausflug in die Stadt machen kann. Vielleicht wird mir dort etwas bekannt vorkommen und mir helfen, Erinnerungen wieder-zufinden, und auf jeden Fall werde ich neue Erfahrungen sammeln! Nach einer langen Phase des Grübelns komme ich sehr spät doch noch zur Ruhe und falle in unruhigen Schlaf. Ich träume merkwürdige Dinge von einem Smartable mit Menschenkopf auf dem Display, aber Armen und Beinen, das zu mir gelaufen kommt und mich beraten will. Ich höre Louis, der ihm zuruft: „Halt, du gehörst mir!" Aber das Smartable kümmert sich nur um mich: „Ich kenne dich! Ich weiß alles über dich!", ruft es mir unentwegt zu und ich empfinde es als bedrohlich und versuche wegzulaufen, aber es rennt mir einfach hinterher und ruft immer lauter und lauter. Anfangs ist Louis noch da, aber dann ist er plötzlich verschwunden und ich fühle mich dem Smartable hilflos ausgeliefert. Im Rennen versagen meine Beine und ich falle hin. Das Smartable holt auf und erreicht mich, seine Arme packen mich fest: „Ich helfe dir!", sagt es nachdrücklich und es klingt mehr bedrohlich als hilfsbereit. „Ich will deine Hilfe nicht", schreie ich es verzweifelt an, denn es hält mich so fest, dass es an den Handgelenken schon weh tut. „Ich weiß, was gut für dich ist. Höre auf mich!", sagt es beschwörend und sieht mich dabei mit riesigen Display-Augen an. „Lass mich los!", höre ich mich schreien und winde mich im festen Griff des Smartable. Als wollte es mich hypnotisieren, drehen sich die Display-Augen ganz groß vor meinem Gesicht und da es mich so festhält, kann ich auch nicht entrinnen und ich schließe die Augen, um nicht mehr auf das Display schauen zu müssen. „Lass mich los!", schreie ich erneut und spüre eine sanfte Berührung an meiner Schulter und eine vertraute Stimme, die sagt: „Es ist ein Traum. Wachen Sie auf! Alles ist gut." Und langsam dringt in meine Bewusstsein, dass ich schweißgebadet in meinem Bett liege, neben dem Dr. Domas steht und freundlich auf mich einredet. Nur sehr langsam beruhige ich mich wieder und versuche den grauenhaften Traum abzuschütteln, der meine Gedanken noch ziemlich gefangen hält. Aber ich bin froh, Dr. Domas zu sehen. „Das war ein schrecklicher Traum. Ein Smartable hat mich verfolgt und festgehalten", versuche ich es ihr kurz zu beschreiben. „Diese Dinger können einem schon mal den Schlaf rauben - auf die eine oder andere Weise", meint sie verständnisvoll: „Es war aber nur ein Traum, so real er sich vielleicht angefühlt hat. Und jetzt ist er vorbei!" Im Licht des Zimmers fällt es mir immer leichter zu begreifen, dass es wirklich nur ein Traum war und ich hier in meinem Zimmer, ganz ohne bedrohliches Smartable, bin. – „Ja, zum Glück nur ein fieser Traum. Habe ich laut geschrien?" frage ich und wundere mich, dass Dr. Domas überhaupt da ist? „Ja, das war ziemlich laut und ich war gerade auf dem Gang. Ich übernachte heute hier, da ich nach Graciellas Amnesieauflösung heute Nacht lieber vor Ort sein wollte. Es ist oft so, dass Patienten in der ersten Nacht nicht schlafen können oder Alpträume haben, aber viele schlafen auch besonders gut. Jede und jeder ist da anders, aber ich möchte dann einfach da sein, wenn etwas ist", erklärt sie mir. „Sie sind eine wirklich tolle Ärztin", sage ich spontan und meine es aus tiefster Seele. Dr. Domas wird ein bisschen verlegen. „Ich mache meine Arbeit", antwortet sie bescheiden und ich vervollständige ihren Satz, wie er für mich richtig erscheint, „mit großem Einsatz und Einfühlungsvermögen!" Ich sehe ihr an, dass sie sich über das Kompliment sehr freut, aber nicht so recht weiß, wie sie reagieren soll. „Ich sehe das als meine Pflicht", kommentiert sie verlegen, aber ich kann das so nicht stehen lassen: „Ich glaube zwischen ‚Pflichterfüllung' und ‚Pflicht-Erfüllung' gibt es schon einen Unterschied." Und Dr. Domas lächelt und sagt nichts weiter dazu. Mein Puls und ich haben uns wieder weitgehend beruhigt und ich merke, wie müde ich bin. Nach einem herzhaften Gähnen meinerseits, das sich einfach nicht unterdrücken ließ, steht Dr. Domas lächelnd auf, „Gute Idee, es nochmal mit schlafen zu probieren! Ich wünsche Ihnen eine ruhige Restnacht!" – „Ihnen auch, Dr. Domas." Und als sich die Bilder des Alptraums im Halbschlaf wieder vorzudrängen versuchen, halte ich ihnen in meinen Gedanken ein großes Stopp-Schild entgegen, an dem sie nicht vorbeikommen. Das Smartable mit Händen und Beinen setzt sich schmollend wie ein kleines Kind hin und wispert „Dann halt nicht!" und lässt mich in Ruhe. Und schneller als ich gedacht hätte, schlafe ich friedlich wieder ein.

Brandon

Ob es nun am Smartable-Traum oder den Gesprächen am gestrigen Tag liegt, aber als ich am Morgen Brandon mal wieder komplett in sein Smartable versunken mitten im Raum stehen sehe, fühle ich eine richtige Wut auf dieses Ding. Am liebsten würde ich es ihm aus der Hand reißen und wegwerfen und möglicherweise habe ich sogar einen Schritt auf ihn zu gemacht, als ich Dr. Domas Stimme ganz leise hinter mir höre: „Ich habe schon mal versucht, es ihm wegzunehmen." Erstaunt drehe ich mich zu ihr um. Kann sie Gedanken lesen? „Und?", frage ich neugierig. „Er schrie, als hätte ich ihm ohne Betäubung ein Körperteil amputiert und ließ sich auf keine Weise beruhigen." – „Uff." Dr. Domas nickt. „Es gibt Fälle, da funktioniert das, aber bei ihm habe ich noch keinen Zugang gefunden. Er ist jetzt schon zwei Monate hier", und nach einer Pause gesteht sie mir: „Und ich habe ehrlich gesagt keine Idee mehr, wie ich an ihn herankomme. Seine Amnesie ist mit extremer Smartable-Sucht verbunden und ich kann das eine nicht ohne das andere heilen." Sie sieht ihn traurig an, während er uns überhaupt nicht wahrnimmt, obwohl wir nur knapp zwei Meter von ihm entfernt stehen. Ich habe einen spontanen Gedanken: „Haben Sie versucht, mit ihm über das Smartable zu kommunizieren?" – „Wie meinen Sie?" – „Nun, ihm eine Nachricht zu schreiben, statt mit ihm zu reden. Das fällt ihm vielleicht leichter? Oder, was noch besser wäre, wenn Sie sein ‚SmaF' wären – also die Stimme eines echten persönlichen Ratgebers – denn es scheint ja in seinem Fall kein guter Ratgeber zu sein, oder?" Dr. Domas sieht mich nachdenklich an: „Das ist eine interessante Idee. Also eine Nachricht kann ich ihm auf jeden Fall schreiben. Den SmaF durch einen echten ‚persönlichen' Ratgeber, also mich, zu ersetzen wüsste ich nicht, wie das gehen soll, aber der Gedanke hat was!" Erstaunt sieht sie mich an und auch ich frage mich, woher ich solche Ideen hole. Aber die Wege des Gehirns, und wie mir scheint, vor allem MEINES Gehirns, sind verschlungen.

Ein paar Tage vergehen, in denen ich viel mit Graciella rede, sie mir von ihrer Arbeit erzählt, Viktor über-schwänglich von seinen fortschreitenden Plänen erzählt und auch Agnes wieder in der morgendlichen Runde auftaucht und zwar noch nicht ganz fit ist, aber doch nicht mehr so unter Kopfschmerzen leidet, dass sie die Gesellschaft und Ablenkung wieder genießen kann. Rosie hingegen zeigt einen starken Demenzschub und die Phasen, in denen sie Agnes oder andere erkennt, werden zunehmend rar. Die Pflegenden, die ich versuche zu unterstützen, wo ich kann, müssen ständig ein Auge auf sie haben, da sie stets auf der Suche nach Gustaf ist und versucht, sich auf den Weg nach Hause zu begeben. Einmal, als sie sich tatsächlich an mich - die Frau ohne Namen - erinnert, mache ich draußen im Park mit ihr einen kleinen Spaziergang. Ich frage sie nach Gustaf und sie erzählt mir, wie sie sich kennengelernt haben und was bei ihrer Hochzeit alles los war. Wie sehr sie innerlich leuchtet, als sie das erzählt! Und da behauptet Graciella, dass Familienmitglieder uns nicht so gut kennen wie das Smartable. Rosie und Gustaf kannten sich so gut, wie sich zwei Menschen nur kennen können und was mir Graciella von Armand erzählt hat, so hat sie hier einen Freund, an den ebenfalls kein noch so gutes Smartable heranreichen kann! Ich glaube, wenn sie es wollte, hätte sie in ihm auch einen Partner, der ihr die Unterstützung bieten würde, die sie braucht. Denn anders als ihr Ehemann, von dem sie nicht spricht und den ich in meiner Zeit hier nicht ein einziges Mal zu Gesicht bekommen habe, war Armand seit ihrer Amnesielösung jeden Tag hier und hat sie besucht. Ich würde mir so sehr wünschen, dass die beiden zueinander finden, denn ich finde, sie sind das perfekte Paar, aber Graciella kann das irgendwie nicht zulassen. Genauso, wie sie an ihrem Geschäftsalltag und ihrer Rolle als Geschäftsführerin hängt, obwohl ihr das gar nicht gut tut und ich sehe den Stress an ihrer ganzen Haltung, wenn sie nur von der Arbeit spricht. Dr. Domas schützt sie, nehme ich an, und schirmt sie bestmöglich von diesem Typen ab, der einmal hier war. In einer unserer Sitzungen rief er an und sie blockte ihn komplett ab, was ich ihr hoch anrechne. Ich finde, Graciella sollte sich eine andere Betätigung suchen. Eine, die sie erfüllt und nicht aushöhlt, aber davon möchte sie nichts hören und es ist natürlich ihr Leben, ihre Entscheidung. „Sei wer du willst..." versuche ich ihr zu sagen, ist das nicht das Motto?

Und noch etwas ist mir in den letzten Tagen deutlich geworden: Es ist langsam an der Zeit, mir mangels Erinnerungen einen Namen zu suchen. Sei es nun ein

Künstlername oder ein Spitzname, das ist mir letztlich egal, aber ich bin es so leid nicht angesprochen werden zu können oder beim Kennenlernen keinen Namen nennen zu können. Aber gleichzeitig finde ich es noch schwierig, mir einfach etwas auszusuchen. Das fühlt sich irgendwie nicht richtig an und ich habe Angst, einen Namen zu wählen, der dann doch nicht zu mir passt. Aber damit werde ich mich ein anderes Mal beschäftigen. Heute ist der Tag gekommen, an dem Dr. Domas mit mir die Stadt besuchen wird, das haben wir gestern besprochen. Graciella ist jetzt stabil, so dass Dr. Domas nicht auf Abruf sein muss und auch wieder alle Therapietermine wahrnehmen kann und so den versprochenen Ausflug – oder wie sollte ich es sonst bezeichnen? – mit mir machen wird. Und ich bin schon ziemlich aufgeregt, denn ich weiß weder, was mich da so wirklich erwartet, noch, was es in mir auslösen wird. Auch deshalb bin ich sehr froh, dass Dr. Domas mich begleitet. Von meinen Freunden, und ja, ich würde sie inzwischen zum Teil wirklich so bezeichnen, habe ich ganz unterschiedliche Tipps bekommen: Viktor riet mir, auf die Werbetafeln zu achten. Die Mode und Filmwerbung darauf sei einfach großartig. Sascha gab mir den Tipp, wo ich etwas Leckeres und Günstiges zu Essen bekomme und das möchte ich natürlich sehr gerne ausprobieren, denn vielleicht kommt das ja meinen Geschmackserinnerungen näher als das Fertigessen in der Klinik. Graciella schlug mir vor, in einen Wellnessclub zu gehen, um mir vielleicht die Haare schneiden zu lassen oder die Nägel „machen zu lassen". Der Tipp von Agnes war, ins Theater zu gehen, aber ich fürchte, dafür wird die Zeit nicht reichen und

Rosie fand, dass ich unbedingt die Schachmeisterschaften besuchen sollte – auch wenn es die, wie Dr. Domas mir erklärte, schon etliche Jahre nicht mehr gibt. Vera, die erst neu in der Klinik angekommen ist, aber zu allem etwas zu sagen hat, war der Ansicht, dass ich besser hierbleiben sollte, weil die Stadt zu wild und gefährlich sei. Raphael hingegen fand, dass ich die Stadt einfach auf mich wirken lassen sollte, statt mir mit zu viel Programm Stress zu machen. Und das entspricht dem, was ich mir auch vorstelle. Dr. Domas ging anfangs davon aus, dass wir mit dem Auto in die Stadt fahren, was so ca. 15 Minuten Fahrtzeit wären, aber ich hatte das Gefühl, dass es besser für mich wäre, die Strecke zu laufen. Dr. Domas schaute zwar wenig begeistert, denn es bedeutet ungefähr 45 Minuten Fußmarsch, aber ich habe das Gefühl, dass ich für meine Wahrnehmung diese Langsamkeit der Fortbewegung brauche und sehe es eher als eine gemütliche, kleine Wanderung, bei der ich meine Umgebung in Ruhe erkunden kann. Anschließend werden wir uns in der Innenstadt umsehen und werden dann vermutlich mit dem Auto, Dr. Domas sprach von einem „Taxuber", irgend so einem Fahrdienst, uns wieder zurückfahren lassen. Netterweise, da ich ja kein Geld habe, wird sie den Heimweg und das Essen bezahlen und da bin ich doppelt froh, dass Saschas Vorschlag gut gelegen und günstig ist.

Als wir uns auf den Weg machen, bin ich maximal nervös. Ich habe von „der Welt da draußen" keine so richtige Vorstellung. Meine ganzen Erinnerungen beschränken sich schließlich auf diese Klinik. Aus der medizinischen

Abteilung kam ich direkt in die Abteilung von Dr. Domas. Das Gebäude ist von dem Park und einer riesigen Mauer umgeben, die nicht viel von dem preisgibt, was sich dahinter befindet. Das Gebäude ist zum Teil sehr alt und wurde schon im vorletzten Jahrhundert gebaut, wie mir gesagt wurde, und dürfte damit eher altmodisch sein. Tatsächlich wurde bei Errichtung der Klinik ganz bewusst auf einen kompletten Neubau verzichtet und wenn ich das richtig verstanden habe, hat hier Dr. Domas' Vater ganz maßgeblich dazu beigetragen.

Mein Herz klopft wie wild, als wir uns der Pforte am Haupteingang nähern. Dr. Domas geht mir auf dem Weg zum Ausgang voran und ich komme mir wie eine Abenteurerin vor – allerdings ohne das große Marschgepäck. Als sich die Tür für uns öffnet, ist es wie das Portal zu einer anderen Welt. Ich stehe vor der Schwelle der Klinik und schaue mich um: Ich sehe eine schier endlos lange Straße, die zur Klinik führt – oder von ihr weg, je nachdem wie man das betrachtet – und kleine Häuser, die sich entlang der Straße aufreihen wie Perlen an einer Kette. Sie sehen alle gleich aus und unterscheiden sich lediglich ein wenig durch ihre Farbe oder die davor geparkten Autos, wobei die für mich ebenfalls eine große Gleichförmigkeit haben. Ich bin mir nicht sicher, ob ich die Eintönigkeit als beruhigend oder langweilig empfinden soll. Was mir aber direkt noch auffällt, sind die vielen Geräusche, die ich wahrnehmen kann. Aus der Ferne hört man Motorengeräusche, Hämmern und Klopfen, als wäre nicht weit entfernt eine riesige Baustelle. Bei meinen Spaziergängen im Park der Klinik waren diese durch die

Mauer zwar wahrnehmbar, aber – wie ich jetzt merke – nur sehr gedämpft. Dr. Domas beobachtet mich, sieht sich aber ebenfalls um, als wollte sie nachvollziehen, wie sich das für mich gerade darstellt. „Es ist wie eine fremde, laute Welt", erkläre ich, um sie zumindest in einer Kurzform an meinen Eindrücken teilhaben zu lassen. Sie nickt. Es nieselt und Dr. Domas hat zwei Schirme mitgebracht, an denen noch die Preisschilder baumeln, sie reicht mir einen, aber ich habe nicht das Gefühl, dass ich den für das bisschen Regen bräuchte. Sie spannt ihren auf und sieht aus wie jemand, dem es sehr unangenehm ist, bei diesem Wetter draußen unterwegs zu sein. Mir macht das nichts aus. „Wie müssen wir gehen?", frage ich und sie zückt das Smartable – wie sollte es anders sein? – und startet ein Navigationsprogramm, das uns mit freundlicher Männerstimme auffordert, der Straße geradeaus zu folgen. Anfangs gehe ich noch zögerlich, der Gehsteig ist mit merkwürdigen Steinen belegt, die sauber und glattgefegt sind, aber irgendwie nicht stabil sondern eher fragil aussehen. Bereits nach einigen Schritten beschleunigt sich mein Schritt wie von selbst und ich finde meinen Rhythmus. Allerdings zeigt mir ein Blick auf Dr. Domas, dass sie Schwierigkeiten hat, mit mir Schritt zu halten, weshalb ich wieder langsamer gehe, um sie nicht so außer Puste zu bringen. „Sie sind gut in Form", schnauft sie verlegen. „Sieht so aus", grinse ich, „aber beim Gehen hat ja jeder so sein eigenes Tempo, meins ist vielleicht einfach etwas schneller als Ihres." – „Mag sein, aber wie beim Schreiben habe ich den Eindruck, dass das Gehen für Sie eine einfache Übung ist", sagt sie und bleibt kurz stehen, um Luft zu holen. „Sollen wir eine Pause machen?", frage ich, aber sie winkt ab. „Geht schon. So schön ist es hier ja nun auch nicht gerade." Und da muss ich ihr recht geben. Es ist alles sauber und ordentlich, die Hauskette schier endlos, aber die steinigen Vorgärten langweilig und wenig liebevoll angelegt. Mal ein Ornament, mal eine kleine Statue, aber eine ziemliche Steinwüste, die mir gar nicht gefällt. „Es gibt sehr wenig Pflanzen hier", teile ich das Offensichtliche mit. Und erhalte als Erklärung, dass Pflanzen einfach so viel Arbeit machen, Dreck produzieren und die Straßenreinigung so verteuert hat, dass in den Vorgärten – erstaunlich, dass man sie noch so nennt – außer künstlichen, keine Pflanzen mehr erlaubt sind. Auf meinen Einwand, dass Pflanzen aber doch auch schön sind und wichtig für die Lebensqualität, erklärt mir Dr. Domas, dass die Gärten hinter den Häusern teilweise echte kleine Oasen sind und ganz nach Geschmack der Hausbewohner eingerichtet werden können. Es ging einfach nur um die Sauberkeit im öffentlichen Raum, Pflanzen zu haben, sei ja schließlich nicht verboten und es gäbe außerhalb der Stadt sehr viele Pflanzen. Den Impuls, mir zu wünschen, außerhalb der Stadt zu sein, unterdrücke ich und ich stelle mir stattdessen vor, wie hinter der Hausreihe eine grüne Insel wie ein kleiner Urwald wächst und der Gedanke tut mir in dieser Steinwüste wirklich wohl.

Ein Auto fährt an uns vorüber, aber ich sollte besser sagen: gleitet an uns vorbei, denn es ist so leise, dass man es kaum hören kann. Ich kann niemanden entdecken, der das Fahrzeug steuert und bin verwirrt. Dr. Domas erklärt mir, dass es selbstfahrend ist. „Selbstfahrend", wiederhole ich laut und lasse die Information sacken, aber da kommt schon die nächste Merkwürdigkeit im wahrsten Sinn angeflogen: Über uns schwebt ein Fluggerät, an dem ein Paket baumelt. Zielsicher fliegt es auf ein Haus zu und steht kurz still in der Luft, während sich eine Steinplatte im Vorgarten nach unten verschiebt und das Paket dort hineingelegt wird und die Drohne, wie mir Dr. Domas erklärt, wieder wegfliegt. „Pakete werden so geliefert", erklärt sie mir, während ich beobachte, wie die Steinplatte wieder an ihren ursprünglichen Ort gleitet und nichts mehr auf die soeben erfolgte Lieferung hinweist. Menschen habe ich bisher nicht gesehen. Andererseits haben wir jetzt Vormittag und viele der Bewohner dieser Häuser hier dürften jetzt bei der Arbeit sein. Dennoch ist es gespenstisch leer um uns herum.

Die Männerstimme ermahnt uns, an der nächsten Kreuzung rechts abzubiegen und ich erwarte, dass diese der jetzigen Straße gleicht. Als wir um die Kurve biegen, zeigt sich plötzlich ein ähnliches und gleichzeitig ganz anderes Bild: die Häuser in dieser Straße sind auch aufgereiht und haben ähnlich kahle Vorgärten – jetzt weiß ich ja, warum. Die Häuser hier sind allerdings deutlich größer, genau wie die davor geparkten Autos, und ich frage, warum so viele Autos hier geparkt sind, wenn die Menschen doch jetzt bei der Arbeit sind oder ob sie mit öffentlichen Verkehrsmitteln zur Arbeit fahren? Dr. Domas liefert eine einfache Erklärung: „Viele Arbeiten von zuhause aus. Sie haben in ihrem Haus ein Büro und müssen nicht mehr irgendwohin fahren. Und öffentliche

Verkehrsmittel wurden schon lange abgeschafft, sie waren viel zu ineffizient im Unterhalt. Immer zu spät und unzuverlässig." Ein Lieferwagen kommt uns die Straße entgegengefahren und ich beobachte, wie er an verschiedenen Häusern hält. Als er näherkommt, kann ich genau beobachten, wie er liefert: Ein Roboter mit einem Korb verlässt den Lieferwagen, fährt zum Haus. In der Hauswand öffnet sich eine Klappe, in die der Roboter den Korb abstellt, manchmal auch einen leeren Korb wieder rausholt. Auf dem Lieferwagen lese ich „Brubis - Schneppen statt Schleppen!" und ich brauche schon wieder eine Erklärung von Dr. Domas, denn den Begriff „Schneppen" verstehe ich nicht. „Das ist sowas wie ‚Schlemmen' oder ‚Genießen'. Die liefern Nahrungsmittel, frisch zum Selbstkochen oder schon fertig zubereitet. Es ist der größte Lieferant. Ah, da kommt ein Lieferwagen der Konkurrenz!", ruft sie aus und deutet auf einen gelben Lieferwagen, auf dem nur in großen roten Buchstaben steht „Wir liefern – Sie essen!" Und fährt dann fort: „Es ist einfach genial, wenn man nach Hause kommt, ist das alles schon da. Ist nicht so lecker wie bei meiner Mutter, aber immer noch besser, als wenn ich selbst koche", grinst Dr. Domas. Ich kann mir denken, dass sie wenig Zeit zum Kochen hat, da sie gefühlt immer bei der Arbeit ist. Bei den Leuten, die von zuhause arbeiten, kann ich es weniger verstehen, aber diese Welt, die ich hier vor mir sehe, fühlt sich ohnehin sehr fremd an. Warum brauchen die Menschen die Autos, wenn sie doch von zuhause arbeiten und nicht einmal einkaufen gehen, sondern ihre Einkäufe geliefert bekommen? Wo sind die Menschen? Warum sieht man so gar niemanden auf der Straße? Liegt es daran, dass wir Winter haben? Aber darüber hinaus fehlt es mir wirklich ganz extrem an Pflanzen, die ja auch die Luft filtern und drinnen wie draußen eine wichtige Rolle spielen. Auf meine Nachfrage erklärt mir Dr. Domas, dass die Häuser ihre eigenen Luftfilter haben und die meisten es pflegeleicht lieben. Mir fällt Sascha und ihr fehlender Bezug zu Pflanzen wieder ein und ich schüttele innerlich den Kopf. Wie kann es sein, dass ich Pflanzen als so wichtig empfinde und die Menschen hier quasi ohne sie auszukommen scheinen? Dr. Domas versichert mir, dass in der Stadtplanung ausreichend Grünflächen eingeplant wurden und es ja noch die Segel gibt, die ich auch noch sehen werde. Segel? Ich bin gespannt. „Wie weit von der Innenstadt sind wir denn weg?", will ich wissen und sie fragt bei unserem Navigator – vermutlich ihr SmarF – nach, der uns darüber informiert, dass es bis zur Innenstadt noch ungefähr 25 Minuten zu laufen sind. Inzwischen hat es aufgehört zu nieseln und Dr. Domas packt ihren Schirm wieder zusammen, während ich meinen ohnehin noch gefaltet in der Hand trage.

Nach einer weiteren Abbiegung zeigt sich wieder ein ganz anders Bild der Stadt: Über der Straße entdecke ich die Segel, von denen ich annehme, dass Dr. Domas sie vorhin meinte. Sie sind wie lange Stoffstreifen mit Lücken zwischen den Bahnen an Seilen von einer Straßenseite zur anderen gespannt, teils halb durchsichtig, aber teils auch recht massiv und dick wirkend. Dadurch, dass sie da hängen, fällt mir nicht gleich auf, wie hoch die Häuser in diesem Straßenzug sind, aber ich zähle 6 Etagen, wobei die Segel in Höhe der 3. Etage angebracht sind. Es kommt mir so vor, als würde jede Abbiegung uns ohne Übergang in eine neue Welt verfrachten. Die in der Wand eingelassenen Postfächer für die Lieferungen, die ich schon bei den kleineren Häusern gesehen habe, verteilen sich auf einen großen Teil der Hauswand zur Straße und geben mir einen Eindruck davon, wie viele Parteien wohl in diesen Häusern wohnen. Jedes Haus hat ein großes Tor und gerade als ich fragen will, wofür diese dienen, öffnet sich eines und ein Auto kommt heraus. Und natürlich ist es wieder so, dass kein Mensch am Steuer sitzt. Die Fenster im hinteren Bereich des Autos sind verdunkelt, so dass ich nicht sehen kann, ob eine oder mehrere Personen – oder vielleicht ja auch niemand? – drinnen sitzt.

Die Häuser hier stehen direkt an der Straße. Noch immer habe ich außer uns keine Menschen gesehen. „Diese Segel", frage ich nach, „wozu dienen sie?" – „Sie haben viele Vorteile: Sie sind Energielieferant, Klimaschutz und lockern die Straße auf." – „Energielieferant und Klimaschutz, inwiefern?" – „Na, die dunklen Bereiche sind Solarpaneele, mit denen das Sonnenlicht zu Energie verwandelt wird, die über Kabel direkt in die Häuser gespeist wird; zudem spenden sie Schatten und in der heißen Jahreszeit wird direkt ein Teil der erzeugten Energie zur Kühlung genutzt. Sie bieten Regenschutz und ...", sie macht eine kurze dramatische Pause, wie in einem Werbespot: „... sie filtern die Luft! Sie bestehen aus einem biosynthetischen Gewebe, das wie Pflanzen Kohlendioxid in Sauerstoff umwandeln kann. Ein wirklich geniales Produkt, das vor etlichen Jahren zu Recht den TIP, den höchsten technischen Innovationspreis, gewonnen hat. Ach so, und schalldämmend sind sie natürlich auch", ergänzt Dr. Domas ganz zum Schluss und sieht mich begeistert an. Auf der einen Seite bin ich durchaus beeindruckt davon, dass es Materialien gibt, die so komplexe chemische Prozesse umsetzen können, auf der anderen Seite fehlt mir durch die Segel der Blick nach oben, der Himmel, die Freiheit. Alles mutet mich trübe, eintönig und eingesperrt an. „Und das ist in der ganzen Stadt so?", will ich wissen. „Das ist nicht nur in dieser Stadt so, das Patent dieser Segel wird weltweit eingesetzt und hat sehr zur Lebensqualität der Menschen beigetragen und Probleme mit der Energieversorgung auf geniale Weise gelöst." – „Aber so richtig schön sind sie nicht", kommentiere ich. „Naja, wichtig ist doch die Funktion und vielleicht sind sie nicht so richtig schön, aber hässlich würde ich sie nun auch nicht nennen. Dort, wo die Gebäude höher sind, hängen sie auch höher und fallen weniger auf." Und nachdem sie sich nochmal ungesehen hat, setzt sie hinzu: „Und wir sind einfach auch an sie gewöhnt." – „Auf jeden Fall kann ich sagen, dass sich für mich alles sehr fremd anfühlt und ich nicht den Eindruck habe, als hätte ich das hier schon einmal gesehen. Im Park des Krankenhauses fühle ich mich wohl und heimisch, aber hier …", und ich lasse meinen Blick über die Steinwüste gleiten, „wie auf einem fremden Planeten", spreche ich meine Gedanken laut aus. „Wir haben auch einen Pflanzengarten in der Stadt, der ist aber am anderen Ende, da werden wir heute vermutlich nicht mehr hinkommen", sagt Dr. Domas fast entschuldigend.

Wir gehen schweigend weiter bis das Navi uns auffordert, links abzubiegen. Erneut wandelt sich das Bild vor unseren Augen. Zu unserer Rechten sehe ich eine Baustelle, ein großes Gebäude, das im Rohbau schon erkennbar ist. Daneben ein weiteres großes Gebäude, in dem geparkte Autos zu erkennen sind. Dr. Domas erklärt mir, dass in der Innenstadt keine Autos erlaubt sind, so dass es Parkhäuser an allen Zugangswegen gibt, was auch den Vorteil hätte, dass man bei Regen nicht nass wird. Die Segel hängen hier tatsächlich höher und Lichterketten sowie Spruchbänder laden zum Shoppen und Verweilen ein. Links sehe ich einen kleinen Park und es zieht mich unmittelbar dorthin. Dr. Domas nickt mir aufmunternd zu und folgt mir. Ein Mäh- und Reinigungsroboter verrichtet auf der Grünfläche zwischen den Bäumen seinen Dienst, wobei es da wenig zu tun gibt und die Fläche sauber und fast schon künstlich-steril aussieht. Ein Blumenbeet um einen Brunnen in der Mitte der Grünfläche herum sieht etwas trübe aus, aber jetzt im Januar ist natürlich keine Blütenpracht zu erwarten. Sofort ertappe ich mich bei dem Gedanken, dass mit etwas besserer Auswahl der Pflanzen das Beet ganzjährig schön angelegt werden könnte. Offensichtlich hat mein Leben etwas mit Pflanzen zu tun. Woher wüsste ich all das sonst und hätte so einen emotionalen Bezug dazu? Zwischen den Bäumen sind ein paar Bänke mit Blick auf den Brunnen aufgestellt, aber sie sehen ganz schön heruntergekommen und wenig vertrauenserweckend aus, so als ob sie hier schon seit Jahren ungenutzt herumstünden und sich niemand um ihre Instandhaltung gekümmert hat. Als ich auf eine der

Bänke zugehe, entdecke ich ein kleines verwittertes Schild daran. Ich erkenne einen Schriftzug und Teile einer Zeichnung. Mit meiner Hand wische ich den Schmutz weg so gut es geht, um das Schild lesen zu können. Ich entziffere mit einiger Mühe: „Lieblingsplatz von Esther und David, 12.09.2008, in unendlicher Liebe", lese ich laut vor und erkenne eingraviert zwei in sich verschlungene Herzen. Vor meinem inneren Auge entsteht das Bild von zwei Menschen, die auf dieser Bank sitzen, sich an den Händen halten und an einem wundervollen Sommertag dieses lauschige Plätzchen unter den Bäumen nutzen, sich unterhalten und diesen Ort, den Tag und das Leben genießen. Der Gedanke rührt mich und ich schaue Dr. Domas an, die mich ansieht, als hätten wir gerade eine archäologische Sensation entdeckt: „Wow, das ist ja uralt! Ich hatte mal gelesen, dass die Bänke in den Parks früher von Bürgern gespendet worden sind, aber das jetzt so zu sehen ist schon etwas Besonderes." Ich freue mich, dass sie es auch als etwas Besonderes empfindet, hier vor dieser Bank mit ihrem Schild zu stehen. Es ist wie eine Botschaft aus längst vergangenen Zeiten und das Zeichen einer lebendigen Liebe, die in dieser kalt anmutenden Welt besonders wärmt. „Heute gibt es sowas nicht mehr", unterbricht die Stimme von Dr. Domas meine Gedanken. Ich bin irritiert: „Was gibt es nicht mehr?" – „Naja, Paare, die sich für immer verbinden." – „Wir wissen ja nicht, ob sie für immer verbunden waren, aber ich gebe zu, dass ich das bei den beiden so denke. Aber: wieso gibt es das nicht mehr?" – „Seit die Ehe auf Zeit eingeführt wurde, legt sich keiner mehr so recht fest." – „Die ‚Ehe auf Zeit'?", wiederhole ich verwirrt. „Ja, es gibt drei Arten von Ehen: auf Probe, auf Zeit, in Verlängerung. Und das ist schon echt selten geworden, also, dass jemand in Verlängerung geht." – „Sind Sie denn verheiratet? Wenn ich fragen darf?", Dr. Domas lächelt etwas verlegen: „Ich bin über die ‚Ehe auf Probe' nicht hinausgekommen. Nach zwei Versuchen habe ich gemerkt, dass das irgendwie nichts für mich ist." – „Sie sind vielleicht zu sehr mit der Klinik verheiratet?", mutmaße ich vorsichtig und Dr. Domas grinst: „Das mag sein, aber da bin ich definitiv schon in der Verlängerung. Wir sollten aber vielleicht langsam mal weitergehen, wenn wir noch was von der Innenstadt sehen wollen und die ist ja jetzt auch nicht mehr weit." Ich nicke zustimmend, werfe noch einen Blick auf die Bank und die kleine Grünanlage, atme tief ein, wie um mir ein bisschen von der Natur und der menschlichen Wärme von Esther und David für den Weg mitzunehmen. An der Baustelle entdecke ich nun tatsächlich auch einige Menschen, die hier unterstützt von Robotern – wie sollte es anders sein? – arbeiten. Während wir diese Straße entlang gehen, fährt öfter mal so ein Auto, ein Geisterwagen, wie sie für mich immer noch wirken, an uns vorüber. Am Ende der Straße sagt uns das Navi, dass wir uns nach links wenden sollen und ich sehe ein riesiges Gebäude. „Sie haben Ihr Ziel erreicht", lässt uns das Navi wissen und ich frage mich, wo denn hier die Innenstadt ist. Meine Erwartung – ohne sie so recht in Worte fassen zu können – war eine andere. „Das da ist die Innenstadt?", vergewissere ich mich bei Dr. Domas und sie nickt. Wir gehen näher und riesige Glastüren öffnen sich, so dass ich einmal mehr heute das

Gefühl habe, als würden wir durch ein Portal eine völlig andere Welt betreten.

Hatte ich mich zuvor gewundert, wo die Menschen sind, so scheinen sie hier alle versammelt. Es ist voll und laut und ich fühle mich nach dem trüben Winterwetter draußen von den vielen künstlichen Lampen geblendet. Ich bleibe erst mal stehen und schließe für einen Augenblick die Augen. Ich höre im Hintergrund Musik, Menschen, die sich unterhalten, und alles übertönend eine laute Stimme, die auf ein besonderes Angebot hinweist, das es nur heute und nur bei einem bestimmten Geschäft gibt, dessen Namen ich nicht richtig verstehe. Während ich noch versuche, die Geräusche zu sortieren und aufzunehmen, werde ich ziemlich grob angerempelt und öffne die Augen. Ein Mann, ganz den Blick aufs Smartable gerichtet, hat mich offensichtlich übersehen. Unser kurzer Zusammenstoß scheint für ihn allerdings keine Bedeutung zu haben, denn er geht ungerührt weiter, während ich mir den Arm reibe, gegen den er sehr unsanft geprallt ist. Dr. Domas zieht mich sanft am anderen Arm etwas aus der Laufbahn und so stehen wir am Rand und ich beobachte das Treiben. Ich weiß, dass wir Menschen dazu neigen, andere in Schubladen zu stecken, aber das, was ich hier sehe, lädt mich wirklich dazu ein, das zu tun.

Ich entdecke eine ganze Menge „Brandons": junge Männer, die die gleiche Frisur und sehr ähnliche Kleidung tragen wie der Brandon, den ich aus der Klinik kenne. Dann gibt es das weibliche Pendant: junge Frauen mit langen dunklen Haaren, fast maskenhaften Gesichtern und einer gleichartigen Kleidung, bei denen ich mich frage, wie sie es schaffen, so stark wie Klone einer einzigen Person auszusehen. Auf einer riesigen Werbetafel entdecke ich eine junge Frau, die eine von ihnen oder das Vorbild für sie alle sein könnte, die ein Smartable in der Hand hält und mit perfektioniertem Lächeln dazu auffordert, sich unbedingt die neueste Generation dieses Geräts anzuschaffen. Dann gibt es noch eine dritte Kategorie junger Menschen, die weder wie die „Brandons", noch wie die Mädchenklone aussehen, sondern mit kurzen Haaren und einer lockeren Kleidung einen androgynen Typ verkörpern und die sich scheinbar bemühen, in ihrem Stil weder weiblich noch männlich zu wirken und mich stark an Kiki erinnern.

Auch wenn die meisten Menschen hier junge Menschen sind, so sind auch ein paar ältere Menschen unterwegs, bei denen ich tatsächlich den Stil von Agnes erkennen kann. Sie sind nicht ganz so uniform gekleidet wie die jungen Menschen. Was mir allerdings bei allen auffällt, ist, dass sie in der Regel alleine unterwegs sind und mehr auf ihr Smartable schauen als auf ihre Umwelt. Und dann laufen da noch die Geschäftsmenschen umher, bei denen ich nicht umhinkann, Mr. Efficient darin zu erkennen und auch Raoul Mercier. Der Stil der Männer und Frauen scheint auszudrücken zu wollen, wie bedeutend sie sind. Sie sind, wie soll ich es sagen, irgendwie raumeinfordernd. Viele davon telefonieren lautstark, wie Viktor es in seiner Rolle getan hat und bewegen sich besonders aufgerichtet und mit großen Schritten umher, weil sie – so mein Eindruck – unbedingt gesehen und vermutlich auch bewundert werden wollen. Ich habe mit einigen von ihnen tatsächlich kurzen Blickkontakt, aber nach dem Bruchteil einer Sekunde werde ich vermutlich ebenfalls einer Kategorie zugeordnet und es scheint die Kategorie „unwichtig" zu sein und ihre Blicke wandern weiter. Ich frage mich, wie Graciella hier auftreten würde. Von der Kleidung durchaus wie die Menschen hier, aber ich glaube, sie hat eine natürliche Würde und Ausstrahlung, die sie von diesen Geschäftsmenschen hier unterscheiden würde.

Diese Innenstadt ist wie eine kleine Stadt, über der man ein Gebäude errichtet hat. Wieder kann man den Himmel nicht sehen, sondern ist in einer künstlichen Welt – ohne Pflanzen, was mich inzwischen nicht mehr überrascht – gefangen. Ich sehe zahlreiche Hinweisschilder zu bestimmten Geschäften, Restaurants und Cafés, aber auch zu historischen Gebäuden, wie z.B. einer Kirche oder einem Turm der Stadtmauer. Wobei ich mich frage, ob diese Schilder nicht eher Dekoration sind, denn sie finden vor lauter Smartables doch gar keine Beachtung. Blinkende Leuchtreklamen weisen an den Geschäften auf Sonderangebote oder Services hin und große Werbetafeln hängen weiter oben und bieten Unterwäsche, Medikamente, Smartables oder Filme an. Aber auch hier frage ich mich, wer diese Werbung überhaupt sieht?

Von dem riesigen Raum, Lärm der Menschen und künstlichen Licht wird mir ganz schwindelig, mag das nun meinem doch sehr ruhigen Klinikaufenthalt oder einem grundsätzlichen Bedürfnis nach Ruhe entspringen. Auf jeden Fall ist mir das zu viel Tumult. „Gibt es hier auch ruhigere Ecken? Können wir dahin gehen? Mir bekommt dieser Ameisenhaufen hier nicht so gut." Dr. Domas nickt verständnisvoll. „Wir können ja erst mal in das Restaurant gehen, das Sascha empfohlen hat, dort sollte es deutlich ruhiger sein." Ich stimme dankbar zu. Um dorthin zu gelangen, müssen wir allerdings erst mal tiefer in dieses Labyrinth an Gässchen und Menschen. Um in diesem emsigen Treiben nicht verloren zu gehen, halte ich mich am Ärmel von Dr. Domas fest, die es jetzt ist, die ein zügiges Gehtempo vorgibt und mich besorgt ansieht. Wir gehen tatsächlich auch an der historischen Kirche vorbei und ich stoppe sie: „Können wir da hinein?" – „Ja, sie müsste offen sein", antwortet sie überrascht und wir probieren das Tor, das sich mühelos öffnen lässt. Schon bei den ersten Schritten in die Kirche wird es deutlich ruhiger um uns herum. Nach Schließen der Tür verblassen die Geräusche von draußen noch mehr, was sicherlich nicht nur an der dicken Holztür, sondern auch an der Atmosphäre im Raum selbst liegt. Zwar dringt noch das Blinken irgendeiner Leuchtreklame nach innen, aber die Hektik haben wir vor der Tür gelassen und der Raum strahlt Würde und Ruhe aus. Ich lehne mich gegen die nächstgelegene Säule und der Schwindel verschwindet langsam. „Oh, gut, Sie kriegen wieder Farbe im Gesicht!", kommentiert Dr. Domas sichtlich erleichtert. „Na, was soll schon passieren, wenn man mit seiner Ärztin unterwegs ist?", scherze ich, bin aber ebenfalls heilfroh, dass das Gefühl des Schwindels langsam nachlässt. „Sollen wir wirklich noch weitergehen oder zurückkehren? Wenn es zu viel ist, bestelle ich uns das Taxuber! Ich möchte nicht, dass Sie sich übernehmen", sagt sie besorgt. Doch ich beruhige sie: „Es sind schon wirklich viele Eindrücke, aber es geht schon wieder. Ich fände es schade, wenn wir jetzt zurückkehren würden. Ich denke, dass wir ins Restaurant gehen und dann sehen wir weiter." - „Okay, das Restaurant ist auch wirklich nicht weit von hier." - „Das kriege ich hin! Aber vielleicht schauen wir uns hier noch kurz um, das ist eine wirklich schöne Kirche!" – „Ja, klar. Wo wir schon mal hier sind. Die hier ist ja auch wirklich alt", sinniert Dr. Domas und sieht sich um, als wäre sie das erste Mal in einer Kirche, was ja durchaus möglich ist. Sanft streiche ich mit der Hand über die hölzerne Bank vor mir, spüre die Wärme des Materials, glattpoliert von den Berührungen vieler Hände. Eine Kerze flackert künstlich und gaukelt das ewige Licht vor, das hier vermutlich schon lange nicht mehr brennt. Ich betrachte die Bemalung im Innenraum und die Fenster, die bei der Ausgestaltung einer Kirche immer von großer Bedeutung sind. Im Fenster des Altarraums, den ganzen Raum überblickend, thront das Auge Gottes. Ein Zeichen, das mich fast zu verfolgen scheint, aber hier ganz klar seine Funktion hat, oder eher: „hatte" als diese Kirche noch ein Raum voller Glauben und göttlichem Glanz war. Wie kommt es, dass ich mich hier drinnen so geschützt und geborgen fühle? „Wird die Kirche noch genutzt?", möchte ich wissen, aber Dr. Domas zuckt die Schultern. „Ich bin, ehrlich gesagt, bisher immer an ihr vorbeigelaufen und habe sie noch nie so richtig wahrgenommen." Sie sieht nachdenklich aus und blickt sich weiter um: „Es ist ein wirklich schöner Raum und ich freue mich, dass ich ihn mal sehe. Da fällt mir gerade ein: Wir haben in der Klinik auch eine kleine Kapelle. Als das Krankenhaus ursprünglich gebaut wurde, war es eine katholische Klinik. Ich weiß gar nicht genau, wie der Raum jetzt so genutzt wird. Und wo er genau ist", endet sie etwas verlegen.

Ich betrachte eine kleine geschnitzte Madonnenfigur in einer Seitennische und obwohl sie wirklich sehr alt sein muss, strahlt sie eine Lebendigkeit und Freundlichkeit aus, die sich über die Jahrhunderte bewahrt hat und ich spüre tiefe Bewunderung für den Schnitzer, der dieses Kunstwerk erschaffen hat. Schon nach kurzer Zeit in dieser Kirche fühle ich mich erholt und frisch, als hätte ich eine Nacht gut und erholsam geschlafen. Als hätte dieser Raum meinen Energievorrat komplett wieder aufgetankt. „Wir können weitergehen", lasse ich Dr. Domas mit frischem Elan wissen und sie sieht mich verwundert an, nickt dann zustimmend und sagt: „Dann machen wir das!"

*A*ls wir die Kirche verlassen herrscht immer noch emsiges Treiben. Es ist nicht leicht für mich, mir vorzustellen, wie das alles auf unser „heimliches Herz" wirkt. Es ist merkwürdig, wie abseits unserer Welt ihr Denken und Handeln ist und ich habe schon angefangen, wüste Theorien zu recherchieren, die erklären könnten, woher sie so aus dem Nichts kam, ohne Chip, in Unkenntnis so vieler selbstverständlicher Dinge des täglichen Lebens. Erstaunlich, wie schnell sie sich in der Kirche erholt hat. Mir hat die Pause nach dem ungewohnten

Fußmarsch aber auch gutgetan. *Meine Füße tun mir weh, aber der Marsch scheint ihr nichts ausgemacht zu haben, wohingegen die Geräusche sie wirklich mitgenommen haben. Durch sie habe ich zum ersten Mal die Lautstärke in der Innenstadt bewusst wahrgenommen. Sonst habe ich selbst Kopfhörer in den Ohren, wie alle anderen auch, und kriege gar nicht mit, was um mich herum passiert. Vermutlich verhalte ich mich dann genauso kopflos und in mich gekehrt wie die Menschen, die wir gesehen haben. Aber ich bin ohnehin selten in der Innenstadt, der Zeitaufwand ist mir zu hoch. Warum sollte ich auch meine knappe Freizeit hier verschwenden, wenn ich doch viel einfacher alles online bestellen kann?*

Mein SmarF dirigiert uns weiter zum Restaurant, wo ich tatsächlich schon mal gegessen habe und mich dunkel daran erinnere, dass das Kariaki-Ragout recht gut war. Als wir im Restaurant ankommen, ist es noch recht früh für Mittagessen, weshalb wir leicht einen Platz in einer ruhigen Ecke finden. Ein Fenster lässt uns auf die Straße vor dem Restaurant blicken, wo wir die Menschen vorbeieilen sehen, ohne von den Geräuschen erschlagen zu werden. Nachdem sie sich ein wenig umgeschaut hat, deute ich auf die Menüanzeige an der Wand. „Was möchten Sie?", frage ich und sie betrachtet interessiert das Menü. „Ich glaube, ich kenne nichts davon", grinst sie, „Können Sie mir vielleicht helfen?" – „Aber sicher. Also es gibt hier Nudelgerichte, Reisgerichte, Salate und Suppen – und natürlich Desserts. Welche Richtung davon interessiert Sie? Sonst könnten wir auch gerne alle Punkte einzeln durchgehen." - „Wissen Sie schon, was Sie nehmen?" – Ich muss grinsen, es ist schließlich mein Standardessen, wenn ich außerhalb esse und es auf dem Menü steht. „Ich nehme das Kariaki-Ragout, das ist mein Lieblingsessen. Ein Ragout aus der Kariaki-Frucht, verschiedenen Gemüsen, orientalischen Gewürzen, serviert mit Reis – wobei man auch Kartoffeln oder Nudeln dazu essen kann." – „Nun, dann schließe ich mich einfach mal an und bin gespannt", beschließt sie und ich bestelle. Aufmerksam beobachtet sie mich, wie ich in den am Tisch befestigten Smartable unsere Bestellung eintippe. „Und was hätten Sie gerne zu trinken?" – „Ein Wasser", kommt prompt zur Antwort. – „Mit viel Sprudel, wenig oder ohne? Mit Eis? Groß oder klein? Mit Zitronen- oder Gurkenscheibe?" – „Viele Fragen für ein einfaches Wasser", grinst sie. „Ich denke klein, ohne Sprudel, Eis oder sonst etwas drin." Und ich gebe das in unsere Bestellung ein.

Wie zu erwarten, dauert es nicht mal eine Minute, bis ein Service-Roboter die Getränke und Speisen bringt. Erstaunt sieht sie mich an: „Wie kann das so schnell gehen?" – „Es ist alles vorbereitet und muss quasi nur serviert werden. Um die Mittagszeit ist hier sicher richtig viel los und es muss einfach schnell gehen, denn es hat keiner Zeit, lange zu verweilen, weil die Arbeit ruft." Sie nickt verstehend und betrachtet ihr Essen und atmet tief seinen Duft ein. Das Ragout sieht ganz gut aus, nicht verkocht aber gar und der Geruch ist auch nicht schlecht, sie scheinen hier eine gute Gewürzmischung zu verwenden. Mit Bedacht nimmt sie die Gabel auf und mischt sich genüsslich Reis und Ragout, die auf dem Teller immer getrennt serviert werden. Sie betrachtet, riecht und nimmt dann das Essen ganz langsam in den Mund, um es auch richtig zu schmecken. Ich glaube, ich habe noch nie jemanden so bewusst und konzentriert essen sehen. Und ich sitze fasziniert da und frage mich, wie sie es finden wird. Auch wenn ich es ihr gleichtun möchte, und das Essen achtsam zu mir nehmen will, wandert meine Gabel gewohnheitsgemäß schnell in meinen Mund und ich stelle fest, dass es ganz manierlich schmeckt. Ich habe schon bessere, aber auch schon deutlich schlechtere Versionen gegessen. Es ist für meinen Geschmack ein bisschen zu wenig Kariaki drin, da hat man offensichtlich für den Preis des Essens an der teuren Frucht gespart und lieber etwas mehr Gemüse verwendet. Meine Begleitung öffnet die Augen und ich sehe sie erwartungsvoll an. „Und?", will ich wissen. „Es ist für mich zu stark gewürzt. Der Zimt ist zu dominant, wodurch das Curry untergeht und das Gemüse kaum noch wahrnehmbar ist. Die Frucht – Kariaki heißt sie, richtig? – kenne ich nicht, aber sie schmeckt mir gut. Die Mischung aus der leichten Süße und Würze gefällt mir." Ich weiß erst mal nicht, was ich jetzt sagen soll. Diese Antwort habe ich nicht erwartet. Sie hat da Zimt rausgeschmeckt? Mir ist das nicht mal aufgefallen. Nun, die konzentrierte Wahrnehmung hat sie offensichtlich mehr schmecken lassen als mich, wo ich das Gericht doch schon so oft gegessen habe. Ich fühle mich etwas beschämt. „Ja, die Frucht heißt Kariaki, nach der auch das Ragout benannt ist, obwohl ein Herr Hirsch es erfunden hat." Da kann ich doch direkt mal mein kürzlich erworbenes Wissen anbringen, denke ich mit innerlichem Grinsen. „Sie wurde ursprünglich in Griechenland gezüchtet und wächst dort an einer Kakteenart", erkläre ich ihr, während sie mir aufmerksam zuhört. „Eine Kakteenfrucht also", wiederholt sie und betrachtet interessiert die Fruchtstücke auf ihrem Teller. Und in dem Moment wird mir klar, wie sie so schnell mit den anderen Patienten in Kontakt kommen konnte: Wenn sie sich mit etwas beschäftigt, dann widmet sie dem ihre volle Aufmerksamkeit, sei das ein Essen, die Betrachtung einer Kirche oder das Gespräch mit einer Person. In den Tests hat sich gezeigt, dass sie einen leicht überdurchschnittlichen IQ hat, aber ihre emotionale Intelligenz ist in jedem Fall weit über dem Durchschnitt.

Sie lächelt mich an und fragt: „Was denken Sie gerade?", Ich fühle mich ein bisschen ertappt und antworte mit der Halbwahrheit: „Sie haben einen wirklich guten Geschmackssinn! Sowas habe ich noch nicht erlebt, obwohl ich ja weiß, dass es Menschen gibt, die das können." – „Ich weiß auch nicht, vielleicht habe ich ja deshalb auch Geschmackserinnerungen?", sinniert sie. „Das könnte natürlich sein", stimme ich zu. „Wie ist das mit den Erinnerungen? Sollten mir Dinge, die ich kenne, bekannt vorkommen oder kann es auch sein, dass ich das alles kenne, aber es mir trotzdem so vorkommt, als sähe ich es zum ersten Mal?" Eine ausgesprochen schwierige Frage, muss ich zugeben. „Was zumeist vor der eigentlichen Erinnerung wiederkommt, sind Gefühle. Wenn es zu bestimmten Dingen keine emotionale Bindung gibt, dann kann es natürlich dieses ‚fremde Gefühl' sein. Der Grund kann sein, dass man etwas tatsächlich nicht kennt oder dass es für das eigene Leben oder Empfinden einfach keine Rolle spielt. Also in dem Sinne: ja, es kann sein, dass Sie all das kennen und es Ihnen trotzdem neu und fremd *vorkommt.* " Sie nickt langsam und verstehend: "Mein Verstand sagt, dass ich es ja wohl kennen muss, wenn ich hier den Unfall hatte. Aber: warum kennt mich dann keiner, ich bin den anderen ja auch fremd ..." – "Das ist eine ziemlich schwierige Denkaufgabe, für die ich bisher auch keine Antwort finden konnte. Und Sie waren auch auf den Kameras nicht zu sehen." *Fast nicht, denke ich bei, aber ich habe mich gegen die Verwendung der Informationen aus dem Unfallfilm entschieden.* "Kameras? Welche Kameras?" – "Oh, Sie wissen das gar nicht!? In der ganzen Stadt haben wir Kameras, die zur Verbrechensbekämpfung und allgemeinen Sicherheit aufgestellt sind." – "Überall?", *sie blickt nach draußen und ich nicke. Dann sieht sie sich im Raum um:* "Aber nicht hier drinnen, oder?" – "Aber ja", *ich blicke mich um, um dann auf die Kameras im Raum zu deuten.* "Überall? Das könnte erklären, warum ich mich schon die ganze Zeit so beobachtet fühle." *Mir wird klar, dass ich die Kameras schon lange nicht mehr beachte. Ich war noch ein Kind als sie flächendeckend eingeführt wurden und sie sind für mich einfach selbstverständlich. Das Thema scheint sie zu beschäftigen und so fragt sie weiter:* "Also: es gibt Kameras im öffentlichen Raum, in Geschäften – so wie hier – aber doch nicht in der eigenen Wohnung?" – "Sie sind überall. Im privaten Bereich ist es freigestellt, ob sie an- oder ausgeschaltet sind – das hat mit dem persönlichen Sicherheitsbedürfnis zu tun, denn sie sind ja quasi eine kostenlose Alarmanlage. Ab dem Alter von 60 Jahren wird nach dem regelmäßigen Gesundheitscheck entschieden, ob sie angeschaltet werden müssen." *Ihrem Gesichtsausdruck sehe ich an, dass ihr diese Vorstellung gar nicht gefällt und ich frage mich, was sie daran so stört. Es ist doch wirklich zu unserem Besten. Nach einer kurzen Pause fügt sie hinzu: „Haben wir die in der Klinik auch?" – „Ja, sicher. Ich habe in meiner Abteilung allerdings nur die im Ankunftszimmer angeschaltet, um neue Patienten in den ersten 24 Stunden besser betreuen zu können. Für mich ist das in meiner Abteilung wie ein Privatbereich, auch wenn es natürlich so nicht stimmt." – „Aber wozu braucht man die ganzen Filme? Ich meine, die sieht sich doch keiner an oder doch?" – „Es wäre nicht möglich, die ganzen Filme anzusehen, aber sie werden ja auch nur für den Fall besonderer Vorkommnisse ausgewertet." – „Wer wertet die Filme aus?", fragt sie verwundert nach. „In der Klinik wertet die SiSoMed das Material aus und ich erhalte eine Meldung, wenn etwas Auffälliges aufgetreten ist." – „SiSoMed?" Natürlich kennt sie das nicht, das hätte ich mir denken können, also erkläre ich ihr: „SiSoMed ist die Software, die die Filme nach Auffälligkeiten durchsucht. Für den öffentlichen Raum ist es einfach nur SiSo – Sicherheitssoftware, die zum Beispiel auch mit Ihrem Foto alle Filme durchsucht hat. In der Klinik hat die Software eine zusätzliche medizinische Erfassungskomponente – darum SiSoMed. Dann gibt es noch die Version für den privaten Bereich, in der bestimmte Dinge der Privatsphäre verpixelt – also unscharf gemacht – werden. Dazu gehört natürlich der Gang zur Toilette oder das Duschen." – „Also selbst da wird gefilmt?", will sie wissen und ich kann ihr ansehen, wie schrecklich sie diesen Gedanken findet. „Aber in der Klinik, wird nicht überall gefilmt? Und dort wo gefilmt wird, wertet die*

Software die Filme aus und wenn es etwas Auffälliges gibt, dann wird eine Meldung weitergegeben?" – „Da wir uns hier im öffentlichen Raum aufhalten und es sich bei den Beobachtungen um Fehlverhalten oder Verbrechen handelt, gehen die Meldung von hier direkt an die Polizei. Vielleicht auch noch an den Restaurantbesitzer, das weiß ich aber nicht genau. Filme werden 6 Monate gespeichert und dann gelöscht." Sie nickt und sieht sehr nachdenklich aus. Wir schweigen. Erst nach einer langen Pause sagt sie: „Ich finde den Gedanken, immer unter Beobachtung zu sein, nicht besonders schön." Und ich weiß in dem Moment nicht, was ich sagen soll, denn ich denke nicht über die Sicherheitskameras nach, sie sind einfach da. Aber wenn sie es so ausdrückt, dass die Sicherheitskameras auch eine ständige Beobachtung sind, dann gibt das auch mir in diesem Moment ein komisches Gefühl.

Am Nachbartisch setzen sich zwei Jugendliche, die sich laut unterhalten, während jeder auf sein Smartable blickt. Sie lassen selbst während der Bestellung kaum den Blick vom Smartable. „Was machen sie eigentlich die ganze Zeit am Smartable?", werde ich gefragt. „Nun, es gibt zahlreiche Spiele, mit denen man sich beschäftigen kann, aber auch Filme und natürlich alle Kanäle von SocCom, zum Chatten, Flirten, Filmclips und so weiter." – „Warum legen sie die Geräte nicht beiseite und unterhalten sich?" Ich muss zugeben, dass sie das natürlich tun könnten, aber es ist einfach nicht üblich, also versuche ich es ihr zu erklären: „Kommunikation läuft heute einfach über das Smartable. Viele Jugendliche – aber genauso Erwachsene – sind unsicher im direkten Umgang miteinander. Das Smartable ermöglicht es, mit anderen in Kontakt zu bleiben, ohne sich direktem Kontakt auszusetzen." – „Auszusetzen? Das ist ein merkwürdiger Begriff dafür. Es ist doch schön, mit anderen zu kommunizieren – also direkt zu kommunizieren. Ich verstehe das nicht. Ich lerne doch den Umgang mit anderen schon als Kind?" Sie schaut mich nachdenklich an: „Also das stimmt so nicht mehr. Die Kinder lernen den Umgang mit dem Smartable. Es erfüllt in der Erziehung eine wichtige Funktion. Die Kinder sind beschäftigt und lernen. Sie bekommen entsprechende Programme, die für ihre jeweilige Altersgruppe passen." – „Moment", unterbricht sie mich entrüstet: „Bereits die Kinder haben Smartables? Kinder brauchen Liebe und Zuwendung, nicht ein Gerät, und mag das auch noch so ‚klug' sein." – „Die Kinder kriegen ja Liebe und Zuwendung", werfe ich verteidigend ein, obwohl mich Zweifel beschleichen, ob das wirklich in den meisten Fällen so ist, „aber sie erhalten ihre Erziehung und vor allen Dingen ihre Bildung vom Smartable." – „Ein Gerät kann doch nicht die Bildung ersetzen!", widerspricht sie sichtlich empört. „Aber es ist so. Durch die Smartables brauchen wir keine Schulen mehr, die waren teuer und es gab ohnehin immer zu wenig Lehrende. Jetzt haben wir eine einheitliche Lehrqualität und alle Lernprogramme können wiederverwendet und individuell auf die Bedürfnisse jedes Kindes angepasst werden. So bietet das Smartable alles, was Kinder brauchen: Es ist lehrreich und vergnüglich. Lernen und Freizeit gehen damit unmerklich ineinander über. Sie lernen, ohne das richtig zu merken. Das Konzept des mobilen Lernens ist sehr erfolgreich, weil es eben auch ein sehr individuelles Lernen ist. Sie geben ihre Aufgaben online ab und erhalten die Bewertungen und ihren persönlichen Lernplan ebenso. Nachdem die Gewalt an den Schulen so zugenommen hatte und kaum noch Lehrpersonal zu finden war, hat das mobile Lernen unser Bildungssystem gerettet. Durch PI lässt sich bestmögliche individuelle Förderung gewährleisten. Schulgebäude und Lehrpersonal sind obsolet geworden und das spart dem Staat so viel Geld, das in die Entwicklung der PI gesteckt werden kann, von der letztlich alle profitieren." Entgeistert sieht sie mich an: „Aber Menschen brauchen doch andere Menschen, um sozialisiert zu werden. Die Technik als Lehrmeister!? Wir brauchen den Austausch und wir brauchen andere Menschen, um Verhaltensregeln zu lernen! Kein Wunder, wenn sie sich nicht mehr unterhalten können, weil ihnen das die Technik ja nicht beibringt!" Ich muss zugeben, dass viele Menschen sich überfordert fühlen, wenn sie mit anderen interagieren sollen, das stelle ich bei meiner Arbeit immer wieder fest. Meine Patientin ist sichtlich erregt über unser Gespräch und ich überlege, wie ich wieder zu weniger emotional aufreibenden Themen wechseln kann, aber sie ist noch nicht fertig: „Das ist doch nicht gesund, wenn ich in einer Gesellschaft aufwachse, in der ich nicht von Menschen lerne, sondern von Maschinen! Ein Lehrender ist ja nicht nur jemand, der Wissen vermittelt, sondern jemand, der auch Vorbild ist und mir auch vorlebt, wie ich mich verhalten sollte, was richtig und was falsch ist und wie ich Probleme lösen kann!" Sie schweigt und sieht mich entsetzt an. Ich muss zugeben, dass sie das ungute Gefühl, das ich manchmal bei der Betrachtung der aktuellen Entwicklungen habe, ganz gut in Worte gefasst hat. „Aber

unsere Gesellschaft ist einfach so, es ist normal für uns.",
ist alles, was ich an dieser Stelle zur Verteidigung sagen
kann, und frage mich wieder einmal, woher sie diese
Sichtweise hat und ob sie mit solchen Ansichten wirklich ein
Mitglied unserer Gesellschaft sein kann. Sie schüttelt den
Kopf: „Ich verstehe das wirklich nicht. So kann man doch
keine Kinder erziehen! Wie sollen sie da Zusammenleben
und Emotionen lernen?" Kopfschüttelnd blickt sie die beiden
Jugendlichen am Nachbartisch an, die gleichzeitig ihr Essen
in sich hineinschaufeln und gebannt auf ihre Smartables
starren, ohne sich gegenseitig oder das Essen auch nur
eines Blickes zu würdigen. Meine Argumentation wird
immer schwächer und ich habe das Gefühl, nur Floskeln
entgegen halten zu können, weil sie im Grunde recht hat.
„Aber sie erhalten doch die bestmögliche Erziehung und es
stehen ihnen durch die PI-Unterstützung alle Möglichkeiten
offen, die zu ihnen passen!" – „Aber war es nicht Friedrich
der Große, der diese schrecklichen Versuche mit Kindern
gemacht hat und Babys ohne Berührung und menschliche
Zuwendung aufziehen lies und sie starben in kürzester
Zeit? Das weiß man doch!" – „Nun, es ist ja nicht so, dass
Babys von ihren Eltern nicht auch Nähe und Zuneigung
erfahren. Erst wenn sie in das Bildungssystem einsteigen,
übernehmen die Smartables einen Teil der Erziehung." –
„Und wann ist das?" – „Naja, so mit 2 Jahren", antworte ich
kleinlaut, denn ich weiß, dass das viel zu früh ist. Sie
schüttelt den Kopf: „Kein Wunder, dass die Menschen sich
gegenseitig überhaupt nicht wahrnehmen. Das ist
Vereinsamung auf hohem Niveau!" Ich schweige, was sollte
ich auch sagen, denn sie hat recht. Sie hat eines der

Kernprobleme unserer Gesellschaft auf den Punkt gebracht und es gibt nichts, was ich noch erklärend oder entschuldigend sagen könnte. Unser Bildungssystem ist eine Katastrophe und obwohl wir das schon lange wissen, wird zwar viel darüber lamentiert, aber nichts getan. Im Gegenteil, der Pfad wird im Zuge der Digitalisierung weiter beschritten, ob etwas Sinn ergibt, oder nicht. Es werden neue Lernprogramme für die Smartables entwickelt und an den Kindern ausprobiert, als wären sie Versuchskaninchen, dann wieder verworfen und durch andere Programme ersetzt, statt vielleicht auf altbewährte Methoden zurückzugreifen. Warum landen wohl immer mehr Jugendliche bei mir, so wie Kiki und Brandon? Und als könnte sie meine Gedanken lesen, höre ich sie sagen: „Nehmen wir Brandon zum Beispiel. Nach allem, was ich bisher gesehen habe, ist er doch gar nicht so viel anders als die Jugendlichen, die ich heute gesehen habe. Vielleicht geht es ihnen genau wie ihm, nur ist es noch keinem aufgefallen, weil die Erwachsenen ja genauso in der Welt der Smartables versunken sind und sich nicht um ihre Kinder zu kümmern scheinen." Und einmal mehr spricht sie einen Gedanken aus, den ich auch schon hatte und ich kann nur hinzufügen, dass ich von ganzem Herzen hoffe, dass es nicht so ist. „Ich glaube, ich möchte jetzt doch direkt zurück, das hat mich alles sehr aufgewühlt", höre ich sie sagen und nicke. Auch ich bin aufgewühlt. Ich zahle unser Essen und bestelle das Taxuber und wir gehen zum Ausgang der Innenstadt, wo es schon auf uns wartet.

Als wir im Fahrzeug sitzen, schaut sie mich intensiv an. „Ich mag nicht, was ich gesehen habe, und ich glaube, ich *möchte gar nicht Teil dieser Gesellschaft sein, die mir so grau und kalt und einsam vorkommt. Könnte ich mein Gedächtnis als Abwehrhaltung verloren haben?" – „Es gibt viele Gründe für einen Gedächtnisverlust. Möglich ist das natürlich, aber ich sehe eher Ihren Unfall als die Ursache." Sie nickt verstehend und schaut schweigend aus dem Fenster, wo wir inzwischen wieder bei den kleinen Reihenhäusern auf der Straße zur Klinik angekommen sind. Kurz darauf stehen wir wieder vor der großen Eingangstür.*

„Ich bin froh, wieder hier zu sein.", rutscht mir raus als wir die Klinik betreten. „Ich fühle mich hier wohler als da draußen." Dr. Domas sieht mich fast schon ein wenig verlegen an. „Mir ist der Unterschied zwischen dem Leben hier und in der Stadt heute auch zum ersten Mal so richtig bewusst geworden. Es ist so selbstverständlich für mich. Vielleicht war die Stadt auch einfach ein zu krasser Gegensatz zum Leben hier und wir sollten es mal mit einem Ausflug in ein Dorf versuchen – vorausgesetzt natürlich, dass Sie nochmal nach draußen wollen. Da gibt es dann auch definitiv mehr Grün!", verspricht sie mir und ich nicke. „Das klingt gut. Ich kann ja auch nicht ewig hierbleiben." Und zum ersten Mal mache ich mir Gedanken, was aus mir wird, wenn ich die Klinik verlassen muss. „Im Moment sind Sie hier gut aufgehoben und wie es weitergeht, werden wir sehen. Sie haben meine volle Unterstützung!" Und ich glaube ihr das sofort, denn sie ist um ihre Patienten wirklich besorgt und bemüht. Da muss ich nur an Agnes denken, die hier sein kann, obwohl sie ein Leben in einem Armenhaus fristen müsste, wie sie ja selbst gesagt hat. „Danke!", sage ich und drücke kurz ihre Hand, während ich ihr ins Gesicht blicke. In ihren Augen spiegelt sich Ehrlichkeit, Freundlichkeit und Zuneigung – und das ist genau das, was ich nach diesem Tag gebrauchen kann!

Allein in meinem Zimmer weiß ich gar nicht, wo ich anfangen soll, all die Eindrücke in meinem Notizbuch niederzuschreiben. Nachdem ich mein Notizbuch mit meinen überquellenden Gedanken gefüllt habe, fange ich an, mich wieder etwas ruhiger zu fühlen. Diese Menschen, die wie Zombies mit ihren Smartables unterwegs sind, was ist das für ein Leben? Ganz sicher nicht mein Leben! Wobei es ja wohl auch mein Leben gewesen ist - aber auf jeden Fall kein Leben, in das ich zurückkehren möchte! Diese Uniformität im Aussehen ist beängstigend. Diese Technisierung und Rationalisierung, diese künstliche Umwelt, fast ohne Pflanzen, so sauber und gleichzeitig so langweilig und kalt. Mich fröstelt es innerlich und da es bald Zeit für das Abendessen ist, beschließe ich, im Wohnzimmer zu schauen, ob ich jemanden zum Unterhalten finde.

Brandon sitzt in einer Ecke und nachdem ich all die anderen jungen Männer wie ihn gesehen habe, betrachte ich ihn mit anderen Augen. Rosie sitzt mit Agnes vor dem Schachbrett und ich gehe zu ihnen hinüber. „Hallo, meine Liebe!", begrüßt mich Agnes und die innere Kälte verschwindet augenblicklich und ich werde erfüllt von einem wohligen Gefühl der Wärme. „Wie war es in der Stadt?", möchte sie wissen. „Nicht so wie erwartet", antworte ich ausweichend: „Und Erinnerungen hat es auch keine geweckt." Agnes sieht mich intensiv an: „Bist du enttäuscht?" – „Dass ich mich nicht erinnern kann? Nein, nicht wirklich. Aber die Menschen, die wir gesehen haben, sind merkwürdig." Rosie macht einen Zug und ruft freudig: „Schach matt!" Sie sitzt aufrecht, strahlend und ganz wach in ihrem Sitz. „Die Technik macht die Kinder kaputt", sagt sie und blickt mich an, „und die Kinder werden zu Erwachsenen, die nicht wissen, was sie mit sich und der Welt anfangen sollen. Ich habe versucht, die Kinder von den Smartables fernzuhalten und ihnen eine Familie zu geben! Es tut mir so leid, dass ich nicht stärker war", sagt sie und sieht Agnes traurig an, die ihr sanft die Hand streichelt und ihr bestätigt, dass sie wirklich ihr bestes gegeben hat und sie nichts dafür kann, sondern es einfach diese Zeiten sind, die die Kinder von ihren Eltern entfremdet.

Fast gleichzeitig schauen wir drei auf Brandon, der uns nicht wirklich zu bemerken scheint. Rosie steht auf und geht zu ihm hin und ich frage mich, was sie vorhat und ob sie – wie ich schon mehrfach – den Impuls hat, ihm das Smartable einfach wegzunehmen. Doch das ist weit gefehlt. Sie geht zu ihm hinüber und streicht ihm einfach sanft über den Kopf und lässt dann ihre Hand auf seiner Schulter ruhen. Zunächst zeigt Brandon keine Reaktion und ich wäre nicht verwundert, wenn er gar nichts davon mitbekommt, doch das ist weit gefehlt. Nach einer kurzen Zeit, in der Rosies Hand einfach auf seiner Schulter liegt und sie ganz nah bei ihm steht, lässt er das Smartable sinken und blickt sie an. Und in diesem Blick erkenne ich

Verwunderung, aber noch mehr Sehnsucht und ich vermute, es ist die Sehnsucht nach menschlicher Nähe und Wärme, und als Rosie ihm ganz langsam sanft über die Wange streicht, lässt er im nächsten Augenblick einfach das Smartable los und klammert sich an Rosie, die ihm sanft über den Rücken streichelt, wie eine Mutter einem kleinen Kind. Keiner sagt ein Wort, aber eine stille Träne kullert von Rosies Gesicht und verliert sich in Brandons Haar. Die Essensglocke schreckt uns alle auf und als würde Brandon aus einem Traum erwachen, blickt er sich kurz suchend um, sieht sein Smartable auf dem Boden, hebt es auf und ohne Rosie noch einmal anzusehen, steht er auf, und geht – den Blick wieder starr auf das Display gerichtet – wie ein Automat Richtung Speisezimmer.

Merkwürdige Welt! Während ich ihm noch nachblicke, höre ich Agnes' traurige Stimme: „Ich weiß nicht, ob diese Jugend noch zu retten ist!" Sie fügt kaum wahrnehmbar, mehr zu sich selbst, als zu mir hinzu: „Und ich gäbe viel dafür, zu wissen, wie es meinen Kindern geht!" Rosie kommt wieder zu uns zurück und sagt, als hätte sie Agnes Worte ebenfalls gehört: „Du denkst sicher an deine Kinder, Agnes." Und auf ihr stummes Nicken, sagt Rosie: „Ruf sie doch einfach mal an!" Ich wundere mich, warum sie das eigentlich nicht längst getan hat, möchte aber nicht in dieser Wunde, die es offensichtlich ist, herumbohren und sage nichts. Und wie sie es eben bei Brandon getan hat, streicht Rosie Agnes sanft über den Kopf. Und wenn ich mir diese zärtliche Geste betrachte, kann ich mir gut vorstellen, was für eine wundervolle Kinderbetreuung

Rosie gewesen sein muss. „Vielleicht versuche ich es nochmal", sagt Agnes leise. „Kommt Ihr zum Essen?", ruft Viktor in den Raum. Er hat uns im Esszimmer offensichtlich vermisst und ist gekommen, um uns abzuholen. „Alles okay bei den Damen?", will er wissen, als er merkt, dass hier gerade eine etwas merkwürdige Stimmung herrscht. Rosie lächelt, „Sind Sie nicht dieser Schauspieler?", fragt sie ihn und Viktor nickt. „Darf ich Sie zum Essen geleiten?", fragt Viktor galant und hält Rosie seinen Arm hin, den sie kichernd annimmt. Den anderen Arm breitet er für Agnes aus, die sich ebenfalls einhakt und so schreiten die drei mir voran Richtung Esszimmer und in dieser Gesellschaft verblassen die Bilder der Stadt ein Stück weit. DAS hier ist mein Leben! Ich bin überzeugt davon, dass ich – auch wenn ich in der Stadt den Unfall hatte – dort nicht hingehöre. Beim Essen beobachte ich Brandon, der am Nachbartisch sitzt und beim Essen auf sein Smartable starrt, aber doch zwei oder sogar dreimal seinen Blick zu Rosie schweifen lässt und es ist das erste Mal, dass er in meinen Augen Interesse für einen anderen Menschen zeigt. Ich hoffe so sehr für ihn, dass es ein Anfang ist und ich danke Rosie für diese einfache menschliche Geste, die ihn erreicht und uns alle berührt hat. Und dieser Gedanke, diese Hoffnung, dass es für diesen - und vielleicht sogar alle Brandons da draußen - einen Weg gibt, aus ihrer Isolation zu kommen, hat für mich etwas unglaublich Tröstliches.

Anira

Ich habe überraschend gut geschlafen, viel besser als ich es nach dem aufwühlenden Tag erwartet hätte, und so kommt mir der Ausflug von gestern heute schon sehr irreal vor. Im Esszimmer begrüßt mich Sascha fröhlich wie jeden Morgen und wir bereiten gemeinsam das Frühstück vor - auch wie inzwischen jeden Tag. Natürlich möchte sie wissen, wie es im Restaurant gestern war und ich berichte über mein Essen und wie es ich es fand. Aber ich erwähne auch die Menschen, die so in sich selbst absorbiert sind und Sascha zuckt nur mit den Schultern: „So ist das halt." – „Und die Kameras überall, stören die dich nicht?" – „Sie sind doch zu meiner Sicherheit und die Filme werden nach einer Weile gelöscht. Ist doch nicht schlimm." Und ich muss wohl akzeptieren, dass ich hierzu einfach andere Vorstellungen habe und es nur mir etwas auszumachen scheint. Paradoxerweise fühle ich mich hier drinnen, wo ich dachte, ich würde immer beobachtet – weil ich ja Patientin bin – freier als draußen. Und hier werde ich gar nicht gefilmt, aber dafür gesehen und wahrgenommen! Dass mich niemand kannte, als die Fahndung gemacht wurde, wundert mich nun wirklich gar nicht mehr, wer so mit Smartable-Scheuklappen durchs Leben geht, kann sich auch kaum an jemanden erinnern! Dass es so viele Kameras gibt, aber mich keine davon gefilmt haben soll, ist schon eher merkwürdig. Vielleicht bin ich ja doch eine Zeitreisende? Aber aus welcher Zeit könnte ich wohl kommen? Definitiv eine, in der Bibliotheken noch eine Rolle gespielt haben. Und während mir diese Gedanken durch den Kopf gehen, fällt mir plötzlich ein Traumfetzen wieder ein, von einem Traum, den ich vor ein paar Tagen hatte und an den ich mich morgens noch kurz erinnern konnte, der dann aber erst mal wieder im Unterbewusstsein verschwand und nun wieder auftaucht: Ich sitze in einer Bibliothek, Sonne strahlt durch die Fenster und ich sehe das frische Grün des Gartens durch die Scheiben. Auf meinem Schoß ein aufgeschlagenes Buch, in dem verschiedene Pflanzen aufgezeichnet sind und daneben ihre heilende Wirkung beschrieben ist. Eine Person kommt ins Zimmer, die ich nicht richtig erkennen kann und sagt: „Ach, hier bist du!" und damit endet der Traumfetzen. Ist das nun Fantasie oder eine echte Erinnerung? Auf jeden Fall fühlt es sich sehr vertraut an, der Raum so ruhig und sicher, dass ich gerne glauben möchte, dass das real ist.

„Guten Morgen, meine Liebe, träumst du?", höre ich Viktor sagen, während er mich freundschaftlich in die Seite stupst. Ich lächle: „Ist das nicht erlaubt? Wir haben doch alle unsere Träume, oder nicht?" Und er nickt mit breitem Grinsen: „Yepp, manche davon gehen sogar in Erfüllung! Mein Filmprojekt ist in trockenen Tüchern und ich werde morgen die Klinik verlassen." Er strahlt und ich freue mich so sehr für ihn, auch wenn ein Tropfen Wehmut darin schwebt, denn er wird mir hier wirklich fehlen. „Wie war es also in der Stadt?", möchte auch er heute wissen nachdem er gestern das Thema fallenlassen hatte, als er merkte, dass ich nicht darüber reden wollte. „Zu viele Klone", sage ich düster und er blickt mich verwundert an, bis ich ihm erkläre, dass mir die vielen gleich aussehenden jungen Menschen wie Klone einer einzigen Person vorkommen. „Ja, die jungen Menschen tragen einen sehr einheitlichen Stil. Obwohl sie das ja nicht müssten, aber die Idole geben das Aussehen vor und alle möchten so sein, dass es diesem Ideal entspricht. Das ist doch ganz normal in der Jugend." – „Besonders bei den jungen Frauen waren das sogar die Gesichtszüge, die einheitlich aussahen, wie kann das sein?" – „Das ist einfach Schminke, du kannst jedes Gesicht in quasi jedes andere verwandeln, wenn du nur die richtige Schminktechnik beherrschst. Manche lassen natürlich auch was machen." – „Was machen?" – „Naja, so eine kleine Nasen- oder Augen-OP, das ist nicht unüblich und ein beliebtes Geburtstagsgeschenk." Mir läuft es eiskalt den Rücken hinunter... „Vielleicht ist es deshalb nicht verwunderlich, wenn Brandon vergessen hat, wer er ist. Wenn ich aussehe wie alle - woher soll ich dann wissen, wer ich bin?" Viktor nickt nachdenklich: „Aber wir sollten uns den Tag nicht mit solchen Themen verderben lassen! Lass uns frühstücken. Und da kommen aufs Stichwort auch schon unsere liebenswerten Damen: Rosie, Agnes! Einen wunderschönen, guten Morgen!" Der Tisch füllt sich und als auch noch Graciella ins Esszimmer kommt, die sonst gar nichts gefrühstückt hat, rücken wir zwei Tische zusammen, um alle gemeinsam Platz zu haben. „Heute die große Tafelrunde!", kommentiert grinsend Raphael, als er sich einen Saft holt. Viktor kündigt an, dass wir seinen anstehenden Abschied heute feiern und grinst verschmitzt als er sagt, dass er aber nicht gehen kann, ohne dass ich einen Namen bekommen habe. Ich hatte ja selbst darüber nachgedacht, aber jetzt bin ich doch überrascht. Ich blicke von einem zum anderen und sehe begeistertes Kopfnicken und volle Zustimmung in der Runde. „Ich weiß aber nicht, wie ich heißen könnte", wende ich unentschlossen ein, aber Viktor hat eine andere Idee. „Kein Problem, ich habe einen Namen für dich!" Und erwartungsvoll richten sie alle Augen auf ihn, der den Moment sichtlich genießt.

„Also für mich", beginnt er, macht eine dramatische Pause und fährt mit etwas Theatralik in der Stimme fort, „bist du Moyà!" Moyà - ich lasse den Namen auf mich wirken. Er klingt nett, aber für mich nicht passend. „Nein, nicht Moyà", höre ich Agnes einwenden, „sie ist ,Jasina'!" Worauf Graciella protestiert und findet, dass zu mir doch eher „Dilara" passt. Von allen Seiten tauchen plötzlich Namensvorschläge auf: „Ladina" und „Cordelia" werden genannt, genauso wie „Anait" und „Anise". Es scheint, als hätte in meinem Umfeld jede und jeder für mich bereits einen Namen gefunden und die Welle an Vorschlägen fühlt sich warm und liebevoll an, so dass ich einfach lächelnd dasitze und das Gespräch der anderen verfolge, als ginge es gar nicht um mich. Die Stimmen gehen immer mehr durcheinander und Argumente für oder gegen die genannten Vorschläge werden immer lauter geäußert, bis es plötzlich ganz ruhig wird und mich alle erwartungsvoll ansehen. „Ich sehe mich aber nicht in der Lage, aus den Vorschlägen einen auszuwählen, die Namen sind schön, und ich bin euch für eure Vorschläge sehr dankbar, aber in keinem davon finde ich mich wieder". Es herrscht betretenes Schweigen im Raum, bis plötzlich Rosies

Stimme ertönt: „Spielt ihr ‚Wer-bin-ich'? Ich weiß, wie sie heißt!", und als sich alle Köpfe ihr zuwenden, sagt sie, während sie mir tief in die Augen blickt, voller Überzeugung: „Anira!" Ich spüre, dass dieser Name in mir etwas auslöst, sich fremd und vertraut zugleich anfühlt, während um uns herum ein Sturm der Empörung beginnt: „Auf gar keinen Fall!" – „Was soll das denn für ein Name sein?" – „Das ist doch kein Name!" – „Den habe ich noch nie gehört!" – „Nee, der geht gar nicht." Ich überlege: Wenn das kein richtiger Name ist, aber sich für mich gut anfühlt, dann ist es vermutlich genau der richtige „Übergangsname", denn er ist nicht mit irgendwelchen Assoziationen und Erwartungen gefüllt. Also unterbreche ich die Protestwelle und lasse die anderen laut und klar wissen: „Anira, den nehme ich!" Und Rosie strahlt mich mit kindlicher Freude an: „Hab ich's nicht gesagt? Anira heißt sie!"

Viktor nimmt den Faden auf: „Anira. Nun, wenn du das möchtest, dann soll es so sein! Hauptsache wir haben einen Namen für dich, mit dem du zufrieden bist. Und jetzt bitte eine Runde Saft zum Anstoßen auf die Namensgebung!" Alle applaudieren und machen diesen besonderen Moment für mich noch bedeutender. Sascha holt einen Krug Saft und verteilt ihn auf die vorhandenen Gläser. Gerade als sie zu mir kommen möchte, um auch mein Glas aufzufüllen, stolpert sie und ein Schwall Saft ergießt sich über mich und ich höre die Stimme von Dr. Domas: „Na, das wird ja noch zu einer richtigen Taufe hier!", und großes Gelächter bricht aus, während ich mir ebenfalls lachend den Saft aus dem Gesicht wische.

Sascha ist das Ganze natürlich sehr peinlich, aber ich zwinkere ihr zu und halte ihr fröhlich mein Glas zum Auffüllen hin, während ich ihr versichere, dass ich ja nicht aus Zucker bin. „Auf Anira!" tönt es von Viktor und alle stimmen fröhlich ein.

Anira. Ich kann es kaum glauben, dass ich nun einen Namen habe, wenn ich ihn auch als Spitznamen betrachte, so fühle ich mich ein Stück geheilt, selbst wenn der Name mit mir gar nichts zu tun hat. Und irgendwie freut es mich, dass es Rosies Vorschlag war, der für mich gepasst hat, auch wenn es nach Meinung der anderen gar kein richtiger Name ist. Vielleicht ist es wirklich das, was ihn so schön macht: weil ich ihn mit meiner Persönlichkeit füllen kann, ohne eine Bedeutung oder Erwartung, die mit anderen Namen vielleicht verbunden wäre? Genauso, wie ich mein Leben mit meinen Vorstellungen füllen kann, ohne Bedeutung und Erwartungen durch ein vergangenes Leben, einfach, weil es uns allen unbekannt ist. Ich glaube, das ist ein gewisser Luxus, den ich in meiner Situation tatsächlich habe!

So ein fröhliches Treiben hat es in diesem Esszimmer noch nie gegeben. Ich beobachte Aniras – wie schön, jetzt einen Namen zu haben! – Namensgebung und die ausgelassene Stimmung, die alle Patienten ansteckt, die ihre Gläser heben und ihr zuprosten, auch wenn sie zum Teil vermutlich gar nicht wissen, worum es hier eigentlich geht. Raphael steht plötzlich neben mir. „Schön, nicht wahr?", fragt er mich, aber es handelt sich ganz klar um eine rhetorische Frage, die ich nur mit grinsendem Nicken beantworte. „Doro, weißt du was mir aufgefallen ist?" Ich schüttele den Kopf und warte gespannt, dass er weiterspricht: „Alle Namen, die hier für ‚Anira‘ vorgeschlagen wurden, haben etwas mit ‚Herz‘ oder ‚herzlich‘ zu tun!" – „Echt? Wie kommst du darauf?" – „Naja, meine Frau ist schwanger und wir suchen gerade nach Namen. Da wir etwas Symbolisches nehmen wollten haben wir gezielt nach Namen gesucht, die eine Herzsymbolik haben und es war mir vorhin, als würden hier die Hälfte der von uns gefundenen Vorschläge aufgelistet. Das ist doch schon verrückt, oder?" Jetzt bin ich platt. Erstens, dass Raphael und seine Frau ein Kind erwarten, von dem ich nichts wusste und die Sache mit der Namensbedeutung ist schon verwunderlich. „Kann natürlich auch einfach nur ein Zufall sein, denn es gibt echt viele Namen, die einen Bezug zu Herz haben", höre ich Raphael sagen, aber da ich ihr ja selbst auch einen mit Herz verbundenen Spitznamen gegeben hatte, entsteht schon ein Eindruck, dass ihre Freundlichkeit und Herzlichkeit, irgendwie nicht nur bei mir angekommen ist. Aber jetzt ist es an mir etwas zu sagen: „Ihr erwartet ein Baby? Wann denn? Wieso hast du nichts erzählt?" – „Du hast doch immer so viel um die Ohren", entschuldigt sich Raphael, der sich dafür wirklich nicht entschuldigen müsste. „Die Kleine soll Ende März auf die Welt kommen." – „Mensch, ich freue mich für euch! Und so viel Arbeit darf ich nicht haben, dass du mir so wichtige Sachen nicht erzählst!!", sage ich mit Nachdruck und Raphael grinst leicht verlegen. „Wenn du Urlaubstage brauchst, dann sag das bitte! Ein Mädchen also. Und bisher verlief alles gut?" –

„Ja, Michaela geht es gut. Die ersten Monate halt der übliche Kram mit Übelkeit und inzwischen ist das Leben für sie ein bisschen mühsamer geworden. Aber es geht ihr und dem Baby gut und wir freuen uns sehr!" Ich lächle und bin mir sicher, dass Michaela und Raphael tolle Eltern werden. Auch wenn ich nach dem gestrigen Gespräch für das Kind keine so rosige Zukunft sehe. Auch sie wird durch das Bildungssystem für eine bestimmte Rolle trainiert werden und als Jugendliche an ihr Smartable gebunden sein, wie es die Jugendlichen heute einfach sind. Zum ersten Mal dringt mir wirklich ins Bewusstsein, wie sehr wir unsere Gesellschaft damit in den Bankrott treiben.

„Sie sehen aber sehr ernst aus", höre ich die frisch gebackene Anira zu mir sagen, während sie mir ihr Saftglas zum Anstoßen entgegenhält. „Prost, Anira", sage ich, während unsere Trinkgläser mit einem kleinen „Pling" zusammenstoßen. „Wir haben erst morgen einen Termin, haben Sie nach gestern noch Gesprächsbedarf? Falls ja, können wir uns später gerne nochmal zusammensetzen", frage ich sie, denn mir ist klar, dass der Besuch in der Stadt sie sehr beschäftigen muss. „Danke, das ist ein nettes Angebot, aber ich glaube, ich lasse das noch sacken und konzentriere mich heute auf mein Leben hier und den gefundenen Namen", lehnt sie lächelnd ab. „Es ist ganz schön viel los in Ihrem Leben!" – „Das können Sie laut sagen. Außerdem möchte ich heute noch Zeit mit Viktor haben, wenn er morgen geht." – „Das kann ich verstehen. Falls etwas ist, wissen Sie ja, wo Sie mich finden." Ich erhalte einen Blick in dem so viel Wärme und Herz steckt, dass es mich nicht wirklich verwundert, dass diese Qualität

sich in den Namensvorschlägen widerspiegelt. Sollten wir Jemals herausfinden, wie sie wirklich heißt, bin ich echt gespannt, ob ihr Name dann auch zur Person passt. Während meine Gedanken ein wenig abdriften, höre ich mit Erstaunen noch, wie Anira weiter zu Raphael zieht und beim Anstoßen mit ihm fragt, wie es seiner Frau und dem Baby geht. Offensichtlich hatten sie schon über das Baby gesprochen. Sie versteht es wirklich, ins Gespräch zu kommen und Menschen zu öffnen. Sie würde eine gute Therapeutin abgeben, die ich hier in der Abteilung gut gebrauchen könnte. Auf dem Arbeitsmarkt sind nicht nur Pflegende kaum zu finden, auch Therapierende sind absolute Mangelware geworden.

Es fühlt sich so gut an, nicht mehr namenlos zu sein und ich sitze in meinem Zimmer mit meinem Notizbuch und schreibe meinen neuen Namen in verschiedenen Schriften hinein. Nach der kleinen Feier habe ich einen längeren Spaziergang im Park gemacht, auf dem mich Viktor überraschend begleitet hat. Er wird mir hier fehlen. Mit dem Smartable haben wir noch ein paar Bilder gemacht und er hat angekündigt, dass er mir ein Smartable besorgen wird, damit wir in Kontakt bleiben können. Auf der einen Seite finde ich das schön, auf der anderen Seite habe ich mit den Smartables kein gutes Gefühl, nach allem, was ich bisher über sie weiß. Aber mal sehen, ich werde mir noch eine Meinung bilden.

Ich denke nochmal an meine Namensgebung heute morgen und wie eifrig alle mit Vorschlägen dabei waren und wie wichtig es ihnen war, einen Namen für mich zu finden. Es hat mein Herz berührt und ich lasse weiter meinen Stift über das Papier gleiten in immer wieder anderen Schriftarten, die mir von irgendwoher bekannt sind, ohne dass ich auch nur erahnen kann, woher. Da klopft es ganz leise, dass ich mir erst nicht sicher bin, ob ich mich verhört habe. Aber es klopft nochmals und ich lade zum Eintreten ein. Es ist Graciella, die durch den Türspalt hereinlugt und wissen möchte, ob ich ein wenig Zeit für sie hätte. Sie sieht so ernst aus, so dass ich – selbst wenn ich keine Zeit hätte – mir welche für sie nehmen würde. Sie kommt herein und setzt sich neben mich. Ein Blick auf mein Notizbuch zaubert ihr ein kleines Lächeln ins Gesicht: „Anira – finde ich echt gut!", kommentiert sie. „Wenn ich schon keine Erinnerungen habe, kann ich trotzdem nach vorne blicken, nicht wahr?", sage ich. Sie nickt und schweigt. „Was bedrückt dich?", möchte ich direkt wissen, weil ich festgestellt habe, dass sie solche Fragen braucht, um ins Gespräch zu kommen. „Es ist Armand", sagt sie zögernd und schweigt erneut. „Was ist mit Armand?", hake ich freundlich nach. „Er liebt mich, sagt er." – „Und warum bedrückt dich das?" – „Nun, er möchte mit mir zusammenleben, aber ich bin doch verheiratet. Sogar in Verlängerung!", fügt sie mit Nachdruck hinzu. „Was fühlst du für ihn?" – „Er ist mein bester Freund. Ich möchte ihn nicht als Freund verlieren." – „Was fühlst du für deinen Mann?" Graciella zögert kurz und sagt dann: „Ich liebe ihn, aber er ist mir auch irgendwie nicht nah." Ich kann den Konflikt in ihr irgendwie nachvollziehen. Armand war hier, ihr Mann nicht, aber dennoch nimmt er ja eine Rolle in ihrem Leben ein. Ich versuche zusammenzufassen: „Du möchtest Armand als Freund behalten und mit deinem Mann verheiratet bleiben? Verstehe ich das richtig?" – „Ja, so ungefähr." Sie schweigt und fährt nach einer Pause fort: „Mandy findet, ich sollte meine Firma aufgeben. Ein neues Leben anfangen. Mit ihm. Er ist mir wirklich wichtig, aber ich kann doch nicht alles aufgeben?" Ich verstehe jetzt noch besser: „Du könntest dir also nicht vorstellen mit ihm zu leben?" – „Doch, schon, aber gleichzeitig auch nicht. Ich habe Verantwortung in meiner Firma, meinen Geldgebern, meinen Mitarbeitern, meinen Kunden gegenüber. Darin bin ich gut. Was kann ich denn sonst schon?" Für eine so fähige, erfolgreiche Frau zeigt sie ein erstaunlich geringes Selbstwertgefühl, aber ich verstehe, wie sehr sie innerlich gerade zerrissen ist und ich frage mich, ob ich die richtige Person bin, um ihr Rat zu geben. Ich kenne mich mit dem Leben ja kaum aus. Aber ich kann gut zuhören und das tue ich in den nächsten zwei Stunden, während wir zusammensitzen und sie von ihrem Leben, ihren Wünschen, ihren Zweifeln, Hoffnungen und (früheren) Träumen erzählt. Ich kann immer besser verstehen, warum sie dieses Leben krank gemacht hat und wünsche mir noch mehr, dass sie mit Armand ein neues Leben anfängt und das Alte hinter sich lässt. Ich höre und spüre förmlich ihre Angst vor einem solchen Schritt, den sie einerseits möchte, andererseits voller Panik von sich weist. Vielleicht auch, weil sie viel zu lange im Rampenlicht stand und jeder ihrer Schritte in den Medien kommentiert und dokumentiert wurde und die Bewertung durch andere all dessen, was sie in ihrem bisherigen Leben tat eine große Rolle gespielt hat. Wir beide wissen aber auch, dass es letztlich einzig ihre Entscheidung ist. Die Macht der Entscheidung zu haben, ist gleichzeitig auch die Bürde und Graciella ist so durcheinander, dass sie sich völlig außer Stande sieht, irgendeine Entscheidung zu treffen. Als sie wieder geht, fühle ich noch die Schwere, die sie in sich trägt und die ich ihr nicht nehmen kann und es macht mich traurig, sie in diesem Konflikt zu sehen. Gleichzeitig ist es ein unglaublicher Vertrauensbeweis, dass sie mit mir darüber gesprochen hat. Sie hat mir auch einiges von der Zusammenarbeit mit Raoul Mercier erzählt und obwohl er offensichtlich ein eiskalter Geschäftsmann ist, verstehe ich auch seine Motivation nun besser. Mit ihm hat sie inzwischen heimlich gesprochen, obwohl Dr. Domas ihr eindringlich davon abgeraten hatte, ihn zu kontaktieren. Mercier erwartet sie schnellstmöglich zurück in der Firma. Das setzt sie natürlich zusätzlich unter Druck. Sie umarmt mich, bevor sie geht und sagt, dass es ihr gutgetan hat, mit mir zu reden, aber ich habe nicht das Gefühl, ihr wirklich weitergeholfen zu haben. Wenn man kein Leben hat, oder es zumindest nicht kennt – so wie ich – dann hat das tatsächlich gewisse Vorteile: Mein Leben ist wie ein leeres Buch, dessen Seiten ich ganz frei beschreiben kann, während es bei Graciella eher die Frage ist, ob sie in das vorhandene Lebens-Korsett wieder zurückkehrt, das ihr einerseits die Luft abschnürt, aber ihr auch gleichzeitig eine Stütze ist. Obwohl ich versuche, ihr klarzumachen, dass es zwischen den beiden Extremen auch viele Möglichkeiten gibt, will sie davon nichts hören.

Graciellas Blick ist gerade ganz auf die negativen Seiten der jeweiligen Entscheidungen gerichtet, so dass sie das Gefühl hat, dass es hier nur eine Entscheidung zwischen zwei falschen Möglichkeiten gibt, was es ihr unmöglich macht, überhaupt eine Entscheidung zu treffen. Sie betrachtet es als reine Entweder-Oder-Entscheidung. Womöglich hat sie damit sogar recht, denn ein schlechter Kompromiss würde sie vermutlich genauso unglücklich machen, wie die falsche Entscheidung. Aber was macht ihre Entscheidung richtig oder falsch? Wer entscheidet das? Und nach welchen Kriterien? Es scheint mir, als wäre es letztlich eine Entscheidung zwischen den Pflichten und Zwängen, die ihr Leben ausgemacht haben und einem selbstbestimmten Leben an der Seite eines unterstützenden Partners. Mir scheint die Entscheidung zwischen diesen Polen einfach, aber es ist auch nicht mein Leben und ich trage nicht die Prägungen, Werte und Vorstellungen, die Graciella ausmachen. Ich kann nur hoffen, dass sie die richtige Entscheidung für sich treffen wird...

Doro

*D*er Tag in der Stadt mit Anira hat mich sehr nachdenklich gemacht und ich bin wirklich gespannt, was unser Termin heute ergeben wird. *Ich bin immer verwirrter oder planloser, wenn ich darüber nachdenke, woher sie gekommen sein könnte. Und ich denke sehr oft darüber nach. Mir fällt dabei auf, wie viele wichtige Impulse sie bei den Patienten gesetzt hat. Mit ihrer Aktion hat sie Viktor zurückgeholt, Agnes geht es deutlich besser, seit sie da ist und ihr Vorschlag, Brandon über das Smartable zu kontaktieren, hat sich als großartige Idee erwiesen. Nachdem ich ihn angeschrieben hatte, hat er mir erstaunlich schnell geantwortet, und auch wenn er bisher noch nicht mit mir gesprochen hat, so schreiben wir seitdem fleißig hin und her und er öffnet sich zusehends. So weiß ich von Rosies Umarmung und welche Filme er sich ansieht und im Grunde, was er den ganzen Tag so macht. Das ist ein wirklich wichtiger Schritt und auch, wenn ich ihn damit noch nicht vom Smartable weglocken kann, so sind wir endlich im Austausch, was ich zuvor erfolglos versucht habe. Aber ist es denn ein Wunder? Wie sollen die jungen Menschen kommunizieren lernen, wenn sie es nur noch über das Smartable tun. Miteinander reden ist etwas, das viel zu selten geworden ist. Und selbst bei gesellschaftlichen Anlässen geht es nicht um Austausch, sondern es ist eher ein Sehen und Gesehenwerden. Private Verabredungen sind selten. Offizielle Treffen sind Schauspiele. Wenn ich da zum Beispiel an die Neujahrsgala* der Klinik denke, die vor einer Woche stattfand. Was für eine lächerliche Veranstaltung. Alle Ärzte MÜSSEN die Gala besuchen. Pflegende braucht man hier nicht, es geht rein um Repräsentation und Hierarchie. Sponsoren sind eingeladen und natürlich Pharmavertreter und die Pflegebotlieferanten. Alle haben sich herauszuputzen und um das sicherzustellen, zieht ein ausgewählter, hochpreisiger Stylist im Vorfeld durch alle Abteilungen, wählt und besorgt die Kleidung für alle Teilnehmenden und verpasst jeder und jedem zusätzlich einen Kosmetik-Termin mit Frisör vor der Gala, zum persönlichen Aufpolieren. Ich fühle mich immer unwohl und verkleidet, aber es ist für die Klinik natürlich wichtig, da auch Medienvertreter vor Ort sind, um das Ergebnis des vorhandenen Aufwands gebührend ins rechte Licht zu rücken. Für mich ein kleiner Einblick in das Leben, das Graciella vermutlich immer führt. Und mir reicht es vollkommen, sowas nur einmal im Jahr zu haben, denn diese von vorne bis hinten inszenierte Veranstaltung war mir schon immer zuwider. Bei meinem Vater hatte es sowas nicht gegeben, aber seit seinem Ausscheiden hat sich so einiges geändert. Die neue Leitung setzt auf Sponsoring und Glanz und hat diese Farce eingeführt. Was an diesem Abend passiert, ist tödlich langweilig: Die Klinikleitung hält eine lange, pseudo-flammende Rede darüber, wie wichtig und wundervoll unsere Klinik ist, welche Effizienz wir hier haben, wie wohl sich Patienten und das Ärzteteam hier fühlen und dass wir dank der Unterstützung durch Probased und Botsi die neuesten, besten und überhaupt allertollsten Pflegebots einsetzen - nach Nennung der Firmen wird ein langer Applaus erwartet und ich frage mich *jedes Mal, wann sie anfangen werden, hier ein Schild hochzuhalten, das uns dazu auffordert zu klatschen, wie in einer Liveshow. Nötig ist das freilich nicht, denn alle wissen ja, dass an dieser Stelle frenetische Begeisterung erwartet wird. Die Klinik ist, seit mein Vater nicht mehr hier ist, ein Wirtschaftsbetrieb geworden, der Profit machen muss. Das darf eine Klinik aber in meinen Augen nicht sein. Es geht für mich um Heilung, um Hilfe und um Menschlichkeit. Natürlich sollen wir keine Ressourcen verschwenden und müssen gut überlegen, welche Mittel und Maßnahmen sinnvoll eingesetzt werden können, aber Pflege und Heilung darf nicht einfach am Geld gemessen werden. Gesundheit ist ein Gut, das nicht rationalisiert werden kann und Heilung von Krankheiten braucht Zuwendung und Geduld – etwas, das in einer Zeit, in der alles einfach zu funktionieren hat, nicht mehr vorhanden scheint. Und wenn es nicht funktioniert, wird es weggeworfen, das gilt auch für Menschen. Unheilbare Fälle landen in entsprechenden Einrichtungen oder noch häufiger in Armenhäusern. Für Agnes oder Rosie konnte ich das verhindern, aber viel zu viele werden dorthin abgeschoben, verwahrt und siechen abseits der Gesellschaft dahin. In meiner Abteilung bin ich zum Glück noch autonom in meinen Entscheidungen, was das ich ganz klar meinem Vater zu verdanken habe, der dafür gesorgt hat, dass mir eine wirkliche Leitungsfunktion gegeben wurde. Die Ärzte, die er eingestellt hat, waren noch Ärzte, denen ihr Beruf etwas bedeutete, aber die meisten sind schon gegangen. Wenn ich hier einmal weg bin, wird das auch in meiner Abteilung anders aussehen und mir wird ganz schlecht, wenn ich daran denke! Mit jedem*

Leitungswechsel verändern sich die Abteilungen. Wenn die Oberärzte gehen, werden neue Verträge geschlossen und die Klinikleitung bestimmt, was in den Abteilungen passiert. Da die Klinik die Gehälter schon lange nicht angehoben hat, ist es leicht, Ärzte loszuwerden oder mit einem profitableren Vertrag in neue Bedingungen zu locken. Meine Abteilung wird in dieser Form geduldet, weil der Klinikleitung klar ist, dass es nur eine Frage der Zeit ist, bis auch ich weg bin. Trotz diverser Neuvertragsangebote habe ich nicht vor, zu wechseln. Ich hänge an diesem Gebäude, an seiner Geschichte, an meinem Beruf, an meinen Patienten und an all dem, was mein Vater aufgebaut und mir beigebracht hat – und ich bin damit ein Dinosaurier in der Belegschaft. Das weiß ich. Immerhin ist es mir gelungen Bots aus meiner Abteilung fernzuhalten, und stattdessen Pflegende und ein Team von Helfern zu finden, die nicht nur Dienst nach Vorschrift machen, sondern denen das Wohl der Patienten am Herzen liegt. Allerdings wird es immer schwieriger. Von den Kindern und Jugendlichen, denen in meinen Augen die soziale Kompetenz fehlt, ist hier nicht viel zu erwarten. Auf der anderen Seite habe ich ein wirklich zuverlässiges Team, das zum Großteil schon seit vielen Jahren mit mir zusammenarbeitet – obwohl ich mich, wie mir das Gespräch mit Raphael gestern gezeigt hat – etwas mehr auch um meine Mitarbeitenden kümmern sollte. Es ist einfach zu wenig Zeit da! Wie mein Vater immer wieder mit einem Grinsen zu mir sagte: „Der Tag hat 24 Stunden und eine Nacht." Er war wirklich ein Arbeitstier! Und er war gleichzeitig ein toller Vater, dem ich für so vieles dankbar bin. Was genauso für meine Mutter gilt, die nach dem Tod *meines Vaters aufs Land gezogen ist und dort ihre Freude daran gefunden hat, in ihrem Garten Blumen und Gemüse anzubauen und ein einfaches, zufriedenes Leben lebt. Vermutlich gehöre ich zur letzten Generation, deren Prägung durch das Smartable nicht so extrem ist. Ich habe in den ersten Jahren tatsächlich noch eine richtige Schule besucht, musste zur Schule laufen - auch wenn das für mich nur 5 Minuten waren – und habe mich mit meinen Freundinnen und Freunden nach der Schule sogar draußen zum Spielen getroffen. Das ist heute gar nicht mehr möglich. Wenn ich an die Zeit damals denke, dann verstehe ich Anira und ihre Begeisterung, sich draußen zu bewegen und draußen zu sein. Wann habe ich diesen Bezug eigentlich verloren? Statt draußen unterwegs zu sein, ist es üblich in Fitnessstudios zu gehen – oder noch eher üblich den Beitrag zu bezahlen und dann gerade NICHT hinzugehen, weil es an Zeit und Willen mangelt. Auf der einen Seite werden wir von Gesundheitsbotschaften überhäuft, bekommen an verschiedensten Stellen gesagt, was wir für unsere Gesundheit tun sollten, auf der anderen Seite werden wir mit dem Fokus auf Smartables davon abgehalten, uns zu bewegen. Wir bekommen Ratschläge, wie wir uns gesund ernähren, aber können frische Produkte kaum noch kaufen, da sie überwiegend zu Fertiggerichten prozessiert werden und erhalten zum Ausgleich Nahrungsergänzung auf Rezept. Je länger ich darüber nachdenke, desto weniger glaube ich, dass das, was wir tun, gut für uns ist. Aber wen interessiert das? Die Dinge werden einfach so hingenommen und die Arbeit steht im Vordergrund, weil diese unseren gesellschaftlichen Wert bestimmt.*

Nachdrückliches Klopfen lässt mich aus meinen Gedanken aufschrecken. „Herein", fordere ich auf und Anira kommt herein – es ist so schön, endlich einen Namen für sie zu haben! „Wir haben einen Termin, oder?", fragt sie vorsichtig. „Ja, richtig. Sorry, ich war in Gedanken", entschuldige ich mich und wir wechseln in meine Gesprächsecke. „Geht's Ihnen gut?", fragt sie mich, als wäre sie die Ärztin und ich die Patientin und ohne nachzudenken lege ich los, weil es mich so sehr bedrückt: „Es gibt so viel, was in unserer Gesellschaft nicht richtig ist! Wie die Kinder erzogen werden, wie die Menschen miteinander umgehen – oder eher – wie sie nicht mehr miteinander umgehen. Je mehr ich darüber nachdenke, desto falscher erscheint es mir!" – „Ist es denn überall so wie in der Stadt? Sind die Menschen überall gleich, das kann ich mir gar nicht vorstellen!" – „Naja, ich bin nicht so oft auf dem Land, aber vielleicht sollten wir wirklich einen Ausflug dorthin machen. Hätten Sie Lust dazu?" Anira nickt: „Ich wüsste gerne, ob es dort anders ist, ob es mit dem Leben in der Stadt zu tun hat, ob die Menschen auf dem Land auch so uniform aussehen und so von den Smartables – wie soll ich sagen – ‚gesteuert' werden. Viktor will mir ein Smartable schenken, ich weiß noch nicht so recht, was ich davon halten soll." – „Naja, sinnvoll eingesetzt, ist gegen ein Smartable ja nichts zu sagen, aber eine Suchtgefahr ist absolut gegeben", fasse ich meine Gedanken zusammen. „Na, was ich in der Stadt gesehen habe, sieht danach aus, als sei der Suchtfaktor schon ziemlich hoch", kommentiert Anira. „Nun, die jungen Menschen sind eben so aufgewachsen." – „Macht es das besser?", fragt sie und dem habe ich nichts entgegenzusetzen. Wir schweigen und jede von uns hängt ihren Gedanken nach.

Nach einer kurzen Pause nimmt Anira den Faden wieder auf und sagt nachdenklich: „Ich dachte, das Leben draußen wäre so wie hier." – „Nein, das Leben in der echten Welt ist ganz anders." – „Echte Welt? Mir kommt sie sehr künstlich vor, aber ich weiß, was Sie meinen. Ich finde es hier in der Klinik viel echter! Sie haben sich hier eine Insel geschaffen." Und nach einem Blick auf meinen Gesichtsausdruck setzt sie hinzu: „Und das vielleicht nicht mal mit Absicht." Und sie hat recht. Das, was ich hier in meiner Abteilung so vehement verteidige: keine Bots, gutes Pflegepersonal, freundliche Umgangsformen, ist für mich nicht nur medizinisch notwendig, sondern – wenn ich es mir so recht überlege – erfüllt es ein Bedürfnis für mich. Je mehr sich die Welt draußen verändert, desto wichtiger ist es mir, das hier zu erhalten. Es ist mein Hafen – auch darum verbringe ich so viel Zeit in der Klinik, weil ich mich hier einfach wohl und sicher fühle. Wie kommt es, dass mir das selbst nie aufgefallen ist und mich eine Patientin darauf aufmerksam machen muss? „Ich glaube, wir brauchen alle einen sicheren Ort", sagt sie, als könnte sie meine Gedanken lesen und fährt nachdenklich fort, „wobei für mich eine Kamera einen Ort nicht sicherer macht." – „Und doch ist es das, was für viele Menschen jetzt ihr Zuhause sicher erscheinen lässt." – „Traurig." – „Allerdings wenn man alleine wohnt, auch irgendwie verständlich." – „Na, die meisten Menschen leben doch nicht allein, oder?" – „Die meisten Menschen tun sich mit dem Zusammenleben *schwer. Es ist anstrengend, mit anderen zusammen zu leben. Es gibt Streit und Konflikte. Die überwiegende Mehrheit lebt tatsächlich allein." – „Wirklich? Was macht es anstrengend? Zusammenleben ist ja nicht nur Streit und Konflikte und überhaupt: Konflikte kann man lösen. Wir leben hier doch auch zusammen und streiten nicht. Dafür gibt es Umgangsformen und Regeln." – „Die meisten Menschen haben aber keine Lust, sich an Regeln zu halten oder Kompromisse einzugehen." – „Aber jede und jeder hält sich doch an gewisse Regeln!" – „Die einen mehr, die anderen weniger... Und je jünger die Menschen sind, desto weniger wollen sie Regeln einsehen oder einhalten. Sie wollen sein, wer sie wollen ..." – „Nun, wenn ich die Regeln von einem Smartable vermittelt bekomme, hätte ich wohl auch eher wenig Lust, diese Regeln zu akzeptieren. Zusammenleben muss vorgelebt werden. Und es geht bei Regeln ja auch nicht darum, ob ich Lust auf sie habe, sondern sie sind wichtig für das Zusammenleben, Punkt." Kopfschüttelnd sieht sie mich an. „Woher haben Sie diese ganzen Gedanken nur?", rutscht mir raus, was natürlich in ihrem Fall eine dumme Frage ist, die sie dann auch nur mit einem Achselzucken, kleinem Lächeln und unbestimmter Handbewegung beantwortet.*

Wir planen noch unseren nächsten Ausflug, der uns dann aufs Land führen wird, während ich die spontane Idee habe, ob wir nicht bei meiner Mutter vorbeischauen könnten, die ja schließlich dort lebt und sich deutlich besser auskennt als ich, die nur Kurzbesuche macht. Natürlich muss ich erst mit Mama sprechen und sage darum nichts davon, aber bin mir ziemlich sicher, dass sie sich über den

Besuch freuen wird und eine gewisse kindliche Vorfreude auf diesen Ausflug macht sich in mir breit. Überhaupt habe ich das Gespräch mit Anira sehr genossen und schon lange nicht mehr so ein anregendes Gespräch geführt und denke noch eine ganze Weile darüber nach, nachdem Anira längst gegangen ist.

Heute steht noch mein Abschlussgespräch mit Viktor in meinem Terminkalender und wie so oft bedauere ich, einen Patienten ziehen zu lassen. In seinem Fall freut mich aber, dass er mit konkreten Plänen und mit Veränderung seiner Situation, sein Leben neu aufstellt, und bin mir ziemlich sicher, ihn nicht mehr hier in der Klinik, sondern nur noch im Film wiederzusehen. Gerade als Viktor pünktlich mein Büro betritt, stürmt ein unerwarteter Gast an ihm vorüber, der ihn unsanft zur Seite schubst: Raoul Mercier. Direkt steigt mein Wutbarometer auf „ziemlich sauer". „Ich muss Sie sprechen", ruft er mir bereits im Gehen entgegen und zu Viktor gewandt: „Kommen Sie einfach später wieder." Was fällt dem ein?! Ich beherrsche mich mühsam und wende mich zunächst an Viktor: „Wir haben einen Termin, bleiben Sie bitte hier. Herr Mercier darf so lange draußen warten, da er sich nicht angekündigt hat." Und Tom, der ebenfalls hinter Mercier in den Raum gestürmt kommt und dem es offensichtlich nicht gelungen war, ihn aufzuhalten, baut sich hinter Mercier auf. Tom ist fast zwei Meter groß und hat eine wirklich beeindruckende Statur – auch wenn er gleichzeitig einer meiner empfindsamsten Pflegenden ist und keiner Fliege etwas zuleide tun würde. Seine imposante Erscheinung und sein entschlossenes Gesicht, überzeugen sogar Mercier, sich besser nicht mit ihm anzulegen. In der Hoffnung, dass ich eine Begegnung mit Graciella verhindern kann, bitte ich Tom, ihn ins Ankunftszimmer zu führen, wo er außer Sichtweite warten kann und – wie mir in diesem Moment einfällt – ich auch die Kamera habe. Sicherheitshalber werde ich auch dort nachher mein Gespräch mit ihm führen, dann ist das über die Kamera dokumentiert. Nun werde ich mich aber erst mal Viktor widmen, zumindest, wenn ich meine Wut wieder im Griff habe, was einen kleinen Moment braucht, denn ich bin wirklich, wirklich sauer.

Das Gespräch mit Viktor fällt etwas kürzer aus, als ich vorhatte, auch deshalb, weil das anstehende Gespräch mit Mercier mich beschäftigt. Hätte ich ihn doch einfach rausschmeißen lassen sollen? Andererseits ist das nicht meine Art und löst Graciellas Problem ja auch nicht. Außerdem möchte ich schon wissen, wieso es ihm einfällt, hier so hereinzuplatzen. Mit Viktor werde ich dann in Ruhe nachher nochmal sprechen, das ist nicht wirklich ein Problem, aber Mercier hier über meine Termine bestimmen zu lassen, ärgert mich ungemein! Ich mache mir als mentale Vorbereitung noch Gedanken, wie ich Mercier begegnen will und was mir an diesem Gespräch wichtig ist. Als ich zum Ankunftszimmer gehe, habe ich dennoch ein flaues Gefühl im Magen, denn ich erwarte nichts Gutes. „Alles okay?", möchte Agnes wissen, der ich auf dem Flur begegne. „Ein unangenehmes Gespräch", lasse ich sie wissen und sie weiß direkt Bescheid: „Mercier? Ich habe ihn reinstürmen sehen. Ein echt unangenehmer Typ ist das!" – „Hat Graciella ihn auch gesehen?" – „Nein, sie hat Besuch von Armand." – „Oh, gut. Danke, Agnes!" Ich bin erleichtert.

Raoul Mercier telefoniert, als ich den Raum betrete. Ich bin entschlossen, mich nicht von seiner großspurigen Art aus dem Tritt bringen zu lassen und ihn so schnell wie möglich wieder loszuwerden. Als er Anstalten macht, einfach weiter zu telefonieren – als Machtdemonstration könnte ich mir vorstellen – und mich warten lässt, sage ich mit klarer, entschlossener Stimme und für ihn gut vernehmbar: „Was war vorhin so wichtig, und ist es jetzt nicht mehr? Auch meine Zeit ist kostbar." Offensichtlich ist es die Sprache, die er versteht, denn er beendet umgehend sein Telefonat und wendet sich mir zu. „Frau Dr. Domas", beginnt er, setzt so etwas wie ein Lächeln auf, das ich eher als Grimasse empfinde, und fährt fort, „ich bin gekommen, um Graciella abzuholen. Sie müssen sofort die Entlassungspapiere ausstellen." Damit habe ich jetzt ehrlich nicht gerechnet! Wie kommt er darauf? Sie ist noch nicht so weit! Zur Erklärung setzt er hinzu: „Wir haben telefoniert und sie hat ihre Erinnerungen wiedergefunden, so dass sie jetzt in die Firma zurückkehren kann. Wir brauchen sie!" Eine Mischung an unterschiedlichsten Gefühlen stürmt auf mich ein. Sie haben telefoniert? Hat Graciella ihn oder er Graciella angerufen? Das macht für mich einen riesigen Unterschied. In der Tat hatte ich in den Medien einige kritische – bis hochgradig gemeine – Kommentare mitbekommen, die den Konzern ohne die Antriebskraft von Graciella Liono schon dem Tode geweiht sehen. Vermutlich sind die Aktien gesunken und Mercier steht unter entsprechendem Druck, insofern kann ich seine geschäftliche Eile durchaus nachvollziehen. Das rechtfertigt aber weder sein Auftreten noch sein forderndes Verhalten hier. *Wer hat wen angerufen? Ich könnte mir beides vorstellen. Graciella hat meinen Rat, noch „in Deckung" zu bleiben, nicht unbedingt befolgt und er – wie man hier sieht – meine Vorgabe, sich anzukündigen ja auch nicht. Ich muss mit Graciella sprechen! Also erst mal Luft gewinnen und Mercier loswerden ist die Devise. Ich atme tief ein und bin in der Lage, ihm sachlich, kurz und knapp, zu vermitteln, dass ich seine Situation nachvollziehen kann, aber Graciella noch nicht vollständig genesen ist, auch wenn es ihr besser geht und Erinnerungen wiederhergestellt sind. Ich versichere ihm, dass ich keinen Patienten hier festhalte oder länger hierbehalte als nötig, aber zunächst mit ihr sprechen muss, um abzuklären, ob eine Entlassung tatsächlich angeraten ist. Danach fordere ich ihn entschieden dazu auf zu gehen und erkläre ihm, dass ich kein Problem damit habe, ihn im Falle eines erneuten unangekündigten Erscheinens verhaften zu lassen. Er macht einen Schritt auf mich zu, aber meine Ent-schlossenheit ist wie eine Wand und er weiß, dass ich die Befugnis habe, genau das zu tun, was ich ihm gerade angekündigt habe. Er verbeugt sich steif zum Gruß und geht. Unfassbar dieser Kerl! Ich informiere Tom, dass er mir Bescheid sagt, wenn Armand Kleber gegangen ist, damit ich mit Graciella sprechen kann und gehe dann in mein Büro, um mich auch innerlich zu beruhigen. Sowas hatte ich auch noch nicht. Braucht auch kein Mensch, gibt mir aber den besten Eindruck davon, unter welchem Druck Graciella jetzt gerade steht.*

Viktor ist weg. Graciella ist weg. In mir ist ein riesiges Loch entstanden. Nachdem Viktor gestern entlassen wurde, ist heute auch Graciella gegangen. Ich kann es nicht wirklich glauben, dass sie sich entschlossen hat, in ihr altes Leben zurückzukehren und sich dann direkt die Entlassungspapiere ausstellen ließ, obwohl Dr. Domas ihr dringend davon abgeraten hat. Wir haben uns noch unterhalten, nachdem sie ein längeres Gespräch mit Dr. Domas hatte, und ich habe versucht, ihr deutlich zu machen, dass es vielleicht gut wäre, sich für eine endgültige Entscheidung mehr Zeit zu nehmen. Ihr Entschluss stand bereits fest und obwohl sie selbst so viele Gründe dagegen nennen konnte, schien ihr die Rückkehr in ihr altes Leben als die einzig mögliche Option und sie wollte sich nicht länger mit der Frage beschäftigen. „Ich kann nicht anders", sagte sie und sah so unglücklich aus, wie ein Mensch nur aussehen kann, und bevor ich noch etwas sagen konnte, fügte sie in einem Ton, der mir deutlich machte, dass sie wirklich nichts mehr dazu hören wollte, hinzu: „Du kannst das einfach nicht verstehen!" Und obwohl ich ihre Beweggründe ja nachvollziehen kann, bin ich über ihre Entscheidung unglücklich, und so hat sie mit ihren Worten auch recht: Ich kann es nicht wirklich verstehen. Und jetzt sitze ich hier und fühle mich schlecht, dass ich sie nicht besser unterstützt habe, dass ich mich nicht richtig von ihr verabschieden konnte und wir im Unguten auseinander gegangen sind. Was ist aus unserer Verbindung geworden? Werde ich noch einmal die Chance haben, mit ihr zu sprechen? Ihr Aufbruch war so übereilt wie ihre

Entscheidung – zumindest empfinde ich das so – aber natürlich steht mir nicht zu, darüber zu urteilen! Ich habe das Gefühl, eine Freundin verloren zu haben und damit all die Nähe, die wir in den letzten Wochen gefunden hatten, ebenfalls. Mein Herz fühlt sich unbeschreiblich schwer und gleichzeitig so leer an, dass ich meine Jacke anziehe, um in den Park zu gehen, wo ich mich meistens besser fühle.

Als ich über den Flur gehe, spricht mich Rosie an: „Anira, was ist los?" Sie ist ganz im Jetzt und ich bin erstaunt darüber, dass sie sich noch an meinen Namen erinnert und sage ihr, dass ich traurig bin, dass Viktor und Graciella weg sind. „Weg - aber nicht gestorben", sagt sie und fährt fort: „Der Schmerz des Verlustes kann uns sehr zusetzen! Wenn ich an meinen Gustaf denke, dann werde ich auch immer ganz traurig. Aber wenn sie noch leben, dann könnt ihr euch ja wiedersehen!" Dass sie sich gerade daran erinnert, dass ihr Mann tot ist, lässt mich für diesen Moment meinen eigenen Kummer vergessen, bisher war sie meistens der Überzeugung, dass er noch lebt, und ich blicke sie überrascht an. „Aber weißt du", fährt sie fort: „es ist ja auch nur eine Frage der Zeit, bis ich mit ihm wieder vereint sein werde. Und dann müssen wir uns nie mehr trennen." Und dabei lächelt sie ein bezaubernd verliebtes Lächeln, das voller Vertrauen in dieses Wiedersehen ist und die Verheißung einer unbegrenzten, gemeinsamen, glücklichen Zeit in sich trägt. „Wir machen uns manchmal zu viele Gedanken und Sorgen", fügt sie hinzu, während sie liebevoll sanft meine Wange tätschelt, „... wo wir mit Vertrauen viel weiterkommen." Ihre Geste und ihre Worte tun unbeschreiblich gut und ich frage mich, woher sie diese Gewissheit nimmt. Gleichzeitig hat sie es wieder einmal geschafft, meinen Kummer zu verkleinern und mir eine neue Perspektive zu geben: Wenn es mir gelingt zu vertrauen, dann kann ich auch daran glauben, dass ich Graciella wiedersehen werde, und dann können wir auch die Freundschaft wieder beleben, die mir hier so wichtig geworden ist! Genauso wie ja auch Viktor nicht aus meinem Leben verschwunden ist, nur weil er gestern entlassen wurde. Wir wollen in Kontakt bleiben und genau dafür will er mir ja ein Smartable schicken. Ich lächle Rosie an und drücke dankbar ihre Hand. Was für eine erstaunliche, wundervolle, weise, herzliche Frau sie doch ist! Sie lächelt zurück. „Die Welt hat sich sehr verändert. Mir kommt es so vor, dass heute das Nehmen das Geben überwiegt - aber wer nicht gibt, kann auch nicht wertschätzen, was gegeben wird, weshalb das Nehmen selbst auch unbedeutend wird", sagt sie und sieht mich sehr nachdenklich an. „Du gehörst zu den Menschen, die von Herzen geben, Anira. Darum mag ich dich so sehr!" Und mit diesem Satz, der in meinem Kopf nachhallt, umarmt sie mich: Und ich stehe noch sehr ge- und berührt da, als sie schon weitergegangen ist.

Nach einem langen Spaziergang im Park, bei dem sich die Ereignisse des Tages in meinem Kopf langsam sortieren und meine Emotionen sich beruhigen, gehe ich zum Abendessen ins Esszimmer wo schon Agnes aufgeregt auf mich wartet. „Stell dir vor, Graciella hat sich entlassen lassen!" – „Ja, ich weiß. Wir haben noch geredet." – „Der arme Armand, er hat noch länger mit Dr. Domas geredet, nachdem sie weg war." – „Sie wollte in ihr altes Leben zurück." – „Aber wie dumm ist das denn?", fragt Agnes kopfschüttelnd, aber obwohl ich ihren Entschluss nicht gutheiße, kann ich das nicht so stehen lassen: „Sie hat sich die Entscheidung nicht leicht gemacht und dumm ist Graciella sicherlich nicht. Was wir davon halten, ist dabei auch nicht relevant, denn es ist schließlich ihr Leben." Agnes sieht mich erstaunt an: „Ich dachte, du bist meiner Meinung!?" – „Es geht nicht darum, was wir denken oder wie wir es beurteilen, Agnes." Einen Moment schweigt Agnes und man sieht ihr an, wie sie über meine Worte nachdenkt. Schließlich gibt sie verlegen zu: „Du hast recht." Wir schweigen und essen, während sich Vera zu uns setzt und direkt losplappert: „Graciella Liono wurde entlassen. Habt ihr es schon gehört?" Wir nicken schweigend. „Dann ist SocCom ja jetzt wieder aus dem Schneider! Und meine Aktien sind wieder stabil! Beim Kauf schienen mir SocCom-Aktien zuvor immer absolut krisensicher, aber nachdem herauskam, dass sie durch Krankheit nicht in der Firma ist, gingen die gerade echt den Berg runter, aber das wird sich jetzt ja wieder ändern." – „Das ist schön für dich", sage ich förmlich, aber im Herzen teilnahmslos. Vera weiß zum Glück nicht, was hier alles war, aber sie ist eine durch und durch oberflächliche, egozentrische Person und ich traue ihr tatsächlich zu, den Gedächtnisverlust inszeniert zu haben, und wenn es nur dazu dient, um hinterher damit angeben zu können, auch das schon mal gehabt zu haben. Alle Krankheiten, alle Probleme, die ein Mensch haben kann, hat sie schon durchlitten – zumindest wenn man ihr glauben mag. Mag ich aber nicht. Nachdem sie in den ersten Tagen hier sehr ängstlich aufgetreten ist, steckt sie inzwischen überall ihre Nase hinein und kommentiert alles und jeden. Ich muss zugeben, dass sie hier der erste Mensch ist, den ich nicht besonders leiden kann und ich würde ihr aus dem Weg gehen, wenn ich nicht das Gefühl hätte, andere vor ihr schützen zu müssen.

Sie sitzt also bei Agnes und mir am Tisch, plappert wie ein Wasserfall belangloses Zeug und es fällt ihr in keiner Weise auf, dass wir mit unseren Gedanken ganz woanders sind und es uns nicht interessiert, was sie so von sich gibt. Als sie fertig gegessen hat, geht sie wieder und Agnes seufzt: „Diese Frau ist wirklich nicht leicht zu ertragen." Ich nicke zustimmend und erzähle ihr von Rosie und unserem Gespräch vorhin. Agnes lächelt. „Für meine Kinder war Rosie wirklich ein Segen ..." – „Moment mal, Agnes", unterbreche ich sie verwirrt: „Wie meinst du das, für deine Kinder?" – „Ach, das weißt du noch gar nicht? Rosie war das Kindermädchen, das eingestellt wurde, als ich in die Klinik kam." Mir bleibt der Mund offenstehen. „Naja, es gab noch ein anderes Kindermädchen vor ihr, aber die war nutzlos. Rosie aber hatte das Herz am rechten Fleck. Sie und Gustaf hatten keine eigenen Kinder, aber als Kindermädchen hat sie meinen Kindern die Liebe gegeben, die ich ihnen durch die Krankheit nicht geben konnte." Damit habe ich nun nicht gerechnet. Sie fragt mich: „Was denkst du, warum sie hier ist und nicht in einem Dementenhaus?" – „Ein Dementenhaus? Ist das so schlimm, wie es sich anhört?" Agnes nickt. „Dr. Domas hat sie aufgenommen. Rosie hat mich oft hier besucht und mir von meinen Kindern erzählt. Das hat mir anfangs sehr weh getan und ich war eifersüchtig, weil sie ihnen all die Zuneigung geben konnte, die ich ihnen gerne gegeben hätte. Aber letztlich war sie mehr ihre Mutter als ich es durch die Krankheit sein konnte. Sie hat ihnen Stabilität gegeben, die sie so nötig brauchten und schließlich war sie die Einzige, die den Kontakt mit mir ebenfalls gepflegt hat. Nur so habe ich erfahren können, wie es meinen Kindern geht und was in ihrem Leben gerade passiert. Gerichtlich war mir der Kontakt nämlich verboten worden, nachdem mein Exmann wieder geheiratet hatte, angeblich aus dem Grund, die Kinder nicht zu verwirren. Zu der Zeit fing Rosie an, mich regelmäßig zu besuchen. Und das in ihrer Freizeit, die in ihrem Job nicht gerade reich gesät war und schließlich war da ja auch noch Gustaf, der ihr wirklich ein guter Partner war, der sie immer unterstützt und vor seinem Tod sich auch um sie gekümmert hat." Sie blickt in die Ferne. „Rosie ist ein wirklich guter Mensch. Als die Demenz immer stärker wurde und nach Gustafs Tod hat es Dr. Domas ermöglicht, dass sie hier in ein Demenz-programm aufgenommen wurde und dadurch, dass sie mich kannte, war es für sie auch einfacher. Zudem habe ich immer auch ein Auge auf sie – zumindest wenn es mir gut genug geht - was natürlich die Pflegenden entlastet." Ich bin von diesen Informationen wirklich überrascht, auf der anderen Seite erklärt es sehr viel über die Dinge hier, wie sie sind. „Dr. Domas, also der Vater", beginne ich, „der lebt vermutlich nicht mehr, oder?" – „Bedauerlicherweise nein. Er starb vor einigen Jahren durch einen schrecklichen Unfall. Er hat diese Klinik zu dem Ort gemacht, der sie mal war. Sein Engagement und seine Güte waren unvergleichlich! Gemeinsam mit seiner Frau, die unheilbar krank ist, haben sie dieses Krankenhaus aufgebaut. Sie hatten sich durch ihre Krankheit kennengelernt und haben sehr schnell geheiratet. Der Wunsch zu helfen hat die beiden angetrieben. Ach, heute gibt es sowas nicht mehr", beendet Agnes ihren Redeschwall und schaut sich traurig um. „Überhaupt hat sich die Welt so sehr verändert in den letzten 25 Jahren. So viele technische Neuerungen, die ich nicht mehr verstehe. Ein Flugzeug könnte ich heute nicht mehr steuern, da gibt es so viele Geräte, die eingesetzt werden, andererseits machen Piloten heute kaum noch etwas, da die Technik das meiste selbst steuert. Aber auch der Alltag hat sich völlig gewandelt, genauso wie das Miteinander – falls von einem Miteinander überhaupt noch die Rede sein kann. Ich glaube, ich könnte da draußen nicht mehr leben und bin das Leben hier einfach gewöhnt." – „Hier scheint auch mir alles vertraut, was nicht nur damit zu tun hat, dass mir die Erinnerungen fehlen, sondern ich habe dieses Gefühl von Heimat und Zugehörigkeit hier. Draußen fühlte ich mich einfach nur verloren. Ich habe da keinen Platz – oder zumindest fühlt es sich so an." Agnes sieht mich intensiv an. „Solange wir Dr. Domas haben, kannst du hier sein. Da kannst du dir sicher sein!" Ich nicke. Diese Sicherheit hat zwei Ebenen: es ist sicher hier sein zu können und ich bin hier sicher. Und als ich an diesem Abend in meinem Bett liege, gibt es sehr viel, worüber ich nachdenke: Graciella und wie es ihr wohl jetzt gerade geht. Viktor und wie er den Abend verbringt, denn er hatte erzählt, dass Sebastian eine Rückkehrparty für ihn geplant hat. Ich denke an Rosie und ihre klare, herzliche Weisheit. Sowie an die Gespräche mit Agnes und mit Dr. Domas und mit einer gewissen Vorfreude und Aufregung an den anstehenden Ausflug aufs Land. Der Schlaf stellt sich erst sehr spät ein, aber wenn einem viele Gedanken durch den Kopf gehen, ist das ja nicht so ungewöhnlich.

Theresa

Am nächsten Morgen fühle ich mich aufgrund der kurzen Nacht entsprechend müde, aber bin trotzdem zeitig wach und decke wie üblich mit Sascha den Tisch. Heute ist wieder Malen und so gehe ich nach dem Frühstück rüber, wo Louis schon die Malsachen auf den Tischen verteilt. „Na", begrüßt er mich gut gelaunt: „Ich habe gehört, dass Sie jetzt einen Namen haben." Ich grinse nur. Leider muss ich ihn enttäuschen, als er mich nach weiterem Wissen über Geheimbünde oder Symbole befragt, aber er trägt es mit Fassung. „Mein Gelehrter ist von meinem Thema begeistert und hat mir genug Hinweise gegeben, mit denen ich ein Jahr verbringen könnte. Ich habe aber nur zwei Monate für meine Abschlussarbeit, da muss ich das schon etwas straffen. Aber mein SmarF fasst mir die Texte sehr gut zusammen!", sagt er leichthin. Ich schüttle den Kopf, weil ich nicht glaube, dass so ein SmarF die wichtigen Dinge erfassen kann wie ein Mensch, aber es ist ja Louis' Angelegenheit und nicht meine. Heute greife ich spontan zu den grünen Stiften und male einfach ein paar Blätter, die sich über mein Zeichenblatt ranken und mich an die Blätter erinnern, die ich in meinem Traum gesehen hatte. Es ist sehr entspannend. Neben mir am Tisch malt Kiki, wie immer in dunklen Farben und ich muss mir wirklich Mühe geben, um der Versuchung zu widerstehen, ein kleines hellgrünes Blatt auf ihr Bild zu malen, um einen Lichtimpuls zu setzen. Sie ist schon fast so lange hier wie ich und ich kann wenig Fortschritte beobachten, zumindest ist sie sehr zurückgezogen. Auch heute lässt sie ihr Bild einfach auf dem Tisch liegen und nachdem sie gegangen ist, werfe ich einen genaueren Blick darauf: Ich sehe etwas, das wie eine dunkle Wolke die Mitte des Gemäldes umschließt, während im Zentrum etwas Strudelförmiges in die Tiefe des Blattes zu ziehen scheint – und die Tiefe ist wirklich erstaunlich und zugleich beängstigend. Verstärkt wird der Eindruck noch durch einzelne Körperteile, die in diesem Strudel nach unten gezogen werden. Während ich noch überlege, was sie zu solchen Bildern bewegt, sammelt Louis es ein. Er erzählt mir dabei im Vertrauen, dass Kiki einen schlimmen Unfall überlebt hat. Ein Baukran stürzte auf das Haus ihrer Familie und sie verlor im entstandenen Brand beide Eltern. Das arme Mädchen! Jetzt wundere ich mich nicht mehr.

Ihr Schicksal bestürzt mich und ich wünsche ihr, dass sie aus diesem Trauma wieder herausfindet! Aber mir ist jetzt klar, dass das eine lange Zeit dauern wird und warum sich ihr Unterbewusstsein wahrscheinlich gegen die Er-innerungen sträubt. Keine leichte Aufgabe für Dr. Domas, aber ich bin mir sicher, dass sie bei ihr in den besten Händen ist. Noch ganz in Gedanken laufe ich im Flur gegen Raphael, der mich wissen lässt, dass ein Päckchen für mich angekommen ist. Im ersten Moment bin ich verwirrt, denn ich habe noch nie Post bekommen, aber es ist tatsächlich schon das versprochene Smartable von Viktor. Mehr noch als über das Geschenk, freue ich mich über den kurzen Brief, den er beigelegt hat. Es ist ein getippter Brief, in dem Viktor nochmal ausdrückt, wie wichtig es ihm ist, dass wir in Kontakt bleiben und eine ganz kurze Anleitung, wie ich das Smartable einschalten kann, wie ich sehe, ob die online-Verbindung klappt verbunden mit der Bitte mich dann auch gleich zu melden, wenn ich online bin. Ich packe das Gerät langsam aus und fühle mich dabei wie jemand der einen Gegenstand aus einem anderen Jahrtausend in den Händen hält. Es ist allerdings kein ehrfürchtiges Festhalten, wie ich es bei einem historischen Gegenstand hätte, sondern eher ein gewisses Unbehagen, dass ich es kaputt machen könnte. Ein Gefühl der Überforderung oder der Unsicherheit, weil ich nicht damit umgehen kann und mir nicht sicher bin, ob ich das so einfach hinkriege, beschleicht mich. Gleichzeitig auch Bedenken, was mich mit diesem Ding erwartet.

Brandon ist als einziger im Raum und sitzt in einem Sessel in meiner Nähe und ich gehe zu ihm hinüber, nachdem ich wie von Viktor beschrieben, das Gerät angemacht habe und es mich mit Worten in einer fremden Sprache angesprochen hat und ich nun einfach nicht weiß, was ich als nächstes tun soll. Da ich nichts zu verlieren habe, spreche ich ihn einfach an: „Ich habe hier ein Smartable, aber komme damit nicht zurecht. Kannst du mir vielleicht damit helfen?" Und mein erwartungsvoller Blick ruht auf ihm. Meine Worte scheinen ihn aber nicht erreicht zu haben, denn er starrt weiter auf sein eigenes Smartable. Noch einmal wiederhole ich meine Frage sehr freundlich, aber auch diesmal gibt es von Brandon keine Reaktion. Naja, dann muss ich halt auf jemand anderen warten, denke ich, während ich noch unentschlossen neben ihm stehe und mein Smartable wieder in der fremden Sprache mit mir spricht und ich nur denke, dass es – kaum angeschaltet – ganz schön fordernd ist.

Als ich mich umdrehe, steht Jackie hinter mir und sieht mich an. „Ich kann helfen", sagt sie in einer tiefen melancholischen Stimme. „Das wäre wirklich toll. Ich kenne mich nämlich gar nicht damit aus und Brandon scheint mich nicht gehört zu haben." Jackie zuckt die Schultern: „Der ist ein Smod." – „Ein was?", will ich wissen. Was ist das jetzt denn jetzt schon wieder? „Ein Smod", wiederholt Jackie langsam, „so nennt man die Menschen, die ohne ihr Smartable überhaupt nicht mehr sein können. Also die meisten." – „Das Problem hat also einen Namen, aber wird auch etwas dagegen gemacht?" – „Naja, solange die Smods ihre Arbeit tun, ist es ja nicht schlimm. Sie tun ja keinem was zuleide. Viele gehen ihrer Arbeit nach und sind sonst halt mit ihrem Smartable beschäftigt, warum sollte man etwas dagegen tun? Hier bei Brandon ist es nochmal krasser. Er lernt nichts mehr und kann sich auch an viele Sachen nicht erinnern, deshalb ist er ja hier. Aber der smarft einfach die ganze Zeit: Filme und Spiele hauptsächlich. Ich kenne viele, die so sind. Aber ganz echt, ich bin ja gerne am Smartable, aber nichts anderes mehr tun?" Jackie ist erstaunlich gesprächig, und ich kann mich nicht erinnern, sie bisher so viel reden gehört zu haben. Um so mehr freue ich mich, dass sie mit mir spricht. Und natürlich bin ich froh, dass sie mir mit dem Smartable helfen will, das schon wieder in der fremden Sprache etwas zu uns sagt. Jackie nimmt es in die Hand und in einer Kombination aus Wischen und irgendwas Drücken spricht das Gerät plötzlich in mir verständlicher Sprache und sagt uns, dass wir den Chip jetzt einlesen können. Jackie schaut mich auffordernd an, ich schüttele aber den Kopf und sie wischt und drückt wieder irgendetwas, so schnell, dass ich gar nicht richtig sehen kann, was sie da macht und wir werden als nächstes gefragt, ob Daten eines bestehenden Kontos übernommen werden sollen und als Jackie nach meinem erneuten Kopfschütteln auch dies weg wischt/drückt werden wir gebeten, eine Zeitzone auszuwählen, damit es sich konfigurieren kann. Bei ihr geht das alles superschnell und ich kann gar nicht folgen. Weitere Fragen hören wir: Ob ich eine männliche oder weibliche Stimme für mein SmarF möchte, welches Aussehen ich für meinen kleinen Helfer haben möchte und dann noch, ob mir der Name „Theresa" für meine Helferin gefiele. Schließlich müssen noch Fingerprint und Face-Recognition konfiguriert werden – was sie mir erst mal alles erklären muss. Ich fühle mich so unwohl, als würde ich bei der Polizei in die Verbrecherdatei aufgenommen, als ich zwei meiner Finger und mein Gesicht scannen lassen muss, um diese Funktionen einzurichten. Ein Glückwunsch wird ausgesprochen, dass mein Gerät nun gleich einsatzbereit sei und eine kleine Gestalt, die für mich wie ein Zwerg aussieht, erscheint auf dem Display, stellt sich als Theresa vor, rückt wie in einem Zimmer Tische und Stühle umher und informiert mich, dass im Hintergrund mein Smartable ebenfalls „wohnlich" für mich eingerichtet würde und ich mich entspannt zurücklehnen könne. Als es nach wenigen Minuten fertig ist, gratuliert mir Theresa und will wissen, was ich als nächstes tun möchte. Ich sehe Jackie etwas hilflos an. „Du musst jetzt sagen, was du tun möchtest." Und so sage ich: „Ich möchte eine Nachricht an Viktor schicken." Theresa will natürlich wissen, an welchen Viktor und zum Glück hat er mir im Brief seine Nummer gegeben, die ich Theresa ebenfalls sage, so dass sie eine Nachricht an Viktor vorbereitet und mich dann fragt, was ich ihm mitteilen möchte. Jackie sagt, dass ich die Nachricht tippen oder sprechen kann. Ich kann gut mit der Hand schreiben, im Tippen fühle ich mich weniger, also entscheide ich mich fürs Sprechen: „Hallo Viktor, ich bin jetzt wohl online. Danke dir für das Smartable. Jackie hat mir zum Glück beim Einrichten geholfen, sonst hättest du jetzt noch keine Nachricht." Und dann muss ich lachen und verabschiede mich und wünsche ihm noch einen schönen Tag. Jackie zeigt mir, wo ich drücken muss, um die Nachricht zu senden – aber auch hier hätte ich einfach Theresa zum Senden beauftragen können. Es ist schon ein wenig so, wie eine kleine Sekretärin zu haben, die mir ahnungslosem Wesen weiterhilft. Und natürlich möchte Theresa sofort wissen, was ich als nächstes tun möchte. Mir reicht das erst mal, aber Jackie zeigt mir noch, wie ich das Smartable und damit auch Theresa in den Schlafmodus bringe und wieder aufwecke. „Warum höre ich eure Smartables nicht die ganze Zeit sprechen?" will ich noch von ihr wissen. „Es gibt verschiedene Einstellungen. Ich habe hier die einfache Einstellung gewählt, damit du damit klarkommst, weil du ja gar keine Ahnung hast", erklärt sie mir. „Das ist der Kindermodus, Anira", höre ich die Stimme von Agnes, deren Eintreffen ich gar nicht bemerkt hatte. Jackie ist jetzt ein wenig verlegen, aber ich muss lachen: „Ich denke, das passt schon!" Aber ich verstehe nun, wie die Kinder an die Smartables gefesselt werden. Das Smartable vermittelt ihnen mit den kleinen SmarFs, die mit ihnen sprechen, das Gefühl einen Freund gefunden zu haben. Was auf der einen Seite so spielerisch scheint, ist auf der anderen Seite der Beginn zu einer völligen Abhängigkeit, wie sie Brandon und andere erreichen. Wie hießen die noch gleich? Smods. Nun, ich gehe aber davon aus, da ich kein Kind mehr, sondern erwachsen bin, dürfte mir das nicht passieren. Ein kleines Geräusch erklingt und Theresa informiert mich, dass ich eine Nachricht von Viktor erhalten habe. Agnes zeigt mir, wie ich sie mir ansehen kann. „Super, Anira! Ich freue mich. Willkommen in diesem Jahrhundert." Und ein kleines grinsendes Gesicht beendet die Nachricht: „☺" Ich freue mich über die Antwort. Immerhin hat es mit den Nachrichten geklappt und ich kann jetzt mit Viktor in Kontakt bleiben. Ob es mir in diesem Jahrhundert gefällt, kann ich noch nicht so recht sagen. Für heute reicht es mir in jedem Fall erst mal und für den Rest des Tages sperre ich das Smartable mit Theresa in meinem Schrank ein.

Erst abends hole ich es nochmal raus und sehe es mir an. Theresa freut sich, mich wiederzusehen – sagt sie zumindest – und fragt schon wieder, was ich tun möchte. „Keine Ahnung", murmele ich und Theresa nimmt den Faden auf. „Wenn du nicht weißt, was du machen möchtest, kann ich dir Vorschläge machen: Möchtest du einen Film sehen? Etwas spielen? Etwas lernen oder

Musik hören?" Ich entscheide mich für Musik und freue mich, dass ich nun eine Möglichkeit habe, Musik zu hören, denn ohne Graciella hatte ich noch keine Gelegenheit. Da ich nicht beschreiben kann, welche Musik ich mag, lasse ich mir Vorschläge machen. Ich genieße es, alle mögliche Musik hören zu können und die Zeit vergeht wie im Flug. Meine Einstellung zu Theresa und dem Smartable wird etwas positiver, aber dann mache ich einen fatalen Fehler. Ich beschließe, es einmal mit einem Film zu versuchen. Natürlich möchte Theresa wissen, was ich so mag. Ich sage, „etwas mit Pflanzen" und bekomme einen kurzen Film gezeigt, in dem jemand einen Bonsai zeigt und über die schwierige Pflege spricht. Kaum ist dieser Film vorbei wird ein weiterer Film gezeigt, hier geht es um den Umgang mit künstlichen Pflanzen und wie man sie am besten reinigt, das ist langweilig, also versuche ich das zu beenden. Eine Werbung wird eingeblendet, in der mir jemand versucht einen künstlichen Kaktus, der blühen kann, zu verkaufen. Ich schüttle den Kopf und finde das ziemlich blöd, aber da beginnt der nächste Film, in dem es um den Regenwald geht und den finde ich wiederum ziemlich interessant. Und so kommt es, dass – unterbrochen von in meinen Augen völlig idiotischen Werbungen – ich einen Film nach dem anderen ansehe und ich völlig in den Sog gerate und als ich auf die Uhr blicke, ist es bereits 2 Uhr nachts und ich kann es nicht fassen, wie ich offensichtlich stundenlang am Smartable verbracht habe, ohne das zu beabsichtigen und ich bin von mir selbst entsetzt. Denn wenn ich darüber nachdenke, dann war da zwar der ein oder andere interessante Beitrag, aber doch insgesamt so viel Müll und immer wieder Werbung, dass es sich wirklich um reine Zeitverschwendung handelte. Schnell mache ich das Smartable aus und eine Mischung aus Scham und Ärger überfällt mich. Letztlich geht es doch nur um den Verkauf, die Filme sind doch nur das Füllmaterial für die Werbung, die mich an allen Stellen einzufangen versucht. Was habe ich wirklich gesehen und gelernt? Nicht viel, aber viel, was für mich völlig unnütz ist und über Pflanzen weiß ich bereits deutlich mehr als ich aus den Filmen erfahren habe. Noch lange liege ich wach und denke über das Smartable, Theresa und die Menschen nach, die in dieser Welt gefangen sind ... Und ich nehme mir fest vor, mich nicht genauso davon einfangen zu lassen. Der Abend hat mir deutlich gezeigt, wie schnell ich in den Sog des Smartable gekommen bin.

Morgens bin ich müde aufgrund der kurzen Nacht und ärgere mich immer noch über mich selbst. Theresa informiert mich ungefragt darüber, dass ich eine Nachricht von Viktor bekommen habe. Ich möchte erst mal in Ruhe aufstehen, aber sie erinnert mich in kurzen Abständen wieder daran, die Nachricht zu lesen, und findet, ich sollte ihm antworten. Meine Güte, was für eine lästige kleine „Freundin" und ich beschließe mir später helfen zu lassen, die Einstellungen zu ändern, so dass Theresa nicht so viel redet, das geht mir wirklich auf die Nerven.

Obwohl ich mich von Theresas wiederholten Mahnungen schon sehr gedrängt fühle, warte ich ab, bis ICH soweit bin, die Nachricht zu lesen. Ich finde einen kurzen Gruß: Viktor wünscht mir einen guten Morgen und schickt Grüße an die Frühstücksrunde. Das ist einerseits ja lieb und schön, dass er an uns gedacht hat, andererseits auch irgendwie unnötig. Theresa fordert mich mehrfach auf, ihm zu antworten. Ich lasse sie links (und im Zimmer) liegen und gehe in den Frühstücksraum, wo ich heute wirklich spät dran bin. Sascha, Agnes und Rosie sitzen bereits zusammen und frühstücken vergnüglich. „Na? Verschlafen?", wollen sie wissen und ich gestehe ihnen, dass mich das Smartable wachgehalten hat. „Ja, das kenne ich, da will man nur schnell was nachschauen und schwups sind zwei Stunden rum", stimmt Agnes ein und auch die anderen nicken verständnisvoll. „Kann mir jemand von euch später helfen, die Einstellungen zu ändern? Dass mein SmarF ständig mit mir redet, geht mir wirklich auf den Keks!", frage ich in die Runde und Agnes erklärt sich sofort bereit, mir hier auszuhelfen: „Das ist auch wirklich die Kindereinstellung, ich kenne keinen Erwachsenen, der das so hat. Da hat sich Jackie schon einen Spaß erlaubt." – „Sie meinte, es wäre für unerfahrene Nutzer wie mich eine gute Idee." – „Wie auch immer. Wir stellen das nachher um, dann ist deine Theresa nicht mehr so lästig, sondern dezenter unterwegs. Ich kann dir dann auch ein paar nützliche Funktionen zeigen, wie du zum Beispiel Nachrichten mitbekommst oder dir einen Wecker stellen kannst." Ich bin erleichtert und der weitere Verlauf des Frühstücks ist entspannt und fröhlich, wenn auch Graciella und Viktor in der Runde eindeutig fehlen ...

Als Agnes am Nachmittag mit mir die Smartable-Einstellungen ändert und ich mir einige Nachrichten und Mitteilungen angesehen habe – von Werbung unterbrochen natürlich – bin ich noch weniger begeistert von meinem Smartable oder ihrer grundsätzlichen Idee. Sind die nicht nur ein Mittel zum Zweck, um Dinge zu verkaufen? Hier werde ich doch von vorne bis hinten manipuliert und mit gefilterten Informationen gefüttert. Wie kann ich prüfen, ob etwas stimmt, wenn ich keinen Vergleich habe? Wie kann Louis denken, dass er wissenschaftlich arbeiten kann, wenn er nur eine Seite kennt, ein Buch nicht ganz liest, sondern sich Zusammenfassungen durchliest und er nicht die Gedankengänge von Autoren ganz verfolgt, um sie zu verstehen und zu hinterfragen? Wie kann ich mir meine eigene Meinung bilden, wenn ich vorgefertigte Meinungen bekomme und geht es überhaupt noch darum, eine eigene Meinung zu haben, wenn doch von den Werbenden – oder bestimmten Unternehmen dahinter – entschieden wird, was für eine Meinung wir haben sollen? Genauso wird mir hier vorgegeben, wie wir aussehen sollen, was wir denken und fühlen sollen und wo wir unsere Prioritäten setzen sollen? Selbst wenn es um Entspannung geht, wird ein Produkt verkauft. Wo bleibe ich? Wo bleibt das Ich? Wobei es vermeintlich ja immer um mich geht, aber eben nur vermeintlich, denn letztlich es geht doch um die Interessen anderer – wirtschaftliche Interessen.

Nach meinem kurzen, aber doch intensiven Kontakt mit den Smartables stehe ich ihnen noch negativer gegenüber als vorher. Ich verstehe jetzt, warum die jungen Frauen so gleich aussehen, verstehe den Druck, der damit entsteht, und finde das alles andere als gesund. Ich verstehe, mit welchen Tricks hier gearbeitet wird und wie die Abhängigkeit forciert wird – sei es aus politischen oder wirtschaftlichen Interessen, vermutlich aber eine Mischung aus beidem. Auf jeden Fall steht mein Entschluss, dem Smartable so fern wie möglich zu bleiben, am Ende dieses Tages unumstößlich fest. Ich werde es nutzen, um den Kontakt mit Viktor zu halten und vielleicht etwas über Graciella zu erfahren, aber die Zeit daran begrenzen und mich wie zuvor, lieber mit den Menschen unterhalten statt mit Theresa! Die ist jetzt so eingestellt, dass sie schweigt und sich nur noch meldet, wenn ich sie ausdrücklich auffordere, mir eine Frage zu beantworten. Sorry, Theresa, wir werden keine Freunde werden!

Marta

Heute werde ich mit Anira den zweiten Ausflug unternehmen. Es geht aufs Land. Mit meiner Mutter habe ich abgesprochen, dass wir sie besuchen, nachdem wir ein wenig die Gegend betrachtet, in einem Restaurant gegessen und anschließend einen Spaziergang gemacht haben. Den Spaziergang wollte Anira unbedingt, ich hätte das ja nicht gebraucht, aber inzwischen weiß ich ja, wie wichtig ihr Bewegung draußen ist. Zum Abschluss des Ausflugs fahren wir dann zu meiner Mutter, die einen Kuchen gebacken hat. Das ist zwar vielleicht nicht so professionell, aber die Beziehung zu Anira ist auch nicht mehr rein beruflich, das muss ich zugeben. Sie ist nicht nur ein ungewöhnlicher Fall, sie ist auch eine ungewöhnliche Persönlichkeit und sie ist mir inzwischen wirklich ans Herz gewachsen. Darum freue ich mich, dass sie meine Mutter und meine Mutter sie kennenlernen wird. Ich gehe sehr stark davon aus, dass sich die beiden gut verstehen werden. Davon abgesehen lebt meine Mutter nun schon seit knapp 10 Jahren nicht mehr in der Stadt, liebt Pflanzen und kennt sich deutlich besser mit dem Landleben aus als ich, so dass sie mehr Informationen liefern kann als ich. Ein stimmiges Konzept also, auch wenn ich Anira noch nicht gesagt habe, dass wir diesen Ausflug mit einem Besuch bei meiner Mutter kombinieren, aber das wird sie nachher schon früh genug erfahren.

Als wir wieder am Ausgangsportal der Klinik stehen, sehe ich die Erwartung in Aniras Augen. Es ist diesmal anders *als bei unserem ersten Ausflug. Durch die Zeit in der Stadt hat sie nun eine andere Sicht auf das, was sie erwartet, zudem hat sie auch über das Smartable mehr über das Leben draußen erfahren. Ich beobachte ihr Reaktion als sich die schweren Flügel der Tür öffnen und die Straße vor uns liegt, wo mein Auto auf uns wartet. Anders als am Tag als wir in die Stadt fuhren, ist heute schönes Wetter, die Temperaturen sehr mild und die Sonne leuchtet freundlich. „Na, bereit?", frage ich sie und sie lächelt und nickt: „Ich bin sehr gespannt!"*

Während der Autofahrt sitzt Anira aufmerksam da und beobachtet durch das Fenster die sich verändernde Landschaft draußen. Fast wie bei einem aufgeregten Kind, sieht man ihrem ganzen Körper die Freude und Spannung an. Es ist aber genau das Verhalten, das ich von ihr erwartet habe. Auch ich schaue heute selbst mal wieder aus dem Fenster und versuche, die Welt draußen wahrzunehmen. Durch die selbstfahrenden Autos habe ich ganz verlernt, meine Umgebung zu beobachten. Ich sitze sonst nur wie ein Gast im Auto oder Taxuber und beschäftige mich mit meinem Smartable, mache oft noch Notizen von der Arbeit oder schreibe an meiner nächsten Veröffentlichung, wenn ich zu meiner Mutter fahre. Wenn es vorher sehr anstrengend war, schlafe ich manchmal auch.

Die Sonne scheint und lässt die winterlich kahle Landschaft in schönem Licht erscheinen. Wir sehen die weiten Felder, die teils in Winterruhe sind und teils schon mit Wintergetreide bestückt sind. Um die Stadt herum beginnt nach einem großen Waldgürtel, der sich wie eine

Schutzmauer um die Stadt legt, weil er so angepflanzt wurde, das wirtschaftlich genutzte Gebiet. Es ist Teil des Landschaftskonzepts geworden, um die Städte einen Wald anzulegen, der bei Expansionsbedarf der Stadt dann einfach verlegt wird. Die Ökologieberater haben dieses Konzept vor etlichen Jahren durchgesetzt, um die Städte zu schützen und „grüne Lungen" zu schaffen. An die Wälder anschließend erstrecken sich riesige Felder, zumeist soweit das Auge reicht. Unsere Landschaft zeichnet sich durch sanfte Hügel in der Ferne aus, die insofern wirtschaftlich erschlossen sind, dass sie Ausflugs- und Urlaubsorte geworden sind. Dort wurde die Landschaft natürlich gestaltet und bestimmte Naturreservate für Pflanzen und Tiere angelegt, die nur mit Führungen besuchbar oder über Aussichtspunkte einsehbar sind. Ich war, wenn ich so darüber nachdenke, das letzte Mal mit der Schule dort. Ich stamme ja aus einer Generation, in der Schule noch nicht vollständig am Smartable, sondern in eigens dafür vorgesehenen Gebäuden stattfand. Wir haben damals eine Klassenfahrt gemacht und eine Woche in einem Natur-reservat gearbeitet, was mir ziemlich gut gefallen hat, aber ich wusste zu der Zeit schon, dass ich Ärztin werden wollte. Verrückt, dass ich an all das seit Jahren nicht gedacht habe, aber dieser Ausflug die Erinnerungen bei mir wieder weckt. Anira befragt mich zu dem, was wir sehen, und ich erkläre die Struktur der vorhandenen Landschafts-gestaltung, soviel ich eben weiß. „Es gibt aber doch auch Landschaft, die einfach ganz natürlich ist, also wie sie wächst und sich entwickelt, oder?", fragt sie mich eindringlich. „Ja, ich denke schon. Es gibt, glaube ich, auch

Naturreservate, die alte, freie Gebiete und Landschaften schützen, die mehr oder weniger einfach sich selbst überlassen werden und auch nicht besucht werden können. Aber in der Regel werden die Naturreservate angelegt, teils auf ehemals wirtschaftlich genutzten Flächen, die aber keinen Ertrag mehr bringen. Hier entwerfen die Naturwissenschaftler ein Konzept, um die Artenvielfalt zu erhalten oder zu gewährleisten." Kopfschüttelnd sieht Anira wieder nach draußen, auf die sauberen, geordneten Felder. „Wie die Menschen, alles wird geformt und genormt ...", murmelt sie. Irgendwie hat sie da wohl recht, obwohl das ja schlimmer klingt, als es ist. Oder?

D ie Landschaft, die sich mir zeigt, ist fast schon steril. Ich hätte erwartet, dass sich die Natur auf dem Land zeigt - Hecken, Bäume, Bäche, ..., dass es einfach so wächst, wie es der Natur beliebt. Da draußen ist wenig krumm und schief. Der „Wald" um die Stadt ist eine künstlich angelegte Baumsiedlung, in der es mir an Abwechslung und Leben fehlt. Die Felder sind riesengroß und man sieht ihnen an, dass es hier nur um wirtschaftliche Optimierung des Ertrags geht. Maschinen arbeiten hier in großem Stil und für Tiere bieten diesen Flächen wenig Möglichkeiten zu leben. Sie werden also in Naturreservaten gehalten, weil für sie sonst kein Platz mehr ist? Das klingt traurig und nach keinem guten Gleichgewicht. Ich hoffe, dass es etwas mehr Abwechslung in der Landschaft gibt, wenn wir weiter draußen „auf dem Land" sind, aber richtig zuversichtlich bin ich nicht.

Immerhin, als wir auf eine kleinere Straße abbiegen, beginnt diese sich auch etwas mehr durch die Natur zu winden und schneidet sich nicht wie eine Flugbahn schnurgerade durch die Landschaft. Es gibt zwischen den Feldern teils zurechtgestutzte Hecken, aber auch ihnen sieht man an, dass sie angelegt wurden. Dr. Domas bestätigt meinen Verdacht, dass diese einzig und allein die Felder vor Winderosion schützen sollen. Der Wunsch Natur zu sehen, die sich frei entfalten kann, wächst in mir. Aber unser Spaziergang wird in einem Naturreservat stattfinden, vielleicht finde ich dort etwas mehr von dem, was ich mir erhoffe. Während wir im Auto durch die Gegend gefahren werden, fällt mir auf, dass es hier nur wenige Menschen zu geben scheint, aber der Eindruck kann ja täuschen, wie ich beim letzten Ausflug bei Erreichen der Innenstadt feststellen musste. „Gehen wir auch in eine Innenstadt auf dem Land? Sind die Menschen hier auch entweder zuhause oder dort?", frage ich Dr. Domas, die fast den Eindruck macht, als würde sie die Landschaft da draußen zum ersten Mal sehen. „Die Menschen arbeiten zum Teil von zuhause, es gibt auch Firmen auf dem Land oder sie arbeiten in der Stadt. Wir fahren noch durch einige Kleinstädte und kleinere Orte. Innenstädte wie in der Stadt gibt es auf dem Land nicht, das würde sich nicht lohnen, aber natürlich hat jede Ortschaft auch ein Zentrum." - „Und das, was wir hier sehen, ist typisch für das Land oder sagen wir für diese Region?" Dr. Domas nickt: „Ja, hier haben wir die sanften Hügel, in Regionen mit Meer oder Bergen ist die landschaftliche Nutzung den Gegebenheiten angepasst.

Und dann gibt es natürlich auch noch andere Klimazonen, wie Heide oder Wüste, die andere Erfordernisse an Bau und Landschaftsgestaltung haben."

Ein angelegter Wald und ein Ortsschild kündigen an, dass wir nun in eine kleine Stadt kommen und ich richte mich aufmerksam auf meinem Platz auf, um nichts zu verpassen. Das Auto verringert die Geschwindigkeit und ich sehe ein ähnliches Bild wie in der großen Stadt: kleine Häuser mit Segeln über der Straße und kahle Bereiche vor den Häusern. Also hier ist es definitiv auch nicht grüner als in der Großstadt. Das hatte ich mir wirklich anders vorgestellt! Und auch hier sind nicht mehr Menschen unterwegs. Wir nähern uns nach kurzer Zeit bereits dem Zentrum, das wiederum aus einem Parkplatz und einem großen Geschäftsblock zu bestehen scheint, in dem man - wenn man der außen angebrachten Werbung glauben schenken mag – alles kaufen kann, was man braucht. Alles sieht etwas heruntergekommen aus und Dr. Domas erklärt mir, dass auch auf dem Land viel bestellt wird und die Menschen für das richtige „Shopping-Erlebnis" oder Konzerte dann eher in die Stadt fahren, worunter die Zentren der kleinen Städte leiden und in vielen Orten auch gar nicht mehr genutzt würden. Im zweiten Ort, durch den wir fahren, ist das Zentrum tatsächlich verwaist: Die Scheiben sind zum Teil eingeschlagen und die Wände mit lieblosen Graffitis beschmiert. Als vermeintliches Zentrum liefert es ein ausgesprochen trostloses Bild. Ich kann nur erahnen, wie sich das auf die Lebensqualität des Ortes auswirkt. Wie ein Geisterhaus steht das ehemalige Einkaufszentrum leer und ungenutzt herum. „Was für eine Verschwendung! Man könnte es doch zu einem Kulturzentrum machen oder wieder Schulen hier einrichten ...", rutscht mir spontan raus und Dr. Domas nickt zustimmend: „Das wäre in der Tat eine Idee, aber niemand möchte in diese Gebäude investieren. Die Kommunen brauchen das Geld für Müllabfuhr, Straßenbau, Verwaltung, da ist nicht genug übrig für solche Projekte, fürchte ich." Ich sage nichts. Was könnte ich dazu auch sagen. Ich weiß zu wenig über das System, um mich informiert äußern zu können, aber das Gefühl, dass hier falsche Prioritäten gesetzt werden, lässt mich nicht los.

Im dritten, noch kleineren, Ort parken wir am Zentrum und werden dort etwas essen gehen. Das Zentrum selbst ist kein besonders großes Gebäude, aber immerhin intakt und sogar recht gepflegt. Wir gehen hinein. Es sind nur wenige Menschen unterwegs, aber trotzdem ist es auch hier erstaunlich laut. Menschen telefonieren, unterschiedliche Musik tönt aus den Geschäften und Werbungssprüche schallen auf uns herab. Einige der kleinen Geschäfte im Gebäude sind leer. Mit Schildern werden sie zur Miete angeboten, aber nach ihrem Zustand zu schließen, suchen sie schon eine ganze Weile nach einem neuen Verwendungszweck. Zwischen zwei Bekleidungsgeschäften deutet Dr. Domas auf ein Restaurant-Café. Wie in der Innenstadt gibt es hier Bedienbots und wir suchen uns einen kleinen Tisch aus, auf dem mit ein paar künstlichen Blumen und einer ebenso künstlichen Kerze versucht wurde, so etwas wie ein Gefühl der Gemütlichkeit zu erzeugen. Ich könnte jetzt nicht sagen, dass das wirklich gelungen ist, aber schon allein der Versuch ist ja lobenswert. Wieder kenne ich keine der Speisen auf der Karte, aber Dr. Domas „übersetzt" mir die exotischen Namen in das einfache Gericht, das dahintersteht. Ich entscheide mich für ein Bratkartoffel-Gericht, das auf der Karte mit Potata-Fritata bezeichnet wurde. Bei den Getränken bleibe ich bei schlichtem Wasser, wobei ich ja inzwischen weiß, dass ich mich zwischen still und sprudelig, mit oder ohne Eis, Zitrone, Gurkenscheibe entscheiden muss.

Wie in der Stadt wird das Essen schon nach kurzer Zeit von einem Servicebot geliefert. Inzwischen habe ich keine allzu großen Geschmackserwartungen mehr und das ist gut so, denn das Essen ist nicht besonders lecker. Die Kartoffeln sind fast geschmacklos und das kann auch die reichliche Würzung nicht überdecken. Das gilt auch für das untergemischte Gemüse. Auch die dicke Käseschicht, in der verschiedene Sorten zusammengemischt wurden, kann den Geschmack für mich nicht retten. Nun gut. Es macht auf jeden Fall satt. Auch Dr. Domas, die sich ein belegtes Brot mit einem fantasievollen Namen bestellt hat, sieht nicht gerade begeistert aus. „Das war wohl keine so gute Wahl hier, dieses Restaurant", sagt sie entschuldigend, aber ich beruhige sie: „Das ist schon in Ordnung. Nach allem, was ich gesehen habe, gibt es hier ja auch nicht die riesige Auswahl, nicht wahr?" Sie nickt betreten: „Es war tatsächlich das einzige in der Region, das nicht nur Lieferservice anbietet." – „Wir sind aber doch satt geworden!", hebe ich den positiven Aspekt hervor. „Das stimmt. Wir haben jetzt noch ein wenig Zeit, bevor wir zu unserer Führung durch das Naturreservat aufbrechen müssen." Ich blicke mich um. An einem Tisch nahe der Tür hat eine junge Mutter mit ihrem Kind im Kinderwagen Platz genommen. Ich beobachte sie interessiert, denn es ist tatsächlich das erste Kind, das ich sehe. Es sitzt ganz vergnügt im Kinderwagen und schaut sich um. Die Mutter bestellt sich Essen und ist völlig mit ihrem Smartable beschäftigt und würdigt ihr Kind keines Blickes. Der Kleine, er mag vielleicht so zwischen zwei und drei Jahren alt sein, betrachtet seine Umwelt. Es ist das Verhalten, was ich von einem Kind erwarten würde. Zum Spielen hat auch er bereits ein Smartable, das ihn aber gerade nicht so zu interessieren scheint, wie das, was um ihn herum passiert. Er schaut auch zu uns herüber und ich lächle ihn an, worauf er zurücklächelt und uns mit seiner kleinen Hand zuwinkt. Und natürlich winke ich zurück! Er strahlt und im nächsten Moment bringt schon der Bot das Essen für die beiden. Das nimmt seine Aufmerksamkeit direkt ein. Ohne wirklich von ihrem Smartable aufzuschauen, schiebt die Mutter eine Schüssel mit Pommes zu ihm rüber und er beginnt zu essen. Ich höre, wie er mehrfach versucht, ihre Aufmerksamkeit zu erregen, dabei ist er weder quengelig noch laut, aber sehr entschlossen, sie zum Zuhören zu bewegen: „Mama.... Mama! ... Mama?" – „Was denn?", fragt sie schließlich, ohne von ihrem Handy aufzusehen. „Mama, ich hab dich lieb!", sagt da dieser kleine Kerl und mein Herz quillt über von diesen erstaunlichen Worten aus dem Mund eines so kleinen Kindes. Erwartungsvoll blicke ich die Mutter an, gespannt auf ihre Reaktion über dieses Geschenk. Aber diese – und ich kann es einfach nicht fassen – ist weiterhin so mit ihrem Smartable beschäftigt und wendet für keine Sekunde den Blick davon ab, während sie ihm wie mechanisch antwortet: „Ich habe dich auch lieb." Und es ist unglaublich, wie wenig Bedeutung diese Worte aus ihrem Mund haben, während das kleine Kind seine ganze, echte Liebe in die gleichen Worte gepackt hat! Es tut mir so leid für diesen kleinen Kerl und Wut auf diese Mutter, die ihr Kind so ignoriert, kommt in mir hoch. Eine Wut, die ich so intensiv noch nicht erlebt habe. Am liebsten würde ich zu dieser Mutter rübergehen, ihr das Smartable aus der Hand reißen und sie anschreien, dass sie sich mal mit ihrem Kind beschäftigen sollte. Der Junge hingegen scheint dieses Verhalten gewöhnt zu sein – was es in meinen Augen nur noch trauriger macht – denn er blickt sie noch kurz an und widmet sich dann wieder seinem Essen, als wäre nichts geschehen. Ein fetter Kloß sitzt mir im Hals, und ich bin mir nicht sicher, ob Dr. Domas die Szene beobachtet hat, da sie gerade mit dem Zahlen unseres Essens beschäftigt ist, wobei es ein technisches Problem gibt und der Chip nicht direkt gelesen wird. Meine Gedanken kreisen. Wenn das die Art und Weise ist, wie Kinder aufwachsen, was für Erwachsene können sie werden? Wundert es da irgendwen, dass die Kinder sich ebenfalls ganz dem Smartable zuwenden, erstens weil sie es ja vorgelebt bekommen und zweitens, weil sie doch richtiggehend dahin gepusht werden. Mir wird innerlich richtig kalt, als ich darüber nachdenke.

Endlich hat Dr. Domas es geschafft, unser Essen zu zahlen, und sie fragt mich: „Wollen wir hier noch ein wenig sitzen bleiben, oder noch durch das Zentrum gehen?" Ich schaue nochmal zur Mutter und dem Kind, das jetzt sein Essen beendet hat und sich ebenfalls das Smartable zu seiner Beschäftigung herbeigeholt hat. Die Menschen, die ich hier sehe, verhalten sich genau wie die in der Innenstadt. Den Blick immer aufs Smartable gerichtet, in Eile, mit sich beschäftigt, nicht mal Zeit und Aufmerksamkeit für ihre Kinder. Der Lärm. Das alles lädt mich wirklich nicht zum Verweilen ein. „Gibt es hier eine Grünfläche in der Nähe? Vielleicht könnten wir dahin gehen, es ist ja ein schöner Tag. Oder wir fahren zum Naturreservat und warten dort, da dürfte es schöner sein als hier?", schlage ich vor. Dr. Domas zückt ihr Smartable und findet heraus, dass in kurzer Laufdistanz ein kleiner Park sein soll, und nachdem wir uns verständigt haben, dass wir dorthin gehen, beginnt ihr Navi – inzwischen weiß ich, dass ihr SmarF „Frederick" heißt – erste Anweisungen zu geben, wie wir laufen müssen.

Es erstaunt mich schon, dass die Menschen hier in ihrer Kleidung und ihrem Verhalten denen der Stadt so gleich sind. Auf der anderen Seite erstaunt es mich auch nicht, denn es ist die gleiche Kultur und die Smartables sind ja auch hier prägend. Es ist in der Tat eine sehr kurze Strecke, die wir gehen, bis wir zu dem Park kommen. Der vermeintliche „Park" entpuppt sich als früherer Friedhof, auf dem sich alte Grabsteine mit Bäumen und Bänken abwechseln. Umgeben von einer mittelhohen Mauer sind hier Reihen unterschiedlicher Grabsteine zu sehen, die teils schon schief und krumm stehen. Die Wege sind mit kleinen Steinen belegt, die bei jedem Schritt ein sanftes

Knirschen unter den Füßen erzeugen. Es ist ein schöner, friedlicher Ort und ich sehe mir die Grabsteine und Inschriften genauer an. Auf manchen Gräbern wachsen – ganz wild und offensichtlich nicht kultiviert – Blumen und Wildkräuter. Kleine Pioniere bei der Besiedlung von Flächen, die hier wohl in regelmäßigen Abständen abgemäht werden, da es niemanden zu geben scheint, der die Gräber wirklich pflegt. Nun, den Daten auf den Grabsteinen zufolge, wären es Enkel oder Urenkel, die hier die Pflege betreiben müssten. Ein Vogel trällert auf einem der Bäume lautstark sein Lied. Auch an der alten Friedhofsmauer haben sich an manchen Stellen Pflanzen angesiedelt und ich bewundere ihre Widerstandskraft, Hartnäckigkeit und Bescheidenheit. Dr. Domas sieht aus, als wären wir an einem verwunschenen, geheimen Ort angekommen – und vielleicht ist es ja sogar so? Ihr Blick ist zärtlich und begeistert zugleich. „Wunderschön!", strahlt sie mich an und ich freue mich, dass wir hierhergekommen sind und nicke, denn es geht mir genauso. Wir genießen den Anblick, das Singen des Vogels, die Stimmung dieses Ortes und werden erst aufgeschreckt, als „Frederick" uns lautstarkem an den Aufbruch gemahnt. Wir gehen zurück zum Auto und befinden uns schon bald auf dem Weg ins Reservat.

*E*s erstaunt mich, dass ich mit Anira immer an so ungewöhnlichen Orten lande. Vermutlich liegt das aber weniger an ihr, als an der Tatsache, dass ich mit ihr unterwegs bin, wo ich sonst einfach bei der Arbeit *bin. Aber davon abgesehen, dass ich kaum Ausflüge mache, bin ich trotzdem bisher noch nie an solchen Orten gelandet. Insofern hat es doch auch etwas mit ihr zu tun. Als wir am Naturreservat ankommen, wartet schon ein wenig ungeduldig ein Guide auf uns, der die Führung mit uns durchführen wird. An seiner Kleidung ist die Zugehörigkeit zu „Nature Reserve" klar erkennbar und ich zeige unsere Tickets, so dass er – nach kurzem, verärgertem Hinweis auf unsere Unpünktlichkeit – mit seinem Chip das Tor zum Reservat für uns öffnet. Er beginnt mit einem Monolog zur Bedeutung der Reservate. Er erklärt, wie wichtig es ist, dass wir die Wege nicht verlassen dürfen und uns an seine Vorgaben zu halten haben, weil er sonst die Tour abbricht. In seinem Habitus erinnert er mich extrem an einen meiner Dozenten im Studium, den wir heimlich „Drill Instructor" nannten, und ich muss unweigerlich grinsen. Anira schaut mich fragend an, aber ich schüttle den Kopf und sage nur „später", weil ich das jetzt nicht erläutern kann. Als er mich hört, sieht er mich direkt strafend an und ich muss aufpassen, dass ich nicht in Gelächter ausbreche. Anira sieht, dass ich mit dem Lachen kämpfe und grinst. „Ich möchte Sie doch bitten, das hier ernst zu nehmen!", fordert uns der Guide auf und Anira rettet die Situation, indem sie zu ihm sagt: „Das tun wir, wir hatten nur auf dem Weg hierher einen Witz gehört, der uns immer noch zum Lachen bringt. Bitte fahren Sie fort." Geschickter Schachzug! Während er seinen vorbereiteten Vortrag abspult, betrachte ich die Landschaft. Es sieht schon schön aus und weitere Erinnerungen an ein Camp aus meiner Schulzeit kommen hoch. Grundsätzlich wurde das Gebiet hier* angelegt, aber es geht darum, für seltene Pflanzen und Tiere, die sonst keinen Lebensraum hätten, ein Refugium anzulegen. Es handelt sich um einen Bereich von 10 Hektar, was – wie uns der Guide erklärt – der Größe von 14 Fußballfeldern entspricht. Vom Weg aus ist von den 2000 seltenen Pflanzenarten, die hier erfolgreich angesiedelt wurden, wenig zu sehen, auch von den Tieren bekommt man nicht viel mit, immerhin hören wir verschiedene Vögel, auch wenn wir sie ebenfalls nicht zu Gesicht bekommen. Anira hört ihm aufmerksam zu und scheint sich besser auf ihn konzentrieren zu können als ich. Als wir durch einen Wald laufen und auf eine Lichtung kommen, auf der ein alter Hochsitz steht, von denen ich mich dunkel erinnere, dass die früher für Jagd und Beobachtung eine Rolle gespielt haben, bleibt Anira plötzlich wie angewurzelt stehen und schaut gebannt nicht in die Richtung, in die unser Guide gerade deutet, sondern in die entgegengesetzte. Als ich mich umdrehe, um ebenfalls dorthin zu schauen, sehe ich, wie ein Hirsch mit ziemlich beeindruckendem Geweih auf die Lichtung tritt. Während der Guide einen Moment länger braucht, um die mangelnde Aufmerksamkeit seiner Gäste zu bemerken und weiter über die rote Waldameise spricht, die hier zu finden ist, beobachten wir den eleganten Hirsch, wie er sich Schritt für Schritt auf die Lichtung wagt. Was für ein imposantes Tier! Wir betrachten ihn ehrfürchtig. Es ist, als würde er allein mit seiner Erscheinung ausdrücken, dass wir hier Gäste in seinem Revier sind. Wie ein Herrscher, der seinen Untertanen gestattet, seinen Glanz und seine Schönheit zu bewundern, steht er majestätisch da und sieht – ohne

Angst, aber sehr aufmerksam – in unsere Richtung. *„Hey, da ist ja Kalle"*, blökt unser Guide laut, worauf der Hirsch sich schnell in den Wald zurückzieht. *„Der zeigt sich sonst nicht um diese Zeit"*, erklärt er uns und spult dann sein Wissen über Hirsche im Allgemeinen und diesen im Speziellen ab. Kalle? Echt jetzt? Einen schlechteren Namen hätten sie kaum finden können. Da hätte ich *„Karl der Große"* passender gefunden, wenn man überhaupt einem freilebenden Tier einen Namen geben muss. Andererseits ist es mit *„freilebend"* hier im Reservat ja auch so eine Sache. *„Beeindruckend"*, raune ich Anira zu, die noch ganz gefangen ist vom Anblick des Hirsches und nur stumm nickt. Wir gehen unter dem stetigen Redeschwall des Guides weiter, dem auch Anira immer weniger zuhört. Stattdessen schaut sie sich selbst um und macht mich leise an einer Stelle auf schillernde Käfer auf dem Weg aufmerksam. Kurze Zeit später zeigt sie mir einen Vogel, der in den Blättern am Boden scharrt und offensichtlich nach Futter sucht. Wieder ein Stück weiter, hebt sie einen Stein vom Weg auf, der eine ganz glatte Oberfläche und interessante orange Farbe hat. Sie ist so aufmerksam für die Umgebung und bemerkt Dinge, an denen ich achtlos vorüber gegangen wäre. Die Tour setzt sich weiter fort, bis wir nach insgesamt einer Stunde zurück zu unserem Ausgangspunkt kommen. Tatsächlich habe ich gar nicht bemerkt, wie lange wir gelaufen sind, während ich bei unserem Marsch in die Stadt das Gehen ziemlich anstrengend fand. Dass ich mich an das Laufen wieder gewöhnt habe, könnte man jetzt wohl eher nicht vermuten. Auf jeden Fall war das wirklich toll und ich bin dankbar, dass Anira mich dazu gebracht hat, diesen Spaziergang zu buchen – es wäre kostengünstiger gewesen, die Besichtigungstour mit dem E-Scooter zu machen, aber sie wollte unbedingt laufen und ich vermute, dass wir dann den Hirsch und den Vogel, den Stein und anderes nicht bemerkt hätten.

Der Guide verabschiedet sich recht schnell, nachdem sich das Tor hinter uns wieder geschlossen hat und fährt mit seinem Auto davon. Anira äußert meine Gedanken als sie sagt: „Der Hirsch sollte hier frei regieren, nicht hinter einer Mauer eingesperrt!" – „Es ist zu seinem Schutz", ist das Einzige, was ich dem entgegensetzen kann. „Es gab früher an den Straßen sehr viele Verkehrsopfer unter den Wildtieren, das passiert jetzt nur noch, wenn mal eines entlaufen ist." – „Wie ‚wild' diese Tiere noch leben können, ist fraglich", sagt sie nachdenklich. „Immerhin gibt es sie überhaupt noch", kann ich da nur sagen und sie stimmt mir traurig zu. „Macht euch die Erde untertan", zitiert sie nachdenklich und ich versuche mich zu erinnern, woher ich das kenne. „Steht in der Bibel", fügt sie erklärend hinzu, weil sie wohl meinen fragenden Blick bemerkt hat. „Aber schon allein daran merkt man, dass die Bibel von Menschen geschrieben wurde. Welcher Gott sollte das wollen?" Ich bin einmal mehr von ihr total erstaunt. Wie kommt sie auf sowas und wann – und warum – hat sie sich mit der Bibel auseinandergesetzt?

Eine Antwort auf ihre Frage erwartet sie zum Glück nicht von mir, denn ich hätte keine. So lade ich sie stattdessen nach kurzem Schweigen dazu ein, wieder ins Auto zu

steigen, um zu unserem letzten Programmpunkt zu fahren.
Jetzt scheint es mir auch an der Zeit zu verraten, dass es
zu meiner Mutter geht. Sie sieht mich mit großen Augen an:
„Wirklich? Sie nehmen mich mit zu Ihrer Mutter!" Und im
nächsten Moment umarmt sie mich und bedankt sich dafür
und für das Vertrauen, das ich ihr damit schenke. So habe
ich das noch gar nicht gesehen. Ich hielt es einfach für eine
gute Idee und bin entsprechend etwas verlegen. Auch, weil
ich Umarmungen nicht so wirklich gewohnt bin. Wann sind
die eigentlich aus der Mode gekommen? Die menschliche
Wärme, die sich dabei überträgt, ist wirklich wohltuend!

Wir sitzen wieder im Auto und ich bin total erfüllt von dem Gedanken, dass ich die Mutter von Dr. Domas kennenlernen darf. Wow! Und ich bin jetzt sowas von aufgeregt. Nach allem, was ich bisher über die Familie Domas weiß, scheinen sie alle außergewöhnliche Menschen zu sein. Was für ein wundervoller Tag! Was für ein Geschenk! Auch wenn mich das Land bisher ein Stück weit enttäuscht hat – davon mal abgesehen, dass „das Land" ja nichts dafür kann – so ist der Ausflug doch angefüllt mit schönen Erlebnissen und besonderen Momenten. Der kleine orangene Stein liegt in meiner Hand. Er fühlt sich wirklich schön an. Glatt schmiegt er sich in meine Handfläche und fühlt sich ganz warm an. Man könnte jetzt sagen, dass er sich logischerweise durch mich aufgewärmt hat, aber von Anfang an strahlte er von sich eine Wärme aus, die mich dazu veranlasst hat, ihn mitzunehmen. Nach ungefähr einer Stunde Fahrt, in der sich die Landschaft wenig abwechslungsreich zeigt und wir ein paar sehr gleichförmige Orte durchqueren, kommen wir etwas abseits einer Stadt an ein Tor, das den Raum zu einem parkähnlichen Garten öffnet. Er erinnert mich ein wenig an den Park der Klinik und ich bin verwirrt. Nach einer Wegbiegung sehen wir ein stattliches altes Gebäude von dem Dr. Domas mir erklärt, dass es früher mal ein Jagdschloss war, und vor dem wir halten. DAS ist der Wohnort von Dr. Domas Mutter!? Ich bin beeindruckt und fühle mich ein wenig, als würde ich zuhause ankommen, obwohl das ja kaum mein Zuhause sein kann.

Voller Bewunderung schaue ich auf die alte Fassade, die deutlich macht, dass dieses Haus hier liebevoll gepflegt wird. Das Auto findet seinen Parkplatz und wir steigen aus und gehen auf den prunkvollen Eingang zu. „Ich vergesse manchmal, wie schön das Haus ist", sagt Dr. Domas leicht verlegen: „Dabei haben meine Eltern es zu einem lächerlichen Preis gekauft, weil sich keiner dafür interessierte und es abgerissen werden sollte." – „Da haben sie Glück gehabt und etwas Wundervolles erhalten!", kann ich dazu nur kommentieren und eine mir unbekannte Frauenstimme antwortet mir: „Danke schön, das finde ich auch so!" Und als ich mich zur Seite drehe, entdecke ich unsere Gastgeberin, die in einem Rollstuhl sitzt und mich freundlich anstrahlt. „Mama", höre ich Dr. Domas mit sanfter Stimme sagen, „darf ich dir Anira vorstellen?" – „Anira, das hier ist, wie Sie sich denken können, meine Mutter, Frau Dr. Marta Domas." – „Aber bitte nicht so förmlich, Doro!" Und an mich gewandt sagt sie: „Nennen

Sie mich einfach Marta. Und willkommen in meinem Zuhause, Anira!" Und sie wendet ihren Rollstuhl, der sie die Stufen vor dem Haupteingang nach oben fährt. Was für eine sympathische Frau!

Als wir das Haus betreten, erblicke ich eine Mischung aus alten und neuen Elementen. Alte Stuckelemente an der Decke und Verzierungen an der großen Treppe in der Eingangshalle zeigen noch den alten Prunk und sind liebevoll gepflegt, wenn auch in die Jahre gekommen. Wir folgen Marta rechts in einen Raum, der, obwohl er modern und wohnlich eingerichtet ist, doch den Glanz einer längst vergangenen Zeit zeigt. „Ist ein bisschen wie im Museum hier", grinst Dr. Domas und ihre Mutter antwortet mit einem Augenzwinkern: „Du kannst ja an den Wochenenden Führungen geben." Und setzt dann ernster hinzu: „Aber ich fürchte, außer ein paar Gelehrten interessiert das hier keinen mehr – und die waren alle schon mal hier." Es ist wirklich schade, wenn sich dafür keiner mehr interessiert, denn es ist nicht nur schön, sondern auch wirklich besonders und so frage ich: „Wer war der Erbauer und wann ist es entstanden?" Dr. Domas grinst: „Na, siehst du, ich habe doch jemanden mit Interesse gefunden, der noch nicht hier war!", während Marta sich mit dem Rollstuhl an einem Tisch platziert und uns mit einer Handbewegung dazu einlädt, uns zu ihr zu setzen. Wir trinken eine ganz köstliche Limonade, die so ziemlich das leckerste Getränk ist, seit ich denken kann – und das sind jetzt ja immerhin schon ein paar Monate! Sie erzählt ganz kurz und knapp die Geschichte des Hauses, seine Entstehung als Jagdschloss des hiesigen Fürsten im 18.

Jahrhundert, wobei es tatsächlich weniger als Jagdschloss, denn als Lustschlösschen Verwendung fand, was ja durchaus auch eine Form der Jagd darstelle, wie Marta mit schelmischem Grinsen bemerkt. Überhaupt erzählt sie so lebendig und fröhlich, dass man ihr ihr Alter und die Erkrankung kaum anmerkt. Dank der Technik wird sie optimal unterstützt und kann ihren Alltag in dem großen Haus gut bewältigen. „Ich bin Forscherin", lässt sie mich wissen, „und habe das große Glück in einer wohlhabenden Familie aufgewachsen zu sein. Ich habe viel von dem Geld für die Erforschung der Krankheit aufgewendet und bin durch Bedienbots in der Lage – auch wenn Doro sie so gar nicht mag – die Dinge des täglichen Lebens zu meistern. Aber ohne Gesellschaft wäre es ein einsames Leben und so teile ich mir das Haus mit einer Cousine, ihrem Freund und einem Kollegen aus der Wissenschaft. Wir sind quasi eine Wohngemeinschaft – mit ziemlich viel Platz." Und wieder lächelt sie verschmitzt und mit ansteckender Fröhlichkeit. „Was ist Ihr Forschungsgebiet? Und sicherlich haben Sie eine Bibliothek?", will ich sofort wissen. Marta grinst: „Natürlich habe ich eine Bibliothek, eine mit Büchern und noch eine weitere, die ich Ihnen nachher noch zeigen werde." Ich wäre jetzt irgendwie sehr unzufrieden gewesen, hätte es in diesem Anwesen keine Bibliothek gegeben. In so ein Haus gehört das einfach. Wieso denke ich das? Überhaupt fühlt sich dieses Haus – das ja eigentlich ein Schloss ist – für mich so warm, so heimelig, so zuhause an, dass es fast schon merkwürdig ist. Vielleicht liegt es aber auch einfach an Marta, die so eine wundervolle, entspannte und familiäre Atmosphäre zu schaffen versteht, dass man gar nicht anders kann, als sich wohlzufühlen?

„Wollen wir mit dem Kuchen noch ein wenig warten und gehen zuvor noch ein wenig durchs Haus?", fragt Marta mich und ich nicke freudig. „Das ist sehr freundlich. Sie haben es wirklich wunderschön hier!" Wir stehen wieder auf und Marta rollt uns voran durch weitere Räume, in denen noch die alten Kamine und zum Teil historische Möbel zu sehen sind. „Als wir es kauften, war es ein Museum, das aber aufgrund mangelnder Besucherzahlen bankrott ging, und wir haben manche Räume mehr oder weniger so gelassen, weil sie uns so gut gefallen haben und wir ohnehin nicht so viele Räume brauchten. In diesem Flügel haben wir im Wesentlichen den Salon, in dem wir gerade waren, verändert, um ihn nutzen zu können. Oben sind die anderen privaten Räume und auf der anderen Seite vom Eingang geht es zu den Räumen meiner Cousine und im Gartenpavillion hat es sich Pablo gemütlich eingerichtet." Als wir in der oberen Etage ankommen, läuft uns ein Hund entgegen. Es ist ein ziemlich großer Hund, der uns aber freundlich mit dem Schwanz wedelnd begrüßt. „Darf ich vorstellen? Das ist Franz", erklärt Marta: „Er wohnt auch hier, seit er streunend im Park gelandet ist. Er war nicht gechipt und es hat sich kein Eigentümer gefunden." Und Marta stockt kurz und sieht mich etwas verlegen an, aber ich muss grinsen und sage an den Hund gewandt: „Hallo Franz, du hast es gut getroffen hier. So ein Chip ist ja auch gar nicht so wichtig, oder?", während ich ihn sanft hinter den Ohren kraule und er mir genießerisch den Kopf entgegenstreckt. Marta ist sichtlich erleichtert, dass sie mich nicht verletzt hat und fährt mit der Führung fort. Im nächsten Zimmer befindet sich die Bibliothek und nachdem ich so oft von einer Bibliothek geträumt habe und sie nach Louis' Aussage so unwichtig geworden zu sein scheinen, klopft mein Herz stark, während ich den Raum betrete.

Die Bibliothek sieht der in meinem Traum durchaus ähnlich. Es ist eine richtig alte Bibliothek mit eingebauten, aus Holz geschnitzten und verzierten Regalen. An zwei Wänden stehen alte Bände darin, aber auf der anderen Seite stehen jüngere Werke und ich entdecke zahlreiche Bücher zu Pflanzen, während ich das Regal entlang streiche. Marta sieht mich stolz an: „Eine schöne Bibliothek, oder?" Und ich kann das nur begeistert bestätigen. „Was für einen Schatz Sie hier haben, Marta!" Und ich würde mich am liebsten sofort hinsetzen und mir die Bücher genauer betrachten, aber das wäre ja extrem unhöflich. Aber der Raum hält mich gefangen und gibt mir so sehr das Gefühl, schon einmal hier gewesen zu sein, dass ich es nicht fassen kann. Wie die Sonne in den Raum strahlt! Ein Sofa lädt zum Schmökern ein, ein Schreibtisch zum Arbeiten. Auf dem Schreibtisch liegen auch zahlreiche Bücher, die offensichtlich gerade in Benutzung sind und zum Teil aufgeschlagen dort liegen. Dr. Domas ist zum Schreibtisch gegangen und sieht auf die Bücher. „Woran arbeitest du gerade?", will sie wissen und natürlich interessiert mich das auch. „Ich forsche gerade über die Brennnessel", bekommt sie zur Antwort und ich bin begeistert. „Sie forschen über Pflanzen?" Marta nickt:

„Ich beschäftige mich schon seit vielen Jahren mit der Heilwirkung von Pflanzen und Kräutern und für diese Beschäftigung gibt es eine sehr lange Tradition." Ich nicke eifrig und bevor mein Gehirn anspringt, höre ich mich sagen: „Ich denke da sofort an Hildegard von Bingen." Und Marta nickt zustimmend: „Sie gehört zu den Bekanntesten!" Während ich sehe, wie Dr. Domas mich überrascht ansieht mit einem Blick, der sagt „Und woher hat sie das plötzlich wieder aus den Erinnerungen gekramt?", zucke ich nur mit den Schultern und höre Marta zu, die weiterspricht: „Seit der überwiegend synthetischen Herstellung von Essen und Medikamenten sind die natürlichen Heilmittel ganz in Vergessenheit geraten. Mit meinen Forschungen versuche ich, hier wieder Bewusstsein zu schaffen, aber es ist nicht leicht das Interesse zu wecken." Sie sieht etwas frustriert aus und ich kann das nachvollziehen. „Umso mehr freue ich mich", fährt sie fort: „jemanden zu Besuch zu haben, der das, was ich hier tue, wertzuschätzen scheint." Und sie sieht mich erwartungsvoll an. Oh ja, ich finde das hier einfach nur wundervoll und spontan rutscht mir raus: „Es ist großartig und ich würde am liebsten sofort hier einziehen und mit Ihnen forschen!" Ups. Das ist mir jetzt ein bisschen peinlich, aber Marta lacht fröhlich. „Nun, Ihre Zukunft scheint ja offen zu sein. Sehen wir uns jetzt aber erst mal die Gewächshäuser an!" Und sie fährt voran. „Sorry, das war mal wieder so ein kleiner Ausrutscher", sage ich entschuldigend zu Dr. Domas, aber auch die beruhigt mich: „Das war doch nichts Schlimmes und meine Mutter hat Sie jetzt schon ins Herz geschlossen."

Ich lächle. Ich fühle mich hier so willkommen und aufgehoben, einfach nur wohl. Insofern ist wohl nicht erstaunlich, dass mir das hier alles gar nicht so fremd erscheint.

Als wir in die Gewächshäuser kommen, die offensichtlich modernen Ursprungs sind, aber auch hier liebevoll an den Stil des Hauses angepasst wurden, so dass sie nicht wie ein Störfaktor wirken, sondern sich harmonisch anfügen, bin ich hin und weg. Nicht nur, dass sie voller Pflanzen und Leben sind, sondern ich erkenne die meisten davon sofort wieder und direkt fallen mir ihre Namen ein. So dass ich wie ein kleines Kind begeistert von einer zur anderen laufe und ihre Namen ausrufe. Alles ist so eingerichtet, dass Marta sich mit dem Rollstuhl gut bewegen kann und je nach Pflanze, sie auch gut erreichen kann. „Minze!", rufe ich aus streiche mit der Hand sanft über die Blätter, so dass sich ihr frischer Geruch entfaltet. Das Aroma ist so intensiv und schön, dass mir vor Freude fast schon zum Weinen ist. Ich entdecke Majoran, Kamille, Bockshornklee und weitere Pflanzen, von denen mir merkwürdigerweise sofort die Namen einfallen. Ich nehme alles um mich herum so intensiv wahr und fühle mich so angekommen, dass es eine ganze Weile dauert, bis ich meine Gastgeberin wieder wahrnehme, da ich in meiner Begeisterung für die Pflanzen die Anwesenheit der beiden Frauen ganz vergessen hatte. Das ist mir ganz schön peinlich und ich entschuldige mich mehrfach. Aber auch jetzt kommt keine Verstimmung auf, sondern ich werde beruhigt, dass das kein Problem ist und Marta sogar – ganz im Gegenteil – über meine Reaktion sehr erfreut ist: „Ich hatte noch nicht viele Besucher, die so gut über die Pflanzen Bescheid wussten oder meine Sammlung hier so zu würdigen wussten wie Sie, Anira. Insofern gibt es nichts, was Ihnen peinlich sein müsste! Und ich hoffe, Sie werden meinen Kuchen ebenso genießen, denn ich habe ein besonderes Rezept auswählt, das in unserer Familie nur zu besonderen Anlässen gereicht wird." Ich fühle mich geehrt, auch wenn mir nicht klar ist, wieso mein Besuch so einen Stellenwert hat, vermute dann aber, dass Marta einfach eine besonders gute Gastgeberin ist und mir eine Freude machen möchte.

Wir gehen/fahren wieder zurück in den Salon und nehmen dort gemütlich am Tisch Platz, wo in unserer Abwesenheit dampfender Kaffeeccino, Teewasser und andere Getränke bereitgestellt wurden und neben einem altmodischen, aber absolut ins Haus passenden Geschirr ein liebevoll dekorierter runder Kuchen platziert wurde. Ich bin nun wirklich gespannt und bemerke, dass mich nicht nur Dr. Domas, sondern auch Marta beobachten. Vielleicht ist es aber auch weniger ein Beobachten, als ein Wahrnehmen mit ganzer Aufmerksamkeit, wie ich es aus den Sitzungen mit Dr. Domas ja schon kenne. „Es ist wirklich nett, dass Sie sich so viel Mühe gemacht haben!", versuche ich meiner Dankbarkeit nochmal Ausdruck zu verleihen, aber Marta winkt ab: „Papperlapapp! Ich freue mich so sehr über Ihren Besuch und so hatte ich doch mal wieder einen Grund, den Löwenzahnkuchen zu backen!" Und Dr. Domas übernimmt das Verteilen der Kuchen- stücke auf die Teller und am aufgeschnittenen Kuchen sehe ich bereits, dass dieser Kuchen nicht wegen seiner

Dekoration so heißt, sondern dass tatsächlich Löwenzahn im Teig verarbeitet wurde, der aber – obwohl gebacken – in erstaunlicher Form erhalten geblieben ist. Auf den Geschmack bin ich natürlich auch sehr gespannt, denn ich kann mir nicht vorstellen, so etwas Ausgefallenes schon einmal gegessen zu haben. Als ich das erste Stück probiere, nehme ich mir Zeit, um den Kuchen mit allen Sinnen wahrzunehmen. Gerade dieser Kuchen hat das wirklich verdient! Er duftet herrlich: eine Note von Vanille steigt mir in die Nase, aber auch – ich kann das kaum glauben – der Duft einer Löwenzahnblüte. Als ich den Bissen in den Mund nehme, ist es eine unbeschreibliche Geschmacksexplosion und ich schließe die Augen, um es besser wahrnehmen zu können. „Ich kann mir niemanden vorstellen, für den sich die Mühe dieses Kuchens mehr lohnen würde als für Anira", höre ich Marta sagen und ihre Tochter stimmt ihr zu. Ich öffne die Augen wieder und mir fehlen die Worte. Das ist wirklich das Aller-aller-allerleckerste, das ich jemals gegessen habe - zumindest in der Zeitspanne, in die meine Erinnerungen reichen. „Es schmeckt einfach unglaublich", ist dann auch erst mal alles, was ich rausbringen kann. Man sieht Marta an, wie sehr sie sich darüber freut und sie verrät mir einige Details zur Zubereitung, die ich mir mit größtem Erstaunen anhöre. Dr. Domas' Smartable klingelt und sie entschuldigt sich, weil es wichtig sei. Marta und ich sprechen über ihren Kuchen, ihre Pflanzen und ihre Forschung und es so interessant und anregend, dass ich den Gedanken verdränge, dass wir bald schon wieder wegfahren müssen.

Nach einiger Zeit entschuldigt sich auch Marta, um zur Toilette zu gehen und während ich nun ganz allein bin, beginne ich, mich im Raum umzusehen. An der Wand hängen zahlreiche Familienfotos und ich kann auf einem Bild Dr. Domas vor dem Gebäude der Klinik sehen, auf einem anderen Bild steht sie als kleines Mädchen zwischen ihren Eltern und hält sich bei beiden an den Händen fest. Alle drei strahlen Glück und Zufriedenheit aus. Diese Familie scheint wirklich etwas ganz Besonders zu sein, vor allem, wenn ich bedenke, was ich so über das normale Miteinander in der Gesellschaft bisher erfahren habe. Sie scheinen sich damals wie heute sehr nahe zu sein und ich kann gut nachvollziehen, warum Dr. Domas, die in einem solchen Elternhaus aufgewachsen ist, so einfühlsam ist.

Es sind zahllose größere und kleinere Bilder an der Wand aufgehängt und ich betrachte eins nach dem anderen genauer. Da ist ein Gruppenbild, auf dem ich Marta und ihren Mann erkennen kann, der schon allein durch seine Größe auf den Bildern gut erkennbar ist, als sie noch recht jung gewesen sein müssen. Sie sind umgeben von anderen jungen Menschen und alle schauen fröhlich in die Kamera. Weiter rechts ein sehr ernst aussehendes Portraitfoto ihrer Tochter, das ihre Persönlichkeit für mich sehr authentisch darstellt. Gleich daneben ein Foto, auf dem ein etwas mürrisch dreinschauender älterer Herr mit Dr. Domas' Vater zu sehen ist und ihm einen symbolischen, übergroßen Scheck reicht. Mein Blick will schon weiterwandern als es mich aus heiterem Himmel trifft: Ich glaube diesen älteren Mann zu kennen! Nicht, dass ich wüsste, wer das ist, aber der Gesichtsausdruck und seine ganze Erscheinung hat etwas Vertrautes, auch wenn ich gleichzeitig von gemischten Gefühlen erfüllt werde. Mein Herz klopft heftig, denn es ist das erste Mal, dass ich bei einer Person das Gefühl des Erkennens empfinde. Ich sehe mir das Bild nochmal ganz genau an und krame in meinem Kopf. Kenne ich ihn? Wirklich? Wer ist das? Mein Puls ist deutlich beschleunigt und als Dr. Domas wieder hereinkommt und sich für das lange Telefonat entschuldigt, frage ich sie direkt, wer das ist, da ich ihn zu kennen glaube. Sie schüttelt den Kopf: „Keine Ahnung, da sind so viele Leute auf den Bildern, die ich nicht kenne. Aber irgendwie kommt er mir auch bekannt vor, aber ich kann gerade auch nicht sagen woher." – „Dann sind wir ja auf dem gleichen Stand", rutscht mir aus. „Na, meine Mutter weiß sicher wer das ist! Das muss eine Spende für die Klinik gewesen sein", grübelt sie laut und genau in dem Moment, als ich vor Spannung es kaum noch erwarten kann, kommt Marta zurück und – da sie den letzten Satz ihrer Tochter noch gehört hat – führt sie direkt aus: „Aber ja, das Foto zeigt die Spende für die Klinik von Olaf Solbach. Da hat André lange an ihm gearbeitet, um ihn zu dieser Spende zu bewegen. Vielleicht schaut er auch deshalb so mürrisch drein." Marta lacht.

Olaf Solbach. Ich lasse den Namen in meinem Kopf umhergeistern, aber der Name weckt keine weiteren Erinnerungen. Aber ich erkläre Marta: „Ich habe das Gefühl, dass ich ihn kenne. Das Gesicht, aber der Name … da tut sich nichts." – „Nun, er hat ein ziemliches Allerweltsgesicht, aber das Gesicht kann man auch kennen: es handelt sich hier immerhin um einen der reichsten Männer der Welt! Mit seinen Autos hat er nur Gewinne eingefahren." – „Mit seinen Autos?" auch Dr. Domas scheint ihn noch nicht zuordnen zu können. „Doro, das ist der Gründer von eOUSO! Den Namen solltest du wirklich kennen. So sehr kann man doch gar nicht im Klinikalltag abtauchen, dass man den nicht kennt. Er ist zwar immer mal wieder in den Medien, aber seit etlichen Jahren lebt er dauerhaft auf seiner eigenen Insel im Pazifik. Na, leisten kann er es sich in jedem Fall. Seine Autos verkaufen sich sehr gut und mit den Patenten verdient er sich eine goldene Nase!" – „Ach ja, der ist das. Ich hatte gar nicht mehr auf dem Schirm, dass er der Klinik so viel Geld gespendet hat." – „Ist ja auch schon lange her. Das war kurz nachdem seine Tochter plötzlich verstarb." Ich bin verwirrt. Die Wahrscheinlichkeit, dass ich ihn persönlich kenne, ist also gering und – nachdem ich das Bild nochmal eindringlich betrachtet habe, kann ich das mit dem „Allerweltsgesicht" bestätigen. Auf der Straße würde man ihn vermutlich einfach übersehen. Insofern kenne ich vielleicht jemand, der ihm ähnlich sieht? Fragend schaue ich Dr. Domas an, die meine Gedankengänge zu erahnen scheint: „Sie haben immer noch das Gefühl, ihn zu kennen?" – „Ja, nur ist das ja total unwahrscheinlich." – „Vielleicht haben Sie in den Medien etwas über ihn gesehen?" – „Vielleicht. Und es stimmt schon: er hat jetzt kein sehr markantes Gesicht und sicherlich gibt es noch mehr Menschen, mit denen ich ihn verwechseln könnte." – „Ich glaube, die haben in einer Show sogar mal damit gespielt", schaltet sich Marta ein,

„und haben Bilder von ihm und einigen Doppelgängern gezeigt und die Kandidaten mussten aus 20 Gesichtern den richtigen Herrn Solbach herausfinden." Nach einer Pause fügt sie hinzu: „Ich kann mich nur daran erinnern, weil er einen richtigen Skandal daraus gemacht hat und den Sender verklagte." – „Wegen eines Spiels?", werfe ich ein. „Ja nun, eine Persönlichkeit des öffentlichen Lebens und im Grunde ein einsamer Mann, der allen gegenüber misstrauisch ist." – „Trotzdem hat er vor einigen Jahren, ich glaube mit 90, nochmal eine wesentlich jüngere Frau geheiratet", wirft Dr. Domas sein: „Bei ihren Motiven wäre er besser mal misstrauischer gewesen, aber die Scheidung ließ dann auch nicht lange auf sich warten." Ich betrachte nochmal das Bild und sehe ihn mir an: Er wirkt auf mich jetzt weniger mürrisch als vielmehr verschlossen, einsam und unglücklich. Wie sehr es doch unsere Wahrnehmung beeinflusst, wenn wir mehr über eine Person wissen. Auch wenn er mir immer noch irgendwie bekannt vorkommt, so ist es doch so abwegig, dass ich den Gedanken getrost beiseiteschieben kann. Vielleicht muss ich akzeptieren, dass ich ohne Erinnerungen bleiben werde.

Die Zeit bei Marta vergeht wie im Fluge und nach einer angeregten, anregenden Unterhaltung müssen wir uns verabschieden und begeben uns auf den Rückweg. Wir werden mit zwei großen Stücken Kuchen versorgt und Marta verabschiedet sich von mir. Sie hält meine Hand in der ihren: „Anira, Sie sind mir hier jederzeit herzlich willkommen!" Und mit einem Zwinkern fügt sie hinzu: „Brennen Sie einfach zu mir durch, wenn es in der Klinik zu langweilig wird!" Und von Dr. Domas bekommt sie dann auch das wohl provozierte „Mama!" in sehr vorwurfsvollem Ton. Ich danke Marta sehr herzlich und kann nur hoffen, dass ich sie wiedersehen werde und vielleicht ja auch noch mehr Zeit in ihrer Bibliothek und ihrem fantastischen Gewächshaus verbringen darf. So wohl wie hier, habe ich mich noch nie gefühlt! Auch Dr. Domas verabschiedet sich herzlich von ihrer Mutter und umarmt sie. Wie schön es ist, eine Familie zu haben, geht mir durch den Sinn und ich frage mich, ob ich meine jemals wiederfinden werde? – vorausgesetzt, dass ich mal eine hatte ...

Auf der Rückfahrt sind wir sehr still und jede von uns hängt ihren Gedanken nach. Das war ein wirklich schöner Tag, aber nach so viel Programm bin ich jetzt rechtschaffen müde. Und ich lag ganz richtig in meiner Einschätzung, dass sich Anira mit meiner Mutter gut verstehen würde! Sie haben ja auch genug gemeinsame Interessen. Das mit dem Bild und dem Gefühl des (Er)kennens, war interessant, auch wenn es sich doch als falsche Spur entpuppt hat. Es zeigt aber, dass die Erinnerungen sich vielleicht doch noch einstellen, auch wenn ihre Amnesie nun schon so lange dauert, dass ich nicht sehr optimistisch bin, dass sie sich nochmal lösen wird. Aber wer weiß das schon, bei dieser ungewöhnlichen Frau? Dennoch beschäftige ich mich in Gedanken auch damit, was aus ihr werden soll. Nach dem heutigen Tag könnte ich mir tatsächlich vorstellen, dass sie ins Haus meiner Mutter zieht und ihr dort bei der Forschung und Bewältigung ihres Alltags zur Seite steht. Hatte ich das unterbewusst in Gedanken, als ich sie mit zu Mama nahm? Die Wege des Unterbewusstseins sind unergründlich, oder so ähnlich. Ich muss grinsen. Es steht allerdings die Frage im Raum, wie sie einen vollständigen Namen und Chip erhält, um aus der Klinik entlassen zu werden. Irgendwie kommt mir der Gedanke, dass sie gechipt wird, falsch vor. Das ist merkwürdig, vielleicht hat es etwas damit zu tun, dass sie sich als ein besonderer Mensch entpuppt hat und sich dies durch den Chip vielleicht ändern könnte? Merkwürdige Überlegungen habe ich hier! Und nach der vielen Luft und Bewegung schaukelt mich das Auto auf dem Heimweg sanft in den Schlaf...

Ole

Nach dem Ausflug folgt ein ruhiger Tag. Das ist gut so. So viele Eindrücke und Erlebnisse waren das gestern! Ich erzähle beim Frühstück von den Städten auf dem Land und natürlich dem Naturreservat. Zeige meinen orangefarbenen Stein, den alle bestaunen, als hätte ich einen Goldklumpen mitgebracht. Da zeigt sich mal wieder, dass es die ganz kleinen Dinge sind, die uns staunen lassen und uns erfreuen. Es berührt mich, dass auch Agnes, Sascha und Jackie den Stein wie ein kleines Wunder – das er ja auch ist – betrachten können. Unsere morgendliche Runde wird nämlich seit einigen Zeit durch Jackie erweitert, die uns wohl auch bald verlassen wird, nachdem die Erinnerungen wiedergekommen sind. Spannend ist auch, dass Brandon sich seit einigen Tagen zu uns an den Tisch setzt. Auch wenn er nicht mit uns spricht und uns gar nicht zu beachten scheint, so sucht er doch die Nähe Rosies, die heute sehr verloren aussieht und sich in diesem Moment zu fragen scheint, was sie eigentlich mit uns fremden Menschen an diesem Tisch macht. Es fällt mir schwer, vom Besuch bei Marta nicht alles zu erzählen, und ich habe das Gefühl meine Freunde anlügen zu müssen, aber Dr. Domas hatte mich gebeten, nicht zu erwähnen, dass wir ihre Mutter besucht haben, um den anderen Patienten kein Gefühl von Bevorzugung meiner Person zu geben. Das kann ich natürlich verstehen und respektiere es, obwohl ich zugeben muss, dass es vermutlich ein Stück weit der Realität entspricht. So beschränke ich mich in meiner Erzählung darauf, dass wir in einem beeindruckenden Gewächshaus waren und welche wundervollen Pflanzen ich dort sehen konnte, wie viele ihrer Namen ich wusste und wie vertraut sich das für mich angefühlt hat. Und das ist in keiner Weise gelogen! Wir reden noch als Vera ins Esszimmer gestürmt kommt und dramatisch ausruft: „Wisst ihr schon das Neueste: Olaf Solbach ist gestorben! Habt ihr es schon gehört? Mit 104 Jahren ist er gestern verstorben, geschieht ihm recht." Davon abgesehen, dass ich überhaupt nicht verstehen kann, wieso es ihm recht geschehen sein soll, zu sterben – was wir ja alle eines Tages tun werden und er mit 104 ein beachtliches Alter erreicht hat - wird mir ganz komisch zumute, dass ausgerechnet dieser Mensch, der mir bekannt vorkam und von dessen Existenz ich gestern erst erfahren habe, heute schon wieder in meinem Leben auftaucht. Wenn auch vermutlich zum letzten Mal. Vera hält uns ihr Smartable unter die Nase wo als große Schlagzeile steht:

Olaf Solbach tot, geht eOUSO jetzt den gleichen Weg?

Neben dem geschmacklosen Titel ist ein Bild abgebildet, das ihn nicht gerade vorteilhaft darstellt. Ich betrachte das Bild genauer und vergleiche es in Gedanken mit dem Bild von gestern. Untertitel des Bildes ist: Fotografiert bei seinem letzten öffentlichen Auftritt, als er mit 91 Jahren bei Gericht gegen den Willen seiner Frau die frühzeitige Scheidung durchsetzt. Im Vergleich mit dem Bild bei der Scheckübergabe, sieht er eingefallen und verbittert aus. Nach so einer kurzen und offensichtlich unglücklichen

Ehe wohl kaum ein Wunder. Allerdings dürften zwischen diesen Bildern auch ungefähr 50 Jahre liegen. Die gehässigen Kommentare unter dem Beitrag lassen mich an Graciella denken, bei der ja auch jeder Schritt von den öffentlichen Medien begleitet und kommentiert wird und ich bekomme eine Idee davon, welche Spuren das wohl auf der Seele hinterlässt, wenn schon das Gesicht so gezeichnet ist.

„Warum wird er so abgelehnt?", frage ich in die Runde und Vera hat schnell eine Antwort parat: „Naja, so ein reicher Knacker, der sich auf unsere Kosten ein schönes Leben macht und dann erst so eine junge Frau heiratet und kurz darauf ruckzuck abserviert und dafür gesorgt hat, dass sie keinen Cent von seinem Vermögen bekommen hat." – „Du findest also, er sollte weniger Geld haben und keine jungen Frauen heiraten dürfen oder wenn er sie heiratet, ihnen dann zumindest eine Abfindung geben, wenn er sich wieder scheiden lässt?", versuche ich ihre Position auf den Punkt zu bringen. Vera ist ein wenig irritiert. „Ich finde jetzt nicht, dass es rechtfertigt, ihm den Tod zu wünschen", setze ich noch hinzu und sie rudert plötzlich zurück: „Naja, so habe ich das nicht gesagt." – „Aber was du gesagt hast, nämlich dass er es verdient zu sterben, könnte man so interpretieren." – „Jetzt legst du mir aber Worte in den Mund! So habe ich das nicht gesagt. Wieso verteidigst du den so? Du kennst den doch gar nicht", geht sie in die Offensive. „Nein, ich kenne ihn nicht. Aber genau darum erlaube ich mir auch kein so abfälliges Urteil!" Vera schaut mich säuerlich an, dreht sich um und geht. Agnes grinst und Vera tut mir ein bisschen leid, aber auch nur ein ganz kleines bisschen. „Du kennst den doch gar nicht ...“ Die Worte hallen in mir nach. Ich dachte ja gestern, dass ich ihn kenne. Und plötzlich, wie ein Blitz schießt mir ein Bild in den Kopf und ein Mann, der schon sehr aussieht, wie der Olaf Solbach auf dem Bild gestern, kommt in die Bibliothek, die nun schon öfter in meinen Gedanken und Träumen aufgetaucht ist, in der ich auf dem großen Lesesessel sitze, und fragt mich: „Was liest du?“ Bilde ich mir das jetzt ein? Woher kommt das? Vielleicht hat das Bild einfach eine Erinnerung geweckt, oder mein Unterbewusstsein spielt mir einfach einen Streich und verknüpft Erlebnisse von gestern zu einer imaginären Erinnerung? Einfach, weil ich mich so gern erinnern würde. Aber was soll das? Hat es eine Bedeutung? „Anira... Anira? Ist alles okay?“, dringt Saschas Stimme zu mir. „Sie ist ganz blass“, höre ich Agnes und bemerke, dass ich irgendwie für einen Moment geistig nicht anwesend war, obwohl ich noch genauso da stehe, wie in dem Moment als Vera den Raum verließ. „Ja, alles gut“, beschwichtige ich die anderen. „Lass dich von Vera nicht zanken“, versucht Jackie mich zu beruhigen. „Nein, das ist es nicht. Ich hatte so eine komische bildhafte Erinnerung gerade, von der ich nicht einordnen kann, ob es ein Hirngespinst oder eine echte Erinnerung ist.“ – „Das ist am Anfang ganz normal, habe ich gelesen. Vielleicht kommt deine Erinnerung jetzt ja langsam wieder?“, ruft Jackie begeistert, aber ich fühle mich erstmal nur sehr erschöpft und verwirrt. „Seht ihr nicht, dass das Mädchen Ruhe braucht!“, ist plötzlich laut und klar Rosie zu hören und ich lächle ihr dankbar zu und sage zustimmend, aber auch beschwichtigend, denn ich sehe besorgte Gesichter um mich herum: „Ich werde mal eine kleine Runde durch den Park drehen und mir den Kopf lüften, dann geht es mir gleich wieder besser! Alles gut!" Ich spüre die Blicke der anderen auf mir, als ich den Raum verlasse. Das Bild des Mannes, der mich in der Bibliothek besucht, taucht wieder auf, weshalb ich doch beschließe, bei Dr. Domas zu klopfen in der Hoffnung, vielleicht kurz mit ihr reden zu können. Ich klopfe, aber kein Herein ertönt, sie ist wohl nicht da. Pech gehabt. Also doch eine Runde durch den Park ...

Als ich von meinem Spaziergang zurückkomme, nehme ich mir das Smartable und lasse Theresa nach Olaf Solbach suchen. Die erste Nachricht handelt von seinem Tod und dann gibt es Links auf Kurzbiografien von ihm und eine Bildergalerie von zahlreichen Events, bei denen er in der Öffentlichkeit aufgetreten ist. Nun, einer der weltweit reichsten Männer hat natürlich eine hohe Medienpräsenz. Seine Biografie beschreibt einen erfolgreichen, aufstrebenden Techniker und Geschäftsmann. Es gibt zahlreiche Bilder, auf denen er neben seinem ersten eOUSO zu sehen ist. Der Firmenname setzt sich aus seinem Namen: Olaf Uriel Solbach zusammen, und ich frage mich kurz, wie Eltern darauf kommen, ihr Uriel zu nennen? Durch sein spezielles Design und technische Features, die zwar benannt werden, aber deren Sinn und Bedeutung sich mir nicht erschließt, hat er mit seinem selbstfahrenden Luxusauto eine erfolgreiche Eigenmarke konzipiert, die immer noch – trotz oder vielleicht wegen der hohen Preise – hohe Gewinne einfährt. „Wer etwas auf sich hält, fährt eOUSO" so der Werbeslogan. Für wirklich reiche Menschen ist das eher kein Problem. Allerdings sind die meisten Menschen nicht so reich. Ein Bericht beschäftigt sich mit dem Problem, dass viele Menschen sich teils hoch verschulden, nur um sich dieses Auto leisten zu können. Wirklich? Ist das nur Meinungsmache? Verrückte Welt! Werde ich durch ein Status-Symbol wie so ein Auto zu einem besseren Menschen? Macht es mich zu einer liebenswerteren Persönlichkeit? Wohl kaum. Ich kann die Motive, sich unbedingt so ein Auto kaufen zu müssen, vor allem, wenn man es sich nicht leisten kann, nicht nachvollziehen.

Aus den Berichten erfahre ich, dass er mehrfach verheiratet war, hatte eine Tochter aus erster Ehe hat, die sich offensichtlich nicht der Firma ihres Vaters assoziieren wollte und ein ganz eigenes Leben führte, bis sie mit 40 Jahren verstarb. Das muss dann kurz vor dem Bild mit der Spende gewesen sein. Von seiner ersten Frau ließ er sich nach 10 Ehejahren scheiden, bei den späteren Ehen war bereits die Ehe auf Zeit eingeführt, so dass dies nicht mehr nötig war. Nur bei der letzten Ehefrau war ihm die Trennung so wichtig, dass er sogar vor Ablauf der Ehe-auf-Probe-Zeit die Scheidung einreichte. Offensichtlich hatte sie die Probezeit nicht bestanden. Die Bilder von einer Frau Mitte Zwanzig in eleganter Kleidung mit Trauerflor – fast so, als wäre er damals gestorben und hätte sich nicht nur von ihr getrennt – mit Dauertränen in den Augen, weil sie ihn so sehr geliebt habe, sorgt sogar bei mir für Würgereiz. Offensichtlich hat sie direkt nach der kurzen Ehe ihre Memoiren vermarktet und ein Film entstand, der

Geheimnisse oder Gemeinheiten über ihren Ex-Mann in Umlauf brachte. Aber der hatte mit fortgeschrittenem Alter ohnehin den Rückzug ins Privatleben angetreten. Was ja durchaus verständlich ist. Der Bericht endet mit der Frage, was nun mit seinem Vermögen passiert, da er keine weiteren Kinder hatte, und dass man mit Spannung auf die Testamentseröffnung warten würde.

Nun, dass die Erbfrage für die Angestellten seiner Firma wichtig ist, kann ich verstehen. Aber ansonsten geht uns sein Vermögen doch gar nichts an. Ist doch sein Geld! Warum beschäftigen sich Menschen so oft mit dem Geld anderer? Wenn ich Dr. Domas richtig verstanden habe, so wird die Arbeit in allen Bereichen gut belohnt, so dass ein gutes, sorgenfreies Leben möglich ist – haben frühere Generationen nicht immer davon geträumt? Da es nicht genug Arbeitskräfte gibt, wurden die Bots in vielen Bereichen erfolgreich eingeführt. In der industriellen Fertigung sind Roboter ja schon ziemlich lange etabliert. Inzwischen, so berichtete mir Dr. Domas, werden Bots nicht nur in der Pflege und Gastronomie, sondern auch in der Landwirtschaft, Müllbeseitigung und weiteren Bereichen eingesetzt, in denen es lange noch ungelernte Arbeiter gab. Die Bevölkerungszahlen gehen drastisch zurück, was mit der immer stärker werdenden Isolierung und größeren Kompromisslosigkeit zusammenhängt – so hatte es mir die Ärztin erklärt. Und wenn ich überlege, was ich außerhalb der Klinik beobachtet habe, dann kann ich mir das gut vorstellen. Wenn ich nicht kommunizieren kann, wie kann ich dann eine Partnerschaft oder gar Familie haben? Wie kann ich Kompromisse finden? Das ist ein Kreislauf, der ja zu Konflikten führen muss und so wundert es nicht, dass immer mehr Menschen allein wohnen, auch um diese Konflikte zu vermeiden. Aber ich, ich habe nicht allein gewohnt, schießt es mir durch den Kopf. Da waren verschiedene Menschen und vor meinem geistigen Auge tauchen ein paar menschliche Schatten auf und ich sehe eine große Wohnküche, in der eine lange Tafel gedeckt ist. Oh, mein Gott. Wieder eine Erinnerung? Ein weiteres Bild, ein kleines Puzzlestück, das irgendwie mit 1000 anderen Teilen, wieder zu einem ganzen Bild werden könnte!? Mein Herz klopft wie wild. Und ich habe das Gefühl, dass ich mit einer Meditation diesen Erinnerungen Raum geben könnte. In der Hoffnung, dass das so ist, setze ich mich bequem im Schneidersitz auf mein Bett, schließe die Augen und versuche mich ganz auf meinen Atem und auf mich zu konzentrieren. Ich merke, wie ich ruhig werde und will mich gerade auf eine Reise in mein Innerstes begeben, als es lautstark an meiner Tür klopft. Nicht jetzt, denke ich unwillig und versuche, das Klopfen auszublenden, aber das Klopfen ist so fordernd, und ich gehe davon aus, dass es ausdrückt, wie dringlich es der Person ist, so dass ich die Augen wieder öffne, laut „Herein" sage und gespannt bin, worum es geht und wer da so vehement klopft.

Zur Tür herein kommt ein mir fremder Mann und Dr. Domas. Der Mann stellt sich als Kriminalobermeister Bruns vor und scheint es sehr eilig zu haben, vielleicht ist er aber auch einfach nur sehr aufgeregt. Bevor er nach seiner Kurzvorstellung richtig loslegt, mischt sich Dr. Domas ein: „Ich denke, wir sollten in Ruhe in meinem

Büro reden, wo wir uns vernünftig setzen können. Zudem würde ich gerne ein paar einleitende Worte sagen, bevor Sie, Herr Bruns, dann das Gespräch übernehmen." – Von diesen Worten ausgebremst, klappt der Kriminalobermeister den Mund erst mal wieder zu und macht Dr. Domas Platz, damit sie und ich vor ihm zu ihrem Büro gehen können. Ich fühle mich doch ziemlich aufgeregt, worum das hier alles geht. Und ich bin Dr. Domas dankbar, dass wir dieses Gespräch nicht in meinem Zimmer führen, denn hier, auf meinem Bett sitzend, fühle ich mich verletzlich und empfinde den Polizisten als Eindringling. Auf dem Weg zum Büro baut sich meine Spannung zwar noch weiter auf, aber Dr. Domas lächelt mir beruhigend zu und ich werde ruhiger, denn ich weiß, dass sie für mich da ist.

Im Büro angekommen nehmen wir Platz und – Respekt für Dr. Domas' Autorität – obwohl der Kriminalobermeister nervös mit dem Fuß wippt, wartet er, bis sie die angekündigte Einleitung gesprochen hat: „Nun, Anira, Kriminalobermeister Bruns ist hierhergekommen, da sich nun plötzlich doch Informationen zu Ihrer Herkunft ergeben haben. Der Zeitpunkt, um darüber zu sprechen ist meiner Ansicht nach ungünstig, da Sie ja erste Anzeichen einer möglichen Amnesielösung zeigen. Aufgrund der Umstände, die Sie gleich erfahren werden, kann dieses Gespräch dennoch nicht warten. Wenn es Ihnen gleich zu viel werden sollte, oder Sie das Gefühl haben, eine Pause zu brauchen, dann sagen Sie das bitte und Herr Bruns wird selbstverständlich", und hier wirft sie ihm einen kurzen ermahnenden Blick zu, „darauf

Rücksicht nehmen, da dies für Sie emotional keine leichte Situation ist." Sie macht eine kurze Pause und sieht mich eindringlich an: „Fühlen Sie sich bereit dafür, Informationen über sich selbst zu hören?" Ich nicke stumm, mein Herz klopft wild und weiß es wirklich zu schätzen, dass sie mir diese Einführung gegeben hat.

Auf ein kurzes Kopfnicken spricht der Kriminalobermeister: „Ich bin nicht so gut in solchen Sachen", schiebt er – fast ein wenig verlegen - seiner Rede vor, legt dann aber direkt los: „Nun, aufgrund des Todes von Olaf Solbach und da er nach Auskunft seines Anwalts kein Testament gemacht hat, wurde – wie in solchen Fällen üblich – eine Analyse der Gendatenbank gemacht, um mögliche Erben in direkter Blutslinie zu ermitteln. Um es kurz zu machen: Laut der Datenbank sind Sie die einzige verbleibende Verwandte in direkter Abstammung und als Enkelin von Olaf Solbach Alleinerbin seines Vermögens." Was? Habe ich mich verhört? Es ist gut, dass ich sitze ... Olaf Solbach ist mein Großvater!? Also war das Gefühl, ihn zu kennen, doch richtig! Ich bin erst mal sprachlos und fühle mich tatsächlich etwas überfordert.

„Aber wieso wurde das nicht früher entdeckt?", will ich wissen, als mir die Tragweite der Erkenntnis langsam klar wird. „Tja", der gestandene Kriminalobermeister wird verlegen wie ein kleiner Junge und druckst herum: „Wir haben kein Procedere dafür, wenn jemand ohne Chip gefunden wird, das hatten wir ja noch nie, und ... nun ... ich fürchte, es ist einfach keiner auf die Idee gekommen." Dieses Eingeständnis macht ihn irgendwie sympathisch.

Aber mir fällt nun etwas viel Wichtigeres auf: „Dann lebt meine Mutter nicht mehr? Wer ist mein Vater? Und gibt es wirklich keine weiteren Kinder?" Und ich fühle mich in diesem Moment wie ein kleines Kind, das mit ziemlichem Herzklopfen darauf wartet, etwas über seine Eltern zu erfahren. „Laut der Datenbank ist ihr Vater Frederik de Haan, von dem es tatsächlich derzeit keinen bekannten Aufenthaltsort gibt. Ihre Mutter, Antonia Solbach, muss kurz nach Ihrer Geburt gestorben sein." Ein merkwürdiges Gefühl, die Eltern gerade gefunden und einen Teil davon direkt schon wieder verloren zu haben. Genauso wie den Großvater, an den ich ja doch Erinnerungen zu haben scheine – wenn ich meinen Bildern von der Bibliothek Glauben schenken kann. „Gibt es in seinem Haus eine Bibliothek?", ist dann auch die nächste Frage, die ich ihm stelle, aber da muss Bruns passen: „Ich habe nicht die leiseste Ahnung. Sein Privatleben hat er immer sehr von den Medien abgeschottet." Ja, okay, das ergibt Sinn. Und wenn es einen Vater gibt, dann gibt es da ja weitere Verwandte! „Wie sieht es denn mit anderen Verwandten aus? Meine Großmutter und die Eltern meines Vaters?" Ich wünsche mir so sehr, Verwandte von mir kennenzulernen! „Die Großmutter mütterlicherseits ist vor ungefähr 10 Jahren verstorben, die Großeltern väterlicherseits weilen leider ebenfalls nicht mehr unter den Lebenden." Na, da habe ich ja nicht viel Glück, denke ich trübe, als der Polizist fortfährt: „Eine Tante gibt es: Emma de Haan. Zwillingsschwester Ihres Vaters." Aber bevor ich mich freuen kann, setzt er hinzu: „Es ist mir extrem unangenehm, aber auch sie ist nicht auffindbar." Na toll!

Da gibt es einige Personen, die mich kennen müssten oder von denen ich mehr erfahren könnte, aber die eine Hälfte ist tot und die andere verschollen. Das erklärt vielleicht ein bisschen, wieso mich niemand erkannte, als ich gefunden wurde. Aber warum hat sich mein Großvater nicht gemeldet? Der müsste das doch mitbekommen haben? Und kannte ich sonst keinen? Wie kann ich Spross einer so prominenten Familie, aber gleichzeitig komplett unbekannt sein? Meine Gedanken drehen sich ...

Kriminalobermeister Bruns unterbricht meine Gedanken: „Also es gibt noch Verwandte: Kinder und Enkel von Olaf Solbachs Neffen. Und ..." der Polizist druckst herum, bevor er fortfährt, „das ist genau Teil des Problems." – „Des Problems?" – Er nickt: „Diese Großneffen arbeiten in der Firma Ihres Großvaters und sind erbberechtigt, aber nur, solange es kein anderslautendes Testament gibt und wenn es Sie nicht gäbe."- „Okay", sage ich gedehnt und er fährt fort: „Sie haben den Erbberechtigungsantrag schon gestellt und wenn sie erst mal erfahren, dass es Sie gibt, dann wird das stressig. Die Anwältin Ihres Großvaters hat wenig Nettes über die beiden gesagt." Ich nicke langsam, aber es fällt mir schwer, das alles zu verstehen. „Ich weiß ja noch nicht mal, ob ich dieses Erbe will, aber man könnte es ja teilen?", denke ich laut. „Sie sollten sich mit der Anwältin Ihres Großvaters darüber unterhalten. Im Moment wähnen sich Ihre Verwandten schon im Besitz der Firma und des gesamten Vermögens und werden dies nicht so einfach aufgeben." Ich seufze. Kaum habe ich Verwandtschaft, scheint es kompliziert zu werden. Vielleicht liegt es aber auch einfach am Erben und ich sollte die Erbschaft einfach ablehnen? Am Geld liegt mir nicht. Andererseits habe ich noch keine Erinnerungen und kein Einkommen und insofern wäre eine Absicherung schon gut. Ich weiß viel zu wenig, um eine Entscheidung treffen zu können. Als könnte Dr. Domas meine Gedanken lesen, schaltet sie sich ins Gespräch ein: „Ich weiß, Anira, das war gerade eine ganze Menge und ich denke, Sie brauchen Ruhe, um sich mit all dem auseinanderzusetzen. In jedem Fall sollten Sie keine voreiligen Entscheidungen treffen und erst mal mit der Anwältin sprechen, um mehr zu erfahren."

„Sie werden jetzt also verstehen, warum die Erbschaftssache so eine wichtige Angelegenheit ist, und sicherlich werden die Medien schneller als uns lieb ist, Wind davon bekommen", setzt der Polizist hinzu. Das ist sicher richtig, daran habe ich noch gar nicht gedacht. Und ich habe kein besonderes Interesse, im Zentrum der Medienaufmerksamkeit zu stehen, wie es gerade mein Großvater tut. „Ich denke, um die Wahrscheinlichkeit, dass etwas nach außen dringt, zu verringern, werde ich alle Patienten, deren Anmesie bereits weitgehend gelöst ist, schnellstmöglich entlassen", höre ich Dr. Domas sagen, wobei mir nicht ganz klar ist, ob sie mit uns oder eher mit sich selbst redet. Ich denke sofort an Vera, die sicherlich viel zu sagen hätte, würde sie davon erfahren.

„Zudem müssen wir noch Ihren Status klären", lässt sich wieder der Kriminalobermeister vernehmen und schaut mich an. „Was meinen Sie mit ‚meinen Status klären'?", will ich wissen. „Da Antonia Solbach nicht verheiratet war, sind Sie als einzige Tochter Erbin. Allerdings handelt es sich ganz offensichtlich um eine geheime Geburt, was ja auch erklärt, wieso Sie keinen Chip besitzen und auch sonst nirgendwo erfasst sind." Das leuchtet mir ein. „Aber Sie haben ja nicht nur keinen Chip, sondern auch keine Papiere, keine Staatsangehörigkeit und keinen Namen – also zumindest keinen anerkannten. All das muss formal geregelt sein, damit Sie das Erbe antreten können. Außerdem vermute ich, dass die noch lebenden Exfrauen ebenfalls auf einen Erbteil klagen werden, auch wenn sie damit nicht durchkommen sollten." Meine Güte, so viel juristische Streitigkeiten braucht wirklich kein Mensch! „Was ist, wenn ich das Erbe nicht antrete", frage ich dann doch, denn der Gedanke wird für mich immer attraktiver. Der Polizist sieht mich an, als wäre ich nicht ganz bei Trost: „Also dann fällt das Geld vermutlich den Neffen und deren Kindern zu, die mit dem Vermögen und der Firma dann tun und lassen können, was sie wollen." Und dann verleiht er seiner Verständnislosigkeit auf unvergleichlich charmante Art noch Ausdruck, als ihm ein spontanes „Aber das wäre ja ziemlich dumm" rausrutscht. Verlegen klemmt er anschließend die Lippen aufeinander, aber da mir ja auch manchmal spontan was rausrutscht, kann ich damit umgehen. „Vielleicht", stimme ich ihm zu, „vielleicht aber auch nicht, denn ich erspare mir damit auch viel!"

Was für ein Tag! Mehr kann ich abends im Bett nicht mehr denken. Mein Gehirn ist leergefegt und gleichzeitig übervoll mit allem Erlebten. Nach dem Gespräch mit dem Polizisten war ich lange im Park spazieren und habe gefühlt mindestens 100 Runden dort gedreht. Als ich zurückkam, konnte ich mich noch von Jackie verabschieden, die – genau wie Vera – heute entlassen wurde. Noch jemand, der nicht mehr da ist und ich kann Agnes nun noch besser verstehen. Es ist nicht leicht, dass Jeder neu gefundene Gesprächspartner, nur begrenzte Zeit hierbleibt und dann geht. Rosie ist trotz besonders klarer Momente auch sehr oft nicht wirklich anwesend – also körperlich schon, aber geistig ist sie bei Gustaf, ob in der Vergangenheit oder der Zukunft vermag ich dabei nicht immer so ganz zu sagen. Ich habe mit Agnes über Olaf Solbach gesprochen. Ich vertraue ihr, sie ist meine Freundin und sie ist klug. „Ach, diesem Umstand haben wir es zu verdanken, dass uns Vera heute verlassen hat", grinste sie. Von ihrer Warte aus konnte sie die ganze Angelegenheit mit dem bekannten, reichen Großvater, toten oder nicht greifbaren Verwandten und „Erbschleichern" – wie sie sie nannte – etwas nüchterner betrachten als ich. Das tat gut. Das Gespräch mit dem Kriminalobermeister hatte mich doch ziemlich unter Druck gesetzt, aber Agnes hat mich beruhigt. Selbst, wenn die Presse etwas erfährt, so ist doch Zeit, um Dinge zu klären. Und für mich gibt es gerade sehr viel zu klären. Hier in der Klinik bin ich sicher – auch vor der Presse – und ich sollte wirklich erst mal mit der Anwältin sprechen, um mir von der Lage ein besseres Bild zu machen, bevor ich über irgendwelche Entscheidungen nachdenke. Das hatte mir ja auch Dr. Domas geraten und es erscheint mir, wenn mich nicht gerade die Panik erfasst, auch der richtige Weg.

Ich liege in meinem Zimmer und bin so müde, dass ich eigentlich nur schlafen möchte, aber mein Kopf kann nicht abschalten. Selbst der Versuch über eine Meditation zur Ruhe zu kommen, hat nicht so richtig funktioniert. Ich konnte zwar für kurze Zeit die Gedanken abschalten, aber anschließend waren sie alle wieder da, als hätten sie nur eine kurze Pause gemacht, um mich direkt wieder in Beschlag zu nehmen. Aber es ist ja auch viel, was ich da zu verarbeiten und sortieren habe. Mit Dr. Domas – und ihre Unterstützung weiß ich wirklich zu schätzen! – habe ich nach meinem Vater und dessen Familie recherchiert. Die Bilder von ihm haben in mir ein Gefühl der Wärme ausgelöst und ein kurzes Bild erschien vor meinem geistigen Auge, in dem ich weinend auf seinem Schoß sitze und er mir tröstend auf das aufgeschlagene Knie pustet. Ich gehe also davon aus, dass ich ihn kenne und Kontakt mit ihm hatte. Und die Frage nach dem „Wo bist du?" ist ganz groß in meinem Kopf. Alles, was wir über ihn herausfinden konnten, ist, dass seine Eltern einen großen Blumenhandel besaßen, den es heute nicht mehr gibt. Nachdem sie zunächst mit echten Blumen gehandelt hatten, wurde der Markt immer kleiner und sie stiegen in den künstlichen Blumenhandel ein, der die Firma noch einige Jahre über Wasser hielt. Vor ca. 30 Jahren schloss das Unternehmen und die beiden hatten bis zu ihrem Tod noch ein ganz gutes Leben. Von ihren Zwillingen war eigentlich nie die Rede. Bilder von den beiden sind rar. Zu finden war ein Schul-Abschlussfoto, auf dem Frederik und seine Schwester zu sehen sind. Sie stehen nebeneinander und sehen beide sehr fröhlich aus. Ihre bunte Kleidung hebt sich auffällig vom Rest der Abschlussklasse ab.

Als ich dann nochmal die Bilder von Olaf Solbach ansehe, fällt es mir wieder ein: Ole. Für mich hieß er Ole. Merkwürdig. Warum nicht Opa oder Großvater? Auf der Suche nach Bildern meiner Mutter findet sich nur ein Kinderbild, auf dem sie vielleicht 12 oder 13 ist und etwas verschüchtert hinter Ole steht. Opa... Ole... Frederik... Emma... Und endlich, endlich siegt die Müdigkeit über die Gedanken und ich falle in einen tiefen erschöpften Schlaf.

Evelyn

Ich bin früh wach und erst kommt mir der gestrige Tag wie ein Traum vor, aber so langsam wird mir klar, dass ich das nicht geträumt habe, sondern hier so viele Informationen und Erinnerungen auf mich eingeprasselt sind, dass mir immer noch ein wenig schwindelig davon ist. Da Jackie – und erfreulicherweise auch Vera – entlassen sind, ist es eine kleine Morgenrunde. Sascha, die ja von nichts weiß, sieht mich ein wenig besorgt an: „Du bist blass, alles okay bei dir?" – „Schlecht geschlafen", antworte ich wahrheitsgemäß und Agnes nickt mir freundlich zu. „Wie geht es euch?", frage ich in die Runde und Sascha erzählt, dass sie überlegt hat, ob sie sich vielleicht eine echte Pflanze kaufen soll. Das Einblatt erholt sich langsam und steht jetzt wieder im Esszimmer. Sascha betrachtet es jeden Tag, als wäre es kleines Wunder. Und das ist ja auch so: eine Pflanze ist ein kleines Wunder! Und da erst fällt mir auf, dass mein Vater ja aus einem Betrieb mit Pflanzen kommt und ich vielleicht meine Liebe zu Pflanzen und mein Wissen darüber, ihm zu verdanken habe. Und wieder taucht aus dem Nichts eine Erinnerung auf: Mein Vater und ich knien nebeneinander vor einem Blumentopf und während wir dabei sind, etwas einzupflanzen, erklärt er mir etwas dazu. Seine Stimme ist tief und weich und ich kriege eine Gänsehaut. Nicht nur, weil die Erinnerung so lebhaft ist, sondern auch weil mir klar wird, dass wirklich immer mehr Puzzleteile sichtbar werden und ich mir langsam wieder vorstellen kann, dass sich all das wieder zu einem großen Ganzen zusammenfügen wird! Und dieser Gedanke ist sehr beflügelnd, weshalb ich mich mit einem Mal gar nicht mehr so müde fühle, sondern eher aufgeregt, voller Vorfreude und freudiger Spannung. Und das ist gut so, denn Energie werde ich heute brauchen: Die Anwältin meines Großvaters hat sich angekündigt. Zum Glück habe ich Unterstützung. Dr. Domas wird als medizinischer und Agnes als moralischer Beistand dabei sein.

So viel Aufregung wie gerade hatte ich auch noch nie in der Klinik. Anira ist die Enkelin von Olaf Solbach? Damit hätte doch wirklich niemand gerechnet! Ohne Chip, geheime Geburt, das ergibt plötzlich durchaus Sinn. Warum auch die Hintergründe unklar sind und die Frage, wo sie all die Jahre verbracht hat, ist natürlich noch extrem spannend, aber sie ist ja nicht verwahrlost und ich gehe davon aus, auch nicht schlecht behandelt worden. Sie ist freundlich, empathisch, gebildet. Auch das passt zu einer Herkunft aus einem reichen Haus. Und – wenn ich so darüber nachdenke – wer könnte einfacher heimlich aufwachsen als ein reiches Kind? Vielleicht hat sie sogar im Haus ihres Großvaters gelebt, dessen Häuser so groß sind, dass man hier problemlos Menschen verstecken könnte. Aber warum? Warum wurde diese Enkelin verheimlicht und von der Gesellschaft ferngehalten? Und warum tauchte sie dann plötzlich auf? Es sind mindestens genauso viele neue Fragen entstanden, wie beantwortet wurden ...

Natürlich bin ich sehr gespannt, wie das Gespräch mit der Anwältin verlaufen wird. Dr. Evelyn Ruda hat ausschließlich für Olaf Solbach gearbeitet und – wenn ich das richtig verstanden habe – hat er ihre Ausbildung finanziert. Somit dürfte sie ziemlich auf ihn „eingeschworen" sein. Was auch immer das konkret bedeuten könnte. Sie klang am Telefon auf jeden Fall ganz nett und hatte auch kein Problem damit, dass Anira um meine und Agnes' Teilnahme am Gespräch gebeten hat. Als sie bei uns eintrifft, ist Anira nach außen sehr ruhig, Agnes scheint mir fast nervöser als sie zu sein. Auch dieses Gespräch findet in meinem Büro statt, wo in der Sitzecke angenehm Platz für 4 Personen ist. Ich bin überrascht, dass die Anwältin doch eine recht junge Frau ist. Ich schätze sie nicht älter als Mitte Dreißig. Anira und Agnes sitzen nebeneinander auf dem Sofa, während ich Evelyn Ruda im Sessel platziert habe, in dem ich sonst sitze, wohingegen ich auf meinem Bürostuhl sitze und wir somit quasi einen Kreis bilden. Evelyn Ruda macht einen sehr besonnenen Eindruck und hat sich offensichtlich gut vorbereitet. Beim Telefonat hatte sie mich bereits gefragt, ob sie im Umgang mit Anira als Patientin etwas Besonders beachten müsste, um sie mit all den Informationen nicht zu überfordern. Allein das hat mich sehr erstaunt, denn das ist nicht das übliche Verhalten, dass mir bisher bei Anwälten begegnet ist.

„Ich weiß, dass das für Sie keine einfache Situation ist", beginnt sie an Anira gewandt und fügt mit Blick auf Agnes und mich hinzu: „Insofern freue ich mich, dass Sie hier nicht alleine im Gespräch sind, und möchte Sie auch bitten, wenn etwas unklar ist oder Sie eine Pause brauchen, mich zu

unterbrechen!" Nach dieser Einleitung, die nicht dahin-
gesagt ist, das ist deutlich zu merken, berichtet sie in
einfachen, klaren Worten, was wir über ihre eigene Person,
Olaf Solbach, seine Firma, seine Verwandtschaft und seine
Erbschaft wissen sollten.

Kurz zusammengefasst lässt sich sagen, dass Olaf Solbach
Evelyn bei einem Praktikum in seiner Fabrik kennengelernt
hat und sie als Protegé unter seine Fittiche nahm. Das
wurde ihr schon verschiedentlich vorgeworfen, aber damit
könne sie leben. Sie macht deutlich, dass ihr Blick auf Olaf
Solbach von dieser persönlichen Erfahrung befangen sei
und – wie sie mit einem Grinsen hinzusetzt – sie somit
eigentlich gar nicht für ihn arbeiten dürfte. Die menschliche
Ebene zwischen den beiden, die sich in der Art und Weise,
wie sie über ihn spricht, herauslesen lässt, ist von
Freundschaft, Vertrauen und Loyalität geprägt. An Aniras
Gesicht erkenne ich, dass sie Evelyn vollkommen vertraut
und in ihr Herz geschlossen hat. Über Olaf Solbach erhalten
wir von ihr einen Kurzbericht zu seinem Werdegang, seiner
Suche nach dem persönlichen Glück in seinen verschiedenen Ehen, verbunden mit enttäuschenden
Erfahrungen und schließlich dem Rückzug auf seine Insel
und dem Überlassen der Geschäfte an einige Vertraute. Wir
erfahren etwas über seine Werte, denn anders als andere
Geschäftsführer sah er sich für seine Mitarbeiter immer in
der Verantwortung. Anders als andere Firmeninhaber war
er bemüht, Arbeitsplätze zu erhalten oder zu schaffen. Sein
ursprünglicher Plan, kostengünstige, selbstfahrende Autos
zu entwickeln, ließ sich mit dem Erhalt von Arbeitsplätzen
nicht vereinbaren, weshalb er den anderen Weg einschlug

und *Luxusfahrzeuge herstellte, bei denen viel manuelle Arbeit – für ihn ein zentrales Qualitätsmerkmal – involviert war. Dies ermöglichte ihm, seinen Traum zu verwirklichen und einer der erfolgreichsten Geschäftsleute zu werden.*

Niemals hätte ich das über den Gründer von eOUSO angenommen! Aber nun, ich habe mich freilich auch nie mit eOUSO wirklich auseinandergesetzt. Als die Anwältin über sein Lebenswerk berichtet, rutscht ihr an einer Stelle statt seines vollen Namens ein „Ole" heraus und sie sagt entschuldigend, dass dies sein Name im Kreise der Vertrauten war. Als ich darauf Anira ansehe, entdecke ich in ihrem Gesicht ein Leuchten und kleines Nicken. Es scheint mir, dass sich bei ihr vielleicht während dieses Gespräches weitere Erinnerungsfenster auftun, und freue mich mit ihr. Verständlicherweise möchte sie wissen, warum ihr Großvater sich nicht gemeldet hat, als ihr Bild vor Monaten weltweit durch die Presse ging. Die Anwältin sieht sehr traurig aus, tatsächlich stellt sich heraus, dass sein Gesundheitszustand in den letzten Monaten so schlecht war, dass er sich für die Medien nicht mehr interessierte, sondern stattdessen mit letzter Kraft versuchte, seine Firmengeschäfte bestmöglich zu regeln. Warum er die Enkelin geheim hielt, wird wohl ein ungelöstes Rätsel bleiben. Was die Verwandtschaft angeht, so hat Evelyn Ruda wenig Positives zu berichten. Auch hier gesteht sie, dass ihre Sichtweise nicht ganz neutral ist und von Olaf Solbach mitgeprägt wurde. „Andererseits", lächelt sie an dieser Stelle, „bin ich damit vermutlich die beste Person, um Ihnen seinen Willen näherzubringen." Er hatte seinen Neffen, Franz Cohout, aus einem Verständnis von

Verantwortung heraus in der Firma aufgenommen, da es seiner Schwester wirtschaftlich nicht so gut ging und seine beruflichen Aussichten aufgrund notorischer Faulheit nicht so rosig standen. In verschiedenen Abteilungen hatte er ihn eingesetzt, aber erst die Übertragung der Leitung der Versandabteilung brachte seine Fähigkeiten und seine Tätigkeit in ein einigermaßen ausgewogenes Gleichgewicht. Erfolgreich platzierte Franz Cohout seine Kinder ebenfalls im Unternehmen: Shiana nach einem Studium der Elektrotechnik in der technischen Entwicklung und Bahin als Computerexperte in der IT. Beide beurteilt die Anwältin als fachlich kompetent. Allerdings sind sie geprägt von der Vorstellung, dass ihnen aufgrund ihrer Blutsverwandtschaft zum Firmenchef, dieses Unternehmen moralisch und rechtlich gehöre. Sie unterstellen Olaf Solbach sie zu seinen Lebzeiten in der Firma nur aus Eigensucht und Angst „klein" gehalten und aus purer Bosheit nicht in Führungspositionen eingesetzt habe. Es ist eine verdrehte Sichtweise, aber Reichtum – oder die Aussicht darauf – macht oft genug blind.

Der Bericht der Anwältin über das Erbe ist für uns alle etwas einschüchternd. Die Insel im Pazifik ist das Ausgefallenste davon, zahlreiche Flug- und Fahrzeuge, Schiffe, diverse Villen verstreut auf unterschiedlichste Orte in der Welt, sein umfassendes Firmenvermögen, Einnahmen aus Patenten, Aktien und Immobilien. Es wundert mich, wie ein einzelner Mensch ein dermaßen großes Vermögen anhäufen konnte. Und wozu?

Anira sitzt da und beißt sich auf die Lippe. „Was würde passieren, wenn ich das Erbe nicht antrete?", ist ihre erste Frage und Evelyn Ruda lächelt. „DAS ist üblicherweise nicht die erste Frage, wenn es um ein großes Vermögen geht, aber ich kann sie durchaus nachvollziehen! Nun: Franz Cohout und seine Kinder haben bereits den Antrag auf Anerkennung ihrer verwandtschaftlichen Erbschaftsrechte mangels eines erbberechtigten Nachkommens gestellt und diesem Antrag würde stattgegeben, wenn Sie eine entsprechende Verzichtserklärung unterzeichnen. Letztlich ist es dann nur noch eine Formalität und das gesamte Vermögen wird zu unterschiedlichen Teilen auf die drei aufgeteilt. Sie, Anira, würden in diesem Fall keinen einzigen Cent erhalten." Die Anwältin sieht Anira sehr ernst an und man sieht ihr an, dass sie diesen Fall eher als den schlimmsten Fall betrachtet. Nach einer Pause fügt sie leise hinzu: „Falls Sie meine Einschätzung hören möchten, wie es in diesem Fall für Olaf Solbachs Vermögen und Firma weitergehen wird, kann ich diese gerne mit Ihnen teilen." Ihr ist offensichtlich daran gelegen, ihre Meinung zu äußern, ohne diese ungefragt aufzudrängen. Aber natürlich ist Anira interessiert, weshalb Evelyn Ruda fortfährt: „Meine Vermutung ist, dass die drei sich in kürzester Zeit in die Wolle kriegen, während sie sich die Rosinen aus der Erbschaft für persönlichen Verbrauch picken und die Firma sowie andere zu Geld machbaren Werte schlichtweg verkaufen, um sich damit ein angenehmes, arbeitsfreies Luxusleben zu ermöglichen. Die drei besitzen weder den Sachverstand noch das Interesse daran, eOUSO in seinem Sinn weiterzuführen, weshalb Olaf Solbach versucht hat, eine genossenschaftliche Lösung zu erreichen, was aber anhand behördlicher Hürden noch nicht vollzogen werden konnte. Es ist abzusehen, dass die Firma nach einem Verkauf nicht mehr oder sehr drastisch verändert, weiterbestehen würde. Zahlreiche Übernahmeangebote in der Vergangenheit zeigen, dass es nur um das Ausschalten der Konkurrenz, bzw. Nutzung ihres guten Namens geht. Die Produktionsweise würde der Massenproduktion anderer Hersteller angepasst. Damit würde aber die Einzigartigkeit des Produkts zunichte gemacht, die Mitarbeiter weitgehend durch industrielle Fertigung ersetzt und entlassen. Alle anderen Autohersteller kooperieren bereits, so dass das letzte eigenständige Unternehmen damit zerschlagen würde und nur noch als Name, aber nicht mehr als echte Marke Bestand hätte. So hat es Olaf Solbach gesehen und ich teile diese Einschätzung." – „Mit anderen Worten heißt das, dass sein Lebenswerk zerstört wird", bringt Anira das Ganze auf den Punkt und Evelyn Ruda nickt. Sie denkt laut weiter: „Aber selbst, wenn ich als seine Enkelin dieses Lebenswerk erhalten wollte, wie sollte ich das machen, da ich mich mit Autos, mit Vermögensverwaltung und – entsprechend meiner fehlenden Erinnerungen irgendwie dem Leben überhaupt – doch gar nicht auskenne?" Und sie sieht die Anwältin direkt an, die ihrem Blick nicht ausweicht als sie sagt: „Olaf hat kein Testament gemacht, obwohl ich ihm dazu immer wieder geraten habe, aber er hat immer nach Menschen gesucht, denen er vertrauen kann, die seine Werte und Ideen verstehen und teilen, und hat sie entsprechend ihrer Stärken in seinem Unternehmen an den unterschiedlichsten

Positionen eingesetzt. Er hat damit ein Netzwerk hinterlassen, das beim Erhalt und Fortbestand bereitwillig helfen wird. Zudem hat er diesen möglichen Fortbestand in genossenschaftlicher Form bereits durchdacht." – „Wieviel Zeit habe ich, um mich zu entscheiden? Kann ich mit diesen Menschen und meinen Verwandten sprechen, um mir selbst ein Bild zu machen?"

Es mag verrückt klingen, aber in diesem Moment bin ich so unfassbar stolz auf Anira. Wie schafft sie es, so einen klaren Kopf zu bewahren? Und mir wird klar, dass sie vermutlich alle Voraussetzungen hat, dieses Erbe anzutreten und zu bewahren. In diesem Moment klopft es leise an der Tür. Raphael informiert mich, dass die Presse die Klinik belagert, da offensichtlich irgendwie durchgesickert ist, dass sich die Erbin des eOUSO-Vermögens hier aufhält. „Nun, die Zeit ist vermutlich nicht unser größtes Problem", sagt die Anwältin daraufhin, aber beantwortet auch Aniras Frage: „Wenn Sie das Erbe ausschlagen wollen, gilt die gesetzliche Frist von 6 Wochen nach Klärung des Erbstatus. Mit Prüfung der Gendatenbank wurde ihr Erbstatus gestern offiziell geklärt und Sie anschließend durch den Kriminalobermeister in Kenntnis gesetzt, damit begann die Frist." – „Könnte es nicht sein, dass ein Fehler in der Datenbank vorliegt? Wird das nicht nochmal geprüft?", fragt Agnes nach und die Anwältin nickt zustimmend. „Ein Fehler ist grundsätzlich möglich, wenn auch nicht sehr wahrscheinlich und ich werde in jedem Fall einen Antrag auf nochmalige Überprüfung stellen, den die Cohouts ebenfalls stellen werden oder vielleicht jetzt sogar schon gestellt haben." Insgesamt wäre für mich noch wichtig zu *wissen, ob Sie möchten, dass ich für Sie tätig werden soll oder mich auf eine Funktion als Treuhänderin des Vermögens bis zur Klärung der Erbschaftsfolge beschränke."* – „Ich weiß ja noch nicht einmal, ob ich das Erbe annehme, aber Ihre Hilfe und Unterstützung in dieser Sache würde ich dankbar annehmen!" *Anira wirkt erstaunlich ruhig. An mich und Agnes gewandt bittet sie, noch kurz mit der Anwältin allein sprechen zu dürfen und obwohl ich natürlich sehr gerne wissen möchte, was sie noch besprechen, ist das selbstverständlich in Ordnung.*

So viele Ereignisse sind in so kurzer Zeit auf mich hereingeprasselt, besonders nach dem Bekanntwerden meiner Existenz, dass ich mich neu sortieren muss und eine Bilanz der Fakten und Erinnerungen versuche: Ich weiß nun also wer ich bin – zumindest in Teilen. Die Tochter von Antonia Solbach und Frederik de Haan, die Enkelin von Olaf Uriel Solbach und Elvira Berger, sowie von Hedda und Jan de Haan. Ich habe eine Tante, die Emma heißt. Meine Geburt wurde aus unbekannten Gründen geheim gehalten, weshalb ich auch nicht gechipt bin. Meine Mutter starb nach meiner Geburt, weshalb ich keine Erinnerungen an sie haben kann. Wie/wo/bei wem ich aufgewachsen bin, ist unklar. Meine Erinnerungsfetzen deuten darauf hin, dass ich meinen Großvater „Ole" sowie meinen Vater tatsächlich kenne. Wo auch immer ich lebte, gab es eine Bibliothek und einen Garten, eine große Wohnküche und mehrere Personen. So viel zu meiner Vergangenheit.

Meine Zukunft ist geprägt von dieser Herkunft, denn entweder ich trete das Erbe meines Großvaters an oder eben nicht. Entweder ich besitze ein Vermögen oder ich besitze „nichts" - was so natürlich nicht stimmt, denn ich besitze Verstand, Gesundheit und Menschen, die mir wichtig sind und denen ich wichtig bin. Und innerlich macht sich ein Strahlen in mir breit, denn Graciella hat sich vorhin bei mir gemeldet! Natürlich hat sie mitbekommen, was um mich gerade abgeht und mir ihre Unterstützung angeboten. Ich bin ihr dafür dankbar, aber am meisten freue ich mich darüber, dass sie wieder in mein Leben getreten ist. Auch Viktor hat sich aufgeregt bei mir gemeldet und wollte wissen, wie es mir geht. Ich habe nun schon ein paar Interviews mit meinen Verwandten gesehen und die Vehemenz, mit der sie mich zur Hochstaplerin erklären, ist trotz meines inzwischen in verschiedenen unabhängigen Laboren unter Polizei-aufsicht geprüften Genprofils irgendwie schon ziemlich bescheuert. Aber ich kann das verstehen: Es war für sie über Jahrzehnte so klar und selbstverständlich, dass das Erbe mangels unmittelbarer Nachkommen an sie fallen wird, dass sie es einfach nicht fassen können und glauben wollen, dass ihnen da so „eine dahergelaufene Psycho-tante" in die Quere kommt. Ich kann nicht umhin mir vorzustellen, wie sie geschaut hätten, wenn es noch weitere unbekannte, uneheliche Kinder gegeben hätte, die bei dieser Gelegenheit entdeckt geworden wären. Merkwürdigerweise scheinen sie keineswegs bereit, von ihren Ansprüchen abzurücken, diffamieren mich - ohne mich bisher kennengelernt zu haben – aufs Ekelhafteste.

Es schmerzt mich tatsächlich, weniger die Hetze und Häme selbst, als die Art und Weise ihres Vorgehens. Sie haben den Vorschlag eines Treffens rigoros abgelehnt, mit der Begründung, dass sie mich als Erbin nicht anerkennen und darum keinen Grund sehen, sich mit mir zu treffen – als ob sie damit die Tatsachen verändern könnten? Selbst wenn ich das Erbe nicht antreten wollte, so lädt mich ihr Verhalten geradezu dazu ein, es doch zu tun. Zudem sollte ihnen doch klar sein, dass diese Gemeinheiten mir gegenüber mich nicht gerade positiv stimmen, das große Erbe mit ihnen zu teilen? Und das ist für mich eigentlich selbstverständlich. Falls ich das Erbe annehmen sollte.

Statt mich aber mit den Befindlichkeiten meiner Verwandten zu beschäftigen, versuche ich mir klar zu werden, was mir selbst an der Erbschaftssache wichtig ist, und ich notiere auf den inzwischen letzten Seiten meines Notizbuchs:

Oles Erbschaft – was will ich:

> *1. Sein Lebenswerk bewahren und würdigen*
> *2. Seinen Angestellten die Arbeitsplätze sichern*
> *3. Sein Vermögen nutzen, um ihm zu Ehren Gutes zu tun*

Was ist für meine Zukunft wichtig:

> *1. Herausfinden wo mein Vater ist. Und meine Tante (in der Hoffnung, dass sie noch leben)*

2. *Herausfinden, wie ich heiße, wo ich geboren und aufgewachsen bin und wo ich gelebt habe*

3. *Ein friedliches Leben haben*

Nun, der letzte Punkt und die Erbschaftssache passen in jedem Fall nicht so richtig gut zusammen.

Ich wünschte mir wirklich sehr, dass ich mehr Erinnerungen hätte, aber die ganze Aufregung blockiert mein Gedächtnis eher, als dass es ihm auf die Sprünge hilft. Zwar betrachte ich die Bilder meiner Familie und sie lösen Gefühle in mir aus, aber die müssen ja nicht unbedingt auf Erinnerungen beruhen, sondern können genauso gut von meinem Wissen über sie herrühren. Ich werde morgen meinen dritten „Ausflug" aus der Klinik machen und in die Firma meines Großvaters fahren. Evelyn Ruda hat eine Sitzung mit den Angestellten meines Großvaters einberufen, die er sehr wertschätzte, um mir einen Einblick in die Geschäftsstruktur zu erlauben und die Menschen kennenzulernen, die die Firma in den letzten Jahren bereits de Facto in seinem Sinn geleitet haben, insbesondere natürlich den derzeitigen Vorstandsvorsitzenden Amir Essa. Dr. Domas wird mich auch diesmal begleiten und obwohl Graciella angeboten hat, zu dem Treffen ebenfalls hinzuzukommen, denke ich, dass ich sie hier nicht involvieren sollte, da sie ja selbst eine Person des öffentlichen Lebens ist und das womöglich noch für weitere Komplikationen und Publicity sorgt. Aber wir telefonieren jetzt regelmäßig und so kann ich im

Nachgang alles mit ihr besprechen und ihre Einschätzung hören.

Amir

Um gut aus dem Gebäude zu kommen und der vorhandenen Belagerung durch die Reporter zu entgehen, da ich mich in keiner Weise in der Lage sehe, einem Pulk an Reportern Rede und Antwort zu stehen oder mich auch nur durch so eine große Menschenmenge zu quälen, haben wir beschlossen, einen Trick anzuwenden. Eine große Limousine von eOUSO kommt angefahren, aus der die Anwältin begleitet von Bodyguards aussteigt. In die Limousine steigt kurze Zeit später wieder die Anwältin mit einer mit Hut und Sonnenbrille gut getarnten Agnes, die von den Bodyguards abgeschirmt wird. Sie fahren gemeinsam zur Villa von Olaf Solbach, gefolgt von einem Tross an Reportern, während ich mit Dr. Domas in ihrem kleinen Auto kurze Zeit später ganz entspannt zum Firmensitz von eOUSO fahren kann, ohne behelligt zu werden. Evelyn Ruda verlässt nach kurzer Zeit allein die Villa, wo die arme Agnes dann etliche Stunden „eingesperrt" ist. Die Hausdame freut sich auf den Besuch und hat ein Essen und andere Programmpunkte innerhalb des Anwesens für den Gast vorbereitet. Ich hatte im Vorfeld ja ein schlechtes Gewissen, Agnes um diesen Gefallen zu bitten, aber sie war hellauf begeistert und meinte nur, dass so mal ein wenig Spannung in ihr Leben käme und es doch ein bisschen wie in einem Krimi sei. Zudem gäbe es ihr die Möglichkeit, sich mal ein wenig in einer Luxusvilla aufzuhalten, womit sie ja nicht mehr in ihrem Leben gerechnet habe. Insofern ist es doch für uns beide eine gute Lösung.

Als der kleine Wagen von Dr. Domas von hinten auf das Firmengelände einbiegt, bin ich sehr gespannt. An diesem Standort ist lediglich der Hauptsitz der Firma untergebracht und keine Produktionsstätte. Insofern erwartet mich ein repräsentables Bürogebäude. Auf dem Parkplatz holt uns ein Mann ab, der schlicht und doch elegant gekleidet ist und sich als Amir Essa vorstellt. Ich weiß, dass er der Vorstandsvorsitzende ist, der die Firma in den letzten Jahren ganz im Sinne meines Großvaters geleitet hat. Er geht uns voran und bringt uns zunächst in ein repräsentatives Büro, setzt sich dort aber nicht hinter den stattlichen Schreibtisch, sondern erklärt uns, dass dies das Büro von Olaf Solbach ist, verbessert sich dann aber mit bekümmertem Blick zu „war" und bietet mir an, mich hier in Ruhe umzusehen. Ich bekomme eine Gänsehaut, denn so nahe war ich meinem Großvater bisher noch nicht – zumindest nicht bewusst. Die Möbel sind schlicht und funktional, schön, aber nicht protzig und verraten mir etwas über seinen Geschmack und ihn als Person. Auf dem Schreibtisch steht ein kleiner Bilderrahmen, in dem sich in langsamem Wechsel Bilder zeigen. Ich erkenne meine Mutter in unterschiedlichen Situationen wieder und betrachte weiter gebannt die auftauchenden Bilder. Sie ist noch sehr jung und strahlt in die Kamera. Dann kommen einige Kinderbilder, die eindeutig meine Mutter zeigen und dann ein kleines Mädchen, das ihr zwar ähnlich sieht, aber ... Moment ... das bin ja womöglich ich! Bevor ich etwas sagen kann, ist das Bild schon wieder verschwunden, aber mein Herz klopft. Ja, es gab eine Verbindung zwischen uns! Und meine Erinnerungen täuschen mich nicht! Dessen bin ich mir ganz sicher. Meine Faszination vom Bilderrahmen hat auch Amir Essa bemerkt und sagt zu mir: „Wenn Sie möchten, können Sie den Rahmen gerne mitnehmen, ich denke er hat für Sie die größte Bedeutung!" Ich lächle ihn glücklich an und nicke: „Sehr gerne! Es ist schön, Bilder von meiner Mutter zu sehen. Danke!"

Mein Blick schweift weiter im Raum umher. Ein großes Buchregal ziert eine Wand und beinhaltet eine beachtliche Anzahl an Büchern, die ich als „Klassiker" beschreiben würde. Ich nehme ein Buch aus dem Regal und blättere es durch. Kleine, dichtgedrängte Buchstaben erzählen ihre Geschichte und laden zum Lesen ein – also mich zumindest. Das Bild von mir auf dem Schoß von Ole, der mir vorliest, taucht auf. „Er war ein echter Büchernarr", erklärt Amir Essa, „in jedem seiner Büros hatte er ein großes Buchregal mit der identischen Auswahl an Büchern. Alle, die ihm besonders wichtig waren." Ich höre die Zuneigung in seiner Stimme, während er das sagt. Als ich mich umdrehe, entdecke ich an der entgegengesetzten Wand ein Gemälde, auf dem ein Haus abgebildet ist, das mir sehr bekannt vorkommt. „Sieht das nicht aus wie das Haus Ihrer Mutter?", frage ich Dr. Domas irritiert, die ebenfalls verwirrt auf das Bild starrt und nickt. Amir Essa ist schüttelt den Kopf: „Aber nein, das ist ein Haus im Besitz von Olaf Solbach! Es ist gar nicht so weit von hier und war sein geheimer Rückzugsort, wenn er keine Lust auf seine Villa oder Hotels hatte." - „Wirklich? Die

Ähnlichkeit mit dem Haus meiner Mutter ist frappierend!" – „Mehr weiß ich leider nicht darüber, er hat dorthin nie eingeladen, aber es steht am südlichen Ende der Stadt. Vielleicht ist es vom selben Architekten?", mutmaßt er, denn es ist ja sehr markant. „Meine Mutter wohnt ca. 40 km außerhalb der Stadt. Ob der Architekt dieses Haus damals einfach doppelt gebaut hat?" Dr. Domas zückt ihr Smartable und zeigt Amir Essa ein Bild ihres Elternhauses, vor dem ihre Mutter steht. Nun ist er es, der verwirrt ist. „Tatsächlich! Das sieht genauso aus." Und nach kurzem Nachdenken fügt er hinzu: „Ich würde ihm auch zutrauen, dass er sich das Haus hat nachbauen lassen, wenn es ihm gut gefiel, er es aber nicht haben konnte. Da hat er manchmal mit seinem Geld schon verrückte Sachen angestellt." Dieses Haus ist also hier in der Stadt und das Haus von Dr. Domas' Mutter kam mir sehr bekannt vor, mein Gehirn rattert. Vielleicht ist das der Ort, an dem ich mich aufgehalten habe? Ich sehe Dr. Domas an, deren Gesicht mir spiegelt, dass sie womöglich gerade ähnliche Gedankengänge hat. „Wo genau ist das?", will sie wissen, bevor ich fragen kann. Amir Essa nennt die Adresse und sie sucht sie mit ihrem Smartable und sieht mich dann an: „Da ist eine riesige Grünfläche drumherum!" Mein Herz klopft wie wild. „Oh ja, um jedes seiner Anwesen gibt es ein „grünes Schutzschild", wie er es nannte. Bei diesem hier ist es allerdings besonders groß, wenn ich mir das so ansehe", kommentiert er mit einem Blick auf das Smartable. Dr. Domas nickt und auch ich sehe auf der Karte, welch riesiges Areal am Stadtrand dieses Anwesen einzunehmen scheint. Mit dem Finger sucht Dr. Domas einen bestimmten Punkt und lässt ihren Finger darauf sinken, als sie ihn entdeckt hat. „Was ist da?", will ich wissen und sie sagt ganz langsam: „Hier hatten Sie ihren Unfall." Aufgeregt fährt sie fort: „Und wenn ich hier den Grünstreifen in der Stadt verfolge, so zieht dieser sich bis zum Anwesen Ihres Großvaters! Es könnte also gut sein, dass Sie von dort kamen und dadurch, dass Sie sich auf dem Grünstreifen bewegt haben, von den Kameras nicht erfasst wurden." Mein Herz klopft zum Zerbersten. Könnte das wirklich sein? Könnte dieses Anwesen mein Aufenthaltsort gewesen sein? Ich blicke vom Einen zur Anderen und fühle mich ein wenig schwindelig. „Setzen Sie sich doch bitte, Sie sind ja ganz blass", höre ich Amir Essa sagen, der mich besorgt am Arm nimmt, zu einem großen Sessel führt und mir etwas von dem Wasser gibt, das auf dem Tisch steht.

Mit leisem Klopfen kündigt die Sekretärin ihr Eintreffen im Raum an. Sie teilt uns mit, dass sich im Besprechungszimmer schon alle versammelt hätten und auf uns warten. Amir Essa sieht mich an und sagt, dass wir noch einen Augenblick brauchen und fragt im nächsten Moment nach, ob auch Evelyn schon angekommen sei. Als die Sekretärin dies verneint, beauftragt er sie, die anderen noch um Geduld zu bitten, da wir in jedem Fall auf ihr Eintreffen warten werden. Die Sekretärin nickt freundlich und verlässt den Raum. „Das ist gerade alles sehr viel für Sie", sagt er mitfühlend zu mir und sieht Dr. Domas an. Ich beruhige die beiden, denn ich bin trotzdem auch gespannt, mehr über die Firma zu erfahren und kann es nicht fassen, wie viele Erkenntnisse mir die letzten Tage gebracht haben. Und frage mich natürlich, welche weiteren Erinnerungen und Erkenntnisse mir dieser Tag noch bringen wird.

*A*nira erstaunt mich einmal mehr. Da haben wir den möglichen Aufenthaltsort ermittelt und das ist doch in ihrer Situation emotional extrem herausfordernd, aber trotzdem gelingt es ihr, konzentriert und offen in das Treffen mit den Firmenangehörigen oder Vertrauten von Olaf Solbach zu gehen. Hatten wir eine kleine Runde erwartet, so waren erstaunlich viele Mitarbeitende anwesend. Evelyn Ruda begrüßt Anira herzlich und stellt sie kurz vor, bevor sie Amir Essa das Wort übergibt. Dieser leitet durch die Sitzung und zeigt eine Mischung aus Vorstandsvorsitzendem, Gastgeber und Hausherr auf eine angenehm menschliche Art. Die Stimmung ist aus-gesprochen freundlich, konstruktiv und entspannt. Jeder – und es sind auch einige Produktionsarbeitende anwesend – haben die Gelegenheit zu Wort zu kommen. Ich habe das Gefühl, dass Anira sich in dieser Runde sehr wohlfühlt. Sie kann sich erstaunlich gut auf die Menschen und das Gespräch einlassen und hört sehr aufmerksam zu. Die Anwältin und der Vorstandsvorsitzende haben sich gut auf das Treffen vorbereitet und gewähren Anira einen Einblick in die Arbeitsweise der Firma. Es gelingt ihnen, die Geschäftsstruktur und Organisation von Verwaltung, Produktion und Vertrieb auf einfache und verständliche Weise darzustellen und sie legen auch interne Zahlen zu Gewinn und Verlust offen. Im Gespräch zeigt sich, dass allen Anwesenden am Erhalt der Firma sowie den Arbeitsplätzen – und nicht nur den eigenen – gelegen ist und auch die Qualitätsstandards von Olaf Solbach ihre Vorstellungen prägen. Jede und jeder im Raum hat seine/ihre persönliche Geschichte mit dem Firmengründer – genauso wie wir es schon von der Anwältin gehört haben. Es geht ihnen nicht darum, Anira eine heile Welt vorzugaukeln, denn auch Probleme und Schwierigkeiten der Firma werden klar benannt und auf den Tisch gebracht. Aggressive Übernahmeangebote von Aukoop hatten sich in den letzten Jahren gehäuft. Aukoop, so wird uns erklärt, ist die Kooperation der Autohersteller, ein Dach, unter dem alle Automarken vereint sind, aber mit unterschiedlichen Designs und Markennamen eine Pseudovielfalt vorgaukeln, die es schon lange nicht mehr gibt. Im Hintergrund arbeiten alle Hersteller mit der gleichen Technik und sogar gemeinsamen Produktionslinien. Einzig eOUSO existiert und produziert noch als eigenständige Marke, die sich gegen die Eingliederung in die Kooperative bislang erfolgreich gewehrt hat. Amir Essa beschreibt auch die Folgen so einer Übernahme: Produktion, Technik und Standards würden den gängigen Prozessen angepasst. Reine industrielle Fertigung statt Handarbeit. Entlassungen der meisten Mitarbeitenden, was sowohl Produktion als auch Administration betreffen würde, lediglich Vertrieb und bestenfalls Marketing würden als Abteilungen noch benötigt. „Es geht ja nicht nur um die Arbeitsplätze. Uns ist die Firma wichtig, wir möchten das, was Olaf Solbach aufgebaut hat, eine Atmosphäre der Wertschätzung und Menschlichkeit, nicht aufgeben." Wenn ich zuvor an eOUSO als *Luxusmarke dachte, hätte ich nie erwartet, dass dahinter Menschen stehen, die wirklich für das, was sie tun – und die Arbeitsumstände, in denen sie das tun können – brennen. In der Runde zeigt sich nach diesen Worten des Vorstandsvorsitzenden viel Zustimmung. Köpfe nicken und leise Kommentare erklingen. „So ist es!" – „Genau das, Amir!" – „Auf den Punkt gebracht!" Anira – wie auch ich – ist sichtlich beeindruckt und berührt. Der Druck durch wiederholte „Anfragen" auf geschäftliche Übernahme ist nur eine der Herausforderungen. Wesentlich gravierender stellt sich, wie der Amir Essa weiter ausführt, das Problem der Mitarbeitendensuche dar: Qualifizierte und motivierte Arbeitnehmende zu finden, ist kaum noch möglich. Unter den Jugendlichen ist kein Interesse mehr an produktivem Arbeiten vorhanden. Technik – auf dem Papier entwickelt – das können sich manche noch vorstellen, aber wirklich Hand anlegen? Geld soll einfach verdient werden, mit Influencing, Werbung, zuhause am Smartable. Wenig Nachdenken, viel Verdienen. Der Lohn bei eOUSO ist gut, sogar sehr gut, aber eben auch verbunden mit der Erwartung, Einsatz zu zeigen. Stellen ausscheidender Mitarbeitender können mangels Bewerbern oft nicht mehr nachbesetzt werden. „Es ist ein gesellschaftliches Problem", beendet Amir Essa seine Ausführungen und Anira nickt verstehend.*

Nach circa drei Stunden, in denen Anira sich auch noch mit einzelnen Personen unterhalten hat, wird die große Runde aufgelöst. Im Anschluss gibt es eine Pause mit einem Imbiss aus der hauseigenen Kantine, der wirklich lecker ist. Danach ist eine weitere Sitzung geplant. Der

Vorstandsvorsitzende hat die mitarbeitenden Familienangehörigen der Familie Cohout eingeladen, um mit ihnen über die Zukunft des Unternehmens zu sprechen. Bei dieser Einladung hat er allerdings „vergessen" zu erwähnen, dass Anira ebenfalls anwesend sein würde, wodurch ein Treffen überhaupt möglich wird. Das war ihr ja bisher verweigert worden. Nach anfänglichem Protest über die Anwesenheit Aniras von Seiten der Cohouts, gelingt es der Anwältin diesen Widerstand geschickt aufzulösen. Durch Hervorhebung der Tatsache, dass Anira erwägt, die Erbschaft abzulehnen, da sie in den Geschäften ja nicht bewandert sei, lösen sich erste Vorbehalte gegen das Treffen auf. Darüber hinaus betont die Anwältin die bestätigte verwandtschaftliche Beziehung und wie wichtig dies für eine Frau sei, die bisher keinen einzigen lebenden Verwandten treffen konnte. Abschließend argumentiert die Anwältin geschickt, habe die öffentlich ausgetragene Auseinandersetzung zu einem beträchtlichen Imageschaden für die Firma geführt, der nicht zu drastischen Wertverlusten führen dürfe. Es gehe in diesem Treffen also auch darum, Wogen zu glätten und Franz Cohout, die Möglichkeit zu geben, seine Vorstellungen von der Zukunft der Firma darzulegen. Während all dieser Ausführungen schweigt Anira und bleibt sehr passiv, was den Cohouts den Raum überlässt und die Bereitschaft fördert, ihre Pläne darzulegen. Die geäußerten Ideen sind ziemlich konfus, in sich widersprechend und – wie selbst mir erscheint – fernab jeder Realität. Die Problematik der Übernahmegefahr und Stellenbesetzungen werden nicht einmal erwähnt, obwohl diese seit mehreren Jahren das Unternehmen sehr *beschäftigt haben, wie wir zuvor gehört hatten. Anira hört geduldig und freundlich zu und äußert sich erst am Ende des Treffens kurz und zurückhaltend: Sie dankt ihren Verwandten, dass sie ihr die Gelegenheit gegeben haben, sie kennenzulernen. Außerdem für die Darstellung der vielen Gedanken, die sie sich zur Firma gemacht haben und betont nochmals ihre Unerfahrenheit in geschäftlichen Dingen. Gerade weil ihr viele Erinnerungen noch fehlten, sei ihr auch die wiedergefundene Familie sehr wichtig. Das war ziemlich diplomatisch und die drei verlassen den Raum recht zufrieden, wie mir scheint.*

Der Tag war allerdings wirklich anstrengend, ein hektischer Tag in der Klinik wäre nicht so ermüdend für mich gewesen wie diese Exkursion in eine fremde Welt. Wie anstrengend er erst für Anira gewesen sein muss, kann ich nur erahnen. Bei all den Terminen reicht die Zeit nicht, um noch das Anwesen zu besuchen, das dem Haus meiner Mutter von außen so ähnlich sieht und Aniras möglicher Aufenthaltsort war. Ich kann ihre Aufregung und Ungeduld natürlich verstehen, aber auch sie sieht ein, dass es, selbst wenn wir es noch hätten organisieren können, nach allem, was heute bereits war, auch emotional zu viel geworden wäre.

Kriminalobermeister Bruns ist von unserer Theorie recht angetan, denn es passt ja wirklich alles zusammen, und wird morgen mit uns dorthin fahren. Nun sitzen Anira und ich noch müde und mit hochgelegten Füßen in meinem Büro. „Wie geht es Ihnen?", frage ich sie. „Mein Kopf ist voll. Da tauchen einzelne Bilder auf: mein Vater, mein Großvater, meine Tante – aber ich traue diesen Bildern nicht so richtig, denn sie könnten ja auch durch die Bilder, die ich gesehen und Informationen, die ich erhalten habe, entstanden sein. Es ist in jedem Fall gerade sehr verwirrend alles", schließt sie und ich kann das bestens nachvollziehen. „Im Wechselrahmen auf dem Schreibtisch meines Großvaters glaube ich auch ein Bild von mir erkannt zu haben." Das ist wirklich interessant! Es erfordert eine besondere Art der Wahrnehmung für einen Menschen mit Amnesie sich selbst auf Kinderbildern zu erkennen. Sie scheint auf dem besten Weg, ihre Erinnerungen wiederzuerlangen! Nach einer Pause fragt sie mich genau das: „Ist es möglich, dass ich alle Erinnerungen wiedererlange?" Ich antworte ihr ehrlich: „Das lässt sich nicht vorhersehen. Es gibt natürlich Erfahrungswerte – aber von denen haben Sie sich an den verschiedensten Stellen schon entfernt. Was ich aber sagen kann, ist, dass Sie sich definitiv in einer Phase der Amnesielösung befinden, auch wenn sich der Umfang nicht prognostizieren lässt." – „Ich möchte mich wirklich gerne erinnern, besonders an meinen Großvater, mit dem ich keine neuen Begegnungen mehr haben werde. Ich glaube, er war schon ein besonderer Mensch." – „Da mögen Sie wirklich recht haben", pflichte ich ihr bei und denke an all das, was wir heute über ihn erfahren haben. Durch den persönlichen Bezug zeichnet sich jetzt ein ganz anderes Bild von ihm, als das, was in den Medien gezeichnet wird. Anira unterdrückt ein Gähnen und ist verlegen: „Es tut mir leid, ich sollte schlafen gehen, obwohl ich das Gefühl habe, dass ich nicht schlafen kann. Aber ich versuche es mal. Morgen wird ja auch wieder aufregend!" - „Das wird es ganz sicher!" – „Danke, dass Sie mich so unterstützen und mich *nicht allein lassen, auch wenn andere Ihrer Aufgaben deshalb gerade unerledigt bleiben."* – *„Nun, ich arbeite mit Prioritäten und habe das Privileg, sie selbst festlegen zu können. Das erlaubt mir Spielräume, die andere nicht haben, und ich weiß, dass es für Sie eine schwierige Phase ist."* – *„Trotzdem ist es nicht selbstverständlich und ich weiß es wirklich zu schätzen!"* – *„Und das weiß ich zu schätzen",* lächle ich.*

Frederik

Vor dem Einschlafen habe ich noch mit Graciella telefoniert und es tat gut, alles was an diesem Tag passiert ist, nochmal darzustellen und darüber zu sprechen. Aber ich schlafe richtig schlecht. Wilde Träume, in denen meine Verwandten drohen, mich an Aukoop zu verkaufen, während ich versuche, ein Auto zusammenzuschrauben, das als Stapel Einzelteile vor mir liegt. Ich versuche mir vorzustellen, dass es genauso ist wie ein Puzzle, aber ich merke, dass ich ja gar nicht weiß, was am Ende wirklich dabei herauskommen soll. Agnes sagt mir, dass sie in Olaf Solbachs Villa ziehen möchte und Brandon versucht mit seinem Smartable das merkwürdige Gebilde, das ich aus den Einzelteilen gebaut habe, wie mit einer Fernbedienung zu steuern, während ich gleichzeitig versuche einzusteigen, was dazu führt, dass alles wieder auseinanderfällt. Ole ist lebendig und kommt durch die Tür, die plötzlich auftaucht und sagt mit harter Stimme: „Dann musst du nochmal von vorne anfangen, als meine Enkelin musst du das können!", und verschwindet durch die Tür, bevor ich auch nur irgendetwas sagen kann. Dann kommt die Anwältin herein und ruft: „Ihre Zeit läuft gleich ab, beeilen Sie sich!", während Dr. Domas von der anderen Seite ruft: „Lassen Sie sich Zeit, sonst wird das nichts!" Mir ist alles zuviel und ich versuche wegzulaufen, aber so sehr ich mich auch anstrenge, komme ich nicht vom Fleck. Die Stimmen von Ole, der Evelyn Ruda und Dr. Domas werden immer lauter und ich versuche verzweifelt davon wegzurennen, sehe den Park in der Ferne und möchte dorthin, meine Ruhe finden. Ich laufe los, nur um festzustellen, dass der Park sich immer weiter von mir entfernt. Schweißgebadet wache ich auf. Raphael ist bei mir im Zimmer, da er Nachtschicht hat, und spricht beruhigend auf mich ein. Es dauert ein bisschen, bis ich realisiere, dass das nur ein Traum war, ich in meinem Zimmer in der Klinik liege und die Stimmen in meinem Kopf verklingen. Langsam verblasst der Traum und obwohl ich wirklich müde bin, dauert es eine ganze Weile, bis ich wieder Ruhe finde und einschlafen kann.

Am Morgen überlagert die Aufregung über die heutige Fahrt zu Oles Anwesen, meinem möglichen Zuhause, die Müdigkeit der schlechten Nacht. Unser gemeinsames Frühstück fällt heute deutlich stiller aus als sonst, denn alle wissen, was für ein wichtiger Tag das für mich ist und keiner weiß so recht – inklusive mir selbst – was man sinnvoll dazu sagen könnte. Außerdem gehen mir immer noch so viele Gedanken im Kopf herum, die ich weder sortiert noch formuliert kriege. Als ich dann mit Dr. Domas aufbreche, wünschen mir alle Glück, umarmen mich fest, was mir viel Kraft und Halt gibt. „Du findest dich wieder, Mädchen", sagt Rosie zuversichtlich, als sie mich an sich drückt und ich mag sie in diesem Moment gar nicht wieder loslassen, so gut tut ihre Nähe und ihre Zuversicht. Wieder wenden wir den Trick mit Agnes zur Ablenkung der Pressemenschen vor der Klinik an, die heute einen weiteren Besuch in der Villa machen wird. Mit der Haushälterin hat sie sich gestern bestens verstanden, besonders nachdem sie festgestellt haben, dass sie beide gerne stricken. Unbehelligt kann ich so mit Dr. Domas zum Anwesen fahren, wo der Kriminalobermeister schon auf uns wartet. Seine Nachforschungen über das Anwesen und mögliche Bewohner waren nicht besonders erfolgreich. Es ist wie ein weißer Fleck auf der Landkarte. Eine große Mauer, die zwar intakt ist, aber etwas heruntergekommen aussieht, umschließt das Gelände. Vom großen schmiedeeisernen Eingangstor sieht man lediglich einen schmalen Weg, der zwischen Büschen und Bäumen verschwindet. Evelyn Ruda kommt kurz nach uns an und informiert uns, dass es von diesem Anwesen, soweit sie ermitteln konnte, keinen Schlüssel, kein Personal und keine Telefonnummer zu geben scheint. Es war wirklich Oles geheimer Rückzugsort!

Wir sehen uns am Eingangstor um und stellen fest, dass es keine Klingel gibt. Das große Tor, durch das problemlos ein LKW fahren könnte, ist im Gegensatz zur teilweise etwas heruntergekommenen Mauer sehr massiv. Kriminalobermeister Bruns rüttelt am Griff und bittet um Zustimmung, es aufbrechen lassen zu dürfen. Während die Anwältin mit ihm spricht, taucht bei mir das Bild einer Tür in der Mauer auf. „Moment", sage ich, als der Kriminalobermeister schon zum Telefon greift, um Handwerker anzurufen, „da muss es eine Tür geben." Ich beginne die Mauer entlangzulaufen und es dauert eine Weile, in der wir schweigend gehen, bis in der Mauer tatsächlich eine hölzerne Tür auftaucht. Keiner fragt mich wie ich darauf komme – und auch ich akzeptiere, dass manches Wissen einfach so auftaucht und ich es nicht erklären kann. Aber nur, weil die Tür da ist, heißt es ja nicht, dass wir hineinkommen. Ich umschließe mit meiner Hand den metallenen Griff, aber weiß schon bevor ich den Griff herunterdrücke, dass sich diese Tür öffnen wird. Und tatsächlich, die Holztür ist schwergängig, da sie offensichtlich kaum benutzt wird, und die Angeln quietschen erbarmungswürdig, aber sie lässt sich öffnen! Wieder gehe ich vor und folge einem schmalen Fußweg tiefer ins Pflanzenreich, das – obwohl wir ja früh im Jahr haben – erstaunlich dicht und grün ist. Es ist eine ziemliche Wildnis und direkt erfasst mich ein Gefühl der Sicherheit und Geborgenheit, während es bei meinen Begleitern eher das Gegenteil auszulösen scheint. Ob es nun daran liegt, dass einfach der Zeitpunkt gekommen ist oder die Dichte der Erinnerungen an diesem Ort dazu führen: Mit jedem Schritt, den ich auf dem Grundstück Richtung Haus gehe, ist es mir, als ob der Nebel des Vergessens mehr von mir abfällt. Gesichter verschiedener Menschen tauchen vor meinem Auge auf. Alles um mich herum verliert an Bedeutung und gleichzeitig erhält endlich alles um mich herum wieder eine Bedeutung! Schließlich, nachdem wir schon eine ganze Weile gegangen sind, wird wie mit einem Ruck der Vorhang, der meine Erinnerungen verhüllt hat, gelüftet und ich erinnere mich wieder an alles! Wie konnte ich es nur vergessen?!

Hier ist mein Zuhause! Ich heiße Arina, nicht Anira. Hier lebe ich mit meinem Vater, mit Emma, mit Hedwig, Assam und Tria. Hier bin ich aufgewachsen, mit den Erzählungen von meiner Mutter, die nach meiner Geburt an einer nicht erkannten Blutvergiftung gestorben ist, die durch eine Verletzung durch eine Pflanze hervorgerufen wurde. Wir leben hier als kleine Gemeinschaft, die der Gesellschaft aus unterschiedlichen Gründen den Rücken gekehrt hat. Ole, der immer wieder – mal kürzer, mal länger – zu Besuch kam und der uns hier einen Platz zum Leben und Sein gewährt hat. Der uns erlaubt hat, dieses Leben zu leben. Der erzählt hat, dass er dieses Haus nach dem Vorbild eines anderen Hauses hat errichten lassen, welches er kaufen wollte, aber da es nicht verkäuflich war, eben kopiert hatte. Der mich gelehrt hat, Bücher zu lieben, zu lesen und zu schreiben – ohne mir je zu verraten, dass er mein Großvater ist! Mein Vater, der mir alles über Pflanzen beigebracht hat, was er weiß und der sich ganz der Zucht von Pflanzen widmet und mit mir zusammen die großen Gewächshäuser bepflanzt und eingerichtet hat, in denen wir unser eigenes Gemüse ziehen und die Felder angelegt hat, auf denen unser Getreide wächst. Hedwig zaubert daraus die leckersten Essen, während Tria sich um unsere Kuh und den Stier kümmert, wohingegen Assam unsere Schafe liebt und deren Wolle zu Faden spinnt und daraus Stoffe webt. Emma ist, als ich klein war, meine Lehrerin gewesen und zusammen haben wir viel Zeit in der Bibliothek verbracht, geschrieben, gemalt und habe Spaß daran gefunden alte Handschriften der Pflanzenkunde zu kopieren. Und das Symbol, natürlich: Es ist unser Zeichen. Das Band unserer Freundschaft und Gemeinschaft. Wir haben es gemeinsam entworfen! Ich erinnere mich an den Tag, an dem jede/jeder sein persönliches Element beigetragen hat:

Vater das Dreieck, das für ihn die Beziehung mit Antonia und mir symbolisiert als Kernelement unserer

Verbindung. Emma den Kreis darum, als das, was uns alle unsichtbar zusammenhält. Tria zeichnete einen zweiten Kreis, der uns als Schutz dient und ich zeichnete die Strahlen, weil ich fand, dass unsere Verbindung so groß ist, dass sie alles überstrahlt und wir auch alles um uns herum nicht vergessen sollten. Hedwig und Assam wohnten damals noch nicht bei uns.

Als ich noch kleiner war, besuchten wir gelegentlich zu Fuß die Stadt, weil es wichtig schien, dass ich Kontakt zu anderen Kindern habe. Das wurde immer schwieriger, denn die Kinder hatten kein Interesse mit mir zu spielen, sie waren am Smartable beschäftigt. Die Erwachsenen wollten sich nicht mit uns unterhalten, sondern beäugten uns ablehnend, weil wir anders gekleidet waren. Die Ablehnung zu spüren war hart, aber immerhin wurden wir überhaupt wahrgenommen, das hörte auf, als auch die Erwachsenen sich nur noch mit dem Smartable beschäftigten. So hörten wir auf, in die Stadt zu gehen und den Kontakt zu suchen. Der Rückzug in unsere kleine Welt fiel uns nicht schwer: Wir lebten und leben hier in einem kleinen Paradies. Wir gehen achtsam miteinander um, hören einander zu, sind freundlich und nutzen die Ressourcen, die wir haben mit Bedacht. Wir nehmen nur so viel Holz für den Kamin, wie wir im Winter brauchen, verwenden alles so lange es geht und reparieren, wenn etwas kaputt geht. Überhaupt ist unser Leben erfüllt von Ruhe, Miteinander, Lachen und wir leben unsere unterschiedlichen Interessen, die sich auf so wundervolle Weise ergänzen und uns ein harmonisches Zusammenleben ermöglicht. Natürlich gibt es auch mal Streit, aber wir klären ihn und lassen ihn nicht stehen, und ganz sicher nicht über Nacht. Wir hören Musik zusammen und nutzen dazu einen altmodisches Abspielgerät, genau wie für Filme. Beide Geräte sind Sammlerstücke, die uns gute Dienste leisten. Ole hat uns diese Sachen sowie Filme und Musik-CDs angeschleppt und hatte echte Freude daran, diese Gegenstände vor dem Müll gerettet zu haben.

Unser Alltag ist geprägt von stiller Arbeit, gelebter Gemeinschaft, Austausch und Freude am Leben und Lernen – und zwar aus alten Büchern, aber auch durch Experimente, wo insbesondere Hedwig ihre sowie meine Kenntnisse in Chemie und Physik mit manchmal explosiven Mischungen erweiterte. Im Haus befindet sich die wundervollste und erstaunlichste Bibliothek. Sie ist mein Lieblingsort und vermutlich darum eine meiner ersten Erinnerungen gewesen. Ole hat bei seinen Besuchen immer wieder neue Bücher hinzugefügt und sie trägt einen unendlichen Schatz an Wissen in sich. Ich habe nie hinterfragt, warum er uns all diese Geschenke macht, warum er uns als seinen Zufluchtsort bezeichnet, aber doch immer wieder in sein anderes Leben zurückkehrt. Mir war nicht klar, dass er eine große Firma besitzt und ein reicher Mann ist. Darüber hat er nie gesprochen und ich bin gar nicht auf den Gedanken gekommen, ihn danach zu fragen. Wie blind ich war! Immer, wenn er zu Besuch kam, erzählte er vom Leben außerhalb unserer Mauern, von einer Gesellschaft, die oberflächlich, schnelllebig, geldgierig, gedankenlos, zerstörerisch und oft sehr einsam ist. Und genau wie die Nachrichten, die wir in meiner Kindheit noch hörten, motivierte uns das nicht, den Kontakt nach außen zu suchen. Sondern im Gegenteil, wollten wir immer weniger davon wissen und schotteten uns ab. Unsere Gemeinschaft wurde für die Gesellschaft draußen komplett unsichtbar. Obwohl das Holztor nie verschlossen ist, scheinen die alten Mauern wie eine Tarnkappe gewirkt zu haben.

Und nun weiß ich auch wieder, warum ich das Anwesen verlassen habe: Ole ist krank und liegt im Sterben, berichtete mein Vater und ich wollte ihn noch einmal sehen, um mich von ihm richtig zu verabschieden und machte mich mit einer Wegbeschreibung von Emma auf zu seiner Villa, da ich davon ausging, dass er sich dort aufhielt. Von einer Insel im Pazifik oder den zahlreichen anderen Wohnorten war mir ja nichts bekannt. Wäre vielleicht gut gewesen, weil ich mich dann nicht unnötigerweise auf den Weg gemacht hätte. Anderseits hat es vielleicht auch etwas Gutes, da ich dadurch den Kontakt zur Außenwelt wieder aufgenommen habe. Entsprechend Emmas Beschreibung folgte ich zunächst dem Grünstreifen, in dem ich mich auch sicherer fühlte als nahe der Straße. Ich erinnere mich, dass ich einen Haufen Müll mitten in der Natur entdeckte, wie wütend mich das machte, weil hier achtlos und gedankenlos Möbel entsorgt und zerstört worden waren. Und ich fühle wieder die Wut, die mich damals packte, höre wieder das leise Surren bevor ich im nächsten Moment gewaltsam zu Boden gestoßen werde. Ich erinnere mich, dass mein Kopf dröhnte und ich versuche, mich wieder aufzurichten, um herauszufinden, was passiert war, aber dann wurde alles dunkel um mich herum ...

Und als es wieder hell wurde, strahlte künstliches Licht in mein Gesicht und ich lag im Krankenhaus und fragte mich, warum mein Kopf so schmerzt und wie ich dorthin gekommen bin. Und der Arzt, der in mein Zimmer kam, als ich die Augen nach einer gefühlten Ewigkeit endlich öffnen konnte, fragte mich wer ich sei, aber ich konnte mich einfach nicht erinnern. Aber jetzt, jetzt kann ich mich wieder erinnern! Arina. Darum kam mir auch der Name von Rosie irgendwie vertraut vor. So ähnlich ist Anira zu Arina! „Ich heiße Arina", schreie ich vor lauter Glücksgefühl so laut ich kann und beginne dann zu rennen, denn ich kann es nicht erwarten, meinen Vater und die anderen zu sehen. Im Rennen fällt mir wieder ein, dass ich ja nicht allein gekommen bin und blicke mich kurz zu ihnen um. Ich sehe, wie die drei hinter mir her geschnauft kommen. Ich lache, rufe nochmal laut „Ich heiße Arina!" winke ihnen zu, mir zu folgen, und lasse sie noch glücklich wissen: „Ich erinnere mich an alles!"

Dem Weg weiter folgend komme ich schließlich zum Haus und alles sieht so aus, wie ich es in meiner wiedergekehrten Erinnerung erwarte. Ich laufe direkt zum Gewächshaus, da ich meinen Vater dort vermute. Und richtig Papa ist genau dort. Er ist über einen Blumentopf gebeugt und sät gerade etwas ein. Da er inzwischen ein bisschen schwerhörig ist, nähere ich mich möglichst laut an, um ihn nicht zu erschrecken. Als ich nah genug bin, dass er mich hören kann, sage ich laut und deutlich:

„Papa, ich bin wieder da!" Und ich merke erst hinterher die besondere Bedeutung dieses Satzes. Als er mich wahrnimmt, richtet er sich langsam auf, sieht mich strahlend an und sagt in einer Art und Weise, als wäre ich nur mal kurz im Haus gewesen und nicht für mehrere Monate weg: „Da bist du ja wieder, Arina!"

Epilog

Es war definitiv ein ganz besonderer Tag im Leben Arinas, als sie ihre Erinnerungen wiederfand und zu ihrer Familie zurückkehrte. Gleichzeitig stellte er einen Wendepunkt in ihrem Leben dar – und nicht nur in ihrem! Überglücklich wurde umarmt, was auch die Besucher einschloss. Dr. Domas wunderte sich nun über nichts mehr im Verhalten Arinas, während die Anwältin etwas verlegen wurde, während der Kriminalobermeister gar nicht wusste, wohin mit dieser ungewohnten, überbürdenden Herzlichkeit. Aber Arina brachte nicht nur Besucher mit, sie brachte auch viele Fragen mit. Insbesondere war da natürlich die Frage, warum Ole verschwiegen hatte, dass er ihr Großvater ist? Und endlich erzählte Frederik ihr die ganze Geschichte:

Antonia und Frederik lebten im Protest zur Gesellschaft – das wusste Arina – und entsprach ja vollkommen dem Leben, dass sie führten. Was sie nicht wusste, war, dass sie auch im Protest zum Reichtum von Olaf Solbach lebten und sich darum ein einfaches, naturverbundenes Leben aufbauten. Allerdings konnten sie genau dieses einfache Leben fernab der Gesellschaft als alternative Lebensform nur aufbauen, weil es Olafs Reichtum gab. Erst die Überlassung des Anwesens ermöglichte es den dreien (Frederiks Schwester Emma war von Anfang an dabei) so autark, einfach und vor allem zurückgezogen zu leben. Es ist einleuchtend, dass dies ein Spannungsfeld in der Beziehung zu Olaf war. Antonia warf ihrem Vater Geldgier und Ausbeutung vor, während er es als persönliche Beleidigung empfand, dass sie seinen Besitz – genau genommen dieses eine Anwesen - nutzte, aber ihm gleichzeitig Vorwürfe machte und gar kein Interesse für seine Firma zeigte. Auch für Frederik, der sich vor allem nach dem Tod Antonias als Nutznießer fremden Eigentums empfand, war dies ein andauernder innerer Konflikt und einer der Gründe, warum er dieses Thema grundsätzlich vermied. Die Spannungen zwischen Antonia und ihrem Vater traten erst mit Arinas Geburt in den Hintergrund.

Als Antonia ungeplant schwanger wurde, stellte es ihre Welt erst mal auf den Kopf. Sie und Frederik waren sich einig gewesen, dass dies keine Welt war, in der Kinder eine Chance auf ein gutes Leben haben würden, weshalb sie gemeinsam beschlossen hatten, keine Kinder zu bekommen. Nun war es doch passiert und wieder waren sich beide einig, dass dieses Kind ein Recht auf Leben hatte. Gleichzeitig war schnell klar, dass dieses Kind nicht gechipt würde, sondern fernab gesellschaftlicher Zwänge, Technisierung und Druck aufwachsen sollte. Dies war nur mit einer heimlichen Geburt möglich. Durch das zurückgezogene Leben war das überhaupt kein Problem. Schwangerschaft und Geburt fanden auf dem Anwesen statt, das Frederik und Antonia ohnehin nur selten verließen. Als Antonia einige Monate nach Arinas Geburt aufgrund einer nicht diagnostizierten Blutvergiftung starb, änderte sich wiederum alles. Insbesondere für Ole. Während es ihm zuvor tatsächlich nur darum gegangen war, reich und erfolgreich zu sein (was er wie eine Sucht weiterbetrieb, selbst als er schon zu den reichsten Menschen gehörte) und er mit seinem Luxusauto die perfekte Marktlücke gefunden hatte, hinterfragte er nach ihrem Tod das Leben an sich, sein eigenes, sein Geschäftsgebaren, seine Wünsche, Ziele und Träume. Wie sehr er trotz aller Konflikte seine Tochter geliebt hatte – genau wie sie ihn – merkte er erst nach ihrem Verlust. Aus Angst vor weiterem Verlust und als könne er durch das Verschweigen der verwandtschaftlichen Beziehung eine zu enge Verbindung zu seiner Enkelin verhindern, verlangte er von Frederik und Emma für das unbegrenzte Wohnrecht in seinem Anwesen, Schweigen darüber zu bewahren, dass er Arinas Großvater war. Zunächst versuchte er sich auch von Arina fernzuhalten, aber die Sehnsucht nach Familie und Zuneigung, die er in keiner seiner Ehen finden konnte, fand er bei Arina. Sie nahm ihn von Anfang an unvoreingenommen und voller Zärtlichkeit in ihr Leben auf. Die freundschaftliche Beziehung, die sich zwischen den beiden entwickelte, war auch ohne das Wissen um die verwandtschaftliche Bindung so innig, wie eine Beziehung nur sein kann. Ole war auch der Name, den Arina ihm gab, als es mit dem Wort „Olaf" noch nicht so klappen wollte. Für ihn wurde er zu seinem Herzensnamen und nur denjenigen bekannt, denen er wirklich vertraute.

Aber nicht nur sein Privatleben veränderte sich nach dem Tod Antonias drastisch, auch in seiner Firma entwickelte er einen anderen Führungsstil. Er fing an, seine Mitarbeitenden ein Stück weit wie „seine Kinder" zu sehen und sich für sie als Chef verantwortlich zu fühlen. Er entwickelte ein offenes Ohr für die Belange seiner Angestellten und kümmerte sich um die Umsetzung guter Arbeitsbedingungen und Entlohnung in allen Bereichen des Unternehmens. In der Branche machte er sich damit allerdings keine Freunde, da er „die Preise verdarb" und die qualifiziertesten und motiviertesten Mitarbeiter unabsichtlich, aber sehr erfolgreich, abwarb. Ole verbrachte so viel Zeit er konnte auf dem Anwesen. Er genoss das freie Leben hier, das Vorlesen mit Arina, gemeinsame Gespräche mit Emma und Frederik. Andererseits war Ole monatelang weg und meldetet sich nicht. Er war dann in der Regel auch nicht über ein Telefon erreichbar, das er sonst gelegentlich nutzte, um zu hören, wie es allen ging. Nachdem er sich per Telefon gemeldet hatte, um sich endgültig zu verabschieden, war allen klar wie schlecht es ihm ging. Arina setzte sich in den Kopf, ihn zu besuchen und sich um ihn zu kümmern. Frederik, wie auch die anderen, verstanden das Anliegen Arinas und obwohl es natürlich Vorbehalte gab, respektierten sie ihren Wunsch, in dieser Zeit für ihn da zu sein. Es war allen erst mal klar, dass es schwierig sein würde, den Kontakt zu halten, gerade weil die technische Ausstattung auf dem Anwesen in mancher Hinsicht eher antiquiert und das Telefon unglücklicherweise komplett ausgefallen war.

Natürlich war es der Kriminalobermeister, der nachhakte, warum sich auf die Medienfahndung nach Arina keiner von ihnen gemeldet hatte und ob sie nicht in Sorge um sie gewesen sein, da sie ja fast 4 Monate weg war. Es ist fast selbsterklärend, dass die Mediensuche durch die vorhandene Medienabstinenz der Bewohner schlichtweg völlig an ihnen vorbei gegangen war. Alle machten klar, dass sie sich natürlich Gedanken um Arina und Ole gemacht hätten, aber gleichzeitig nicht im Entferntesten an einen Unfall gedacht hatten und voller Zuversicht waren, dass sie wohlbehalten zurückkommen würde, wenn die Zeit dafür reif sei. Und so sei es ja nun auch gekommen, setzte Frederik mit einem liebevollen Blick auf seine Tochter hinzu. In der Gedankenwelt des Polizisten, geprägt von ständiger Erreichbarkeit und Kontrolle, war dies nur schwer nachvollziehbar. Die Anwältin empfand diese Annahmen als sehr leichtfertig, während Dr. Domas das Vertrauen in Arina und den „Lauf der Dinge", die sich darin spiegelten, durchaus bemerkenswert fand.

Durch die anwesenden Gäste wurden an diesem Tag auch die Geschichten erzählt, wie die kleine Gemeinschaft gewachsen war: Tria war obdachlos, als Emma ihr auf einem Streifzug durch die Stadt begegnete. Nach einem Schicksalsschlag hatte sie Job, Wohnung und den Halt im Leben verloren und lebte seitdem auf der Straße. Sie hatte sich schon über längere Zeit erfolgreich gegen eine Abschiebung in ein Armenhaus gewehrt und versteckt, aber es war nur eine Frage der Zeit, bis sie erwischt werden würde, auch wenn sie die besten Wege durch die Stadt kannte, um von den Kameras nicht erfasst zu werden. Zunächst wollte sie nur ein paar Tage bei Emma und den anderen verbringen, aber dann wurden doch Jahre daraus. Hedwig hingegen war eine Waise, die Ole bei einer Wohltätigkeitsveranstaltung auffiel, weil sie kritische Fragen stellte und sich nicht so leicht vom Sicherheitspersonal einschüchtern ließ. Sie war nur wenige Jahre älter als Arina und die beiden verstanden sich auf Anhieb bestens, so dass sie ab diesem Zeitpunkt wie Schwestern aufwuchsen. Assam, das jüngste Mitglied der Gemeinschaft, war ebenfalls durch Ole hinzugekommen. Als er sich auf einer Reise zur indischen Produktionslinie befand, drückte ihm eine junge Mutter mit der Bitte, sich um ihn zu kümmern, ihr Neugeborenes in die Hand, bevor sie spurlos verschwand. In der Annahme, dass sie wiederkommen würde und da er den Säugling nicht in einem Waisenhaus abgeben wollte – wusste er doch um die Schwierigkeiten, die dies für die Zusammenführung mit seiner Mutter bedeuten würde – kümmerte er sich um ihn. Seine Suche nach der Mutter blieb erfolglos, so dass Ole den Säugling nach ein paar Wochen ebenfalls einfach bei seiner Familie auf dem Anwesen unterbrachte. Die Gemeinschaft hatte alles, was sie so brauchte auf dem Anwesen und versorgte sich nicht nur selbst, sondern vermisste auch nichts, weshalb das Abschotten von der Gesellschaft sich für sie nicht als Entbehrung darstellte. Es wurde zunehmend unwichtig, was draußen passierte, denn ihr Leben spielte sich hier ab.

Nach ihrer Rückkehr reichte Arina die kleine, eingeschworene, geschlossene Gemeinschaft nicht mehr. Sie hatte schließlich neue Freunde gefunden, die einen Platz in ihrem Leben einnahmen. Wie sie es aus ihrer Gemeinschaft kannte, hatte Arina auch in der Gesellschaft ein Netzwerk an Freunden aufgebaut. Es dauerte nicht lange, bis Rosie, Agnes, Graciella, Viktor, Sascha, Raphael, Evelyn, Amir, Marta und Doro auf das Anwesen eingeladen wurden, um Arinas Freunde und Familie kennenzulernen. Marta und Frederik tauschten sich beglückt über Pflanzen aus und fanden in Sascha eine begeisterte Zuhörerin. Viktor erzählte von seinem Filmprojekt und freute sich über den Austausch mit Assam und Tia, die seinen Erläuterungen vom Filmgeschäft gespannt lauschten. Sascha und Tia kamen über die gereichten Speisen zu einem intensiven Rezepte-Austausch, während Arina und Graciella die Gelegenheit hatten, in Ruhe über ihren Streit und Armands Rolle in Graciellas Leben zu sprechen. Frederik forderte Rosie beim Schachspiel heraus, das sie mit Leichtigkeit gewann. Graciella verstand sich auf Anhieb mit Amir und Evelyn und fanden gemeinsamen Gesprächsstoff in den Herausforderungen der Geschäftsführung, aber auch gemeinsam mit Arina, Raphael und Hedwig überlegten, wie die Unternehmen Veränderung in der Gesellschaft herbeiführen könnten. Agnes blühte in der Gesellschaft richtig auf und ließ sich von Assam die Schafe und Wollverarbeitung zeigen, der wiederum begeistert ihren Fluggeschichten zuhörte. Doro Domas unterhielt sich mal hier und mal da, war sehr still und sehr zufrieden. So geborgen wie in dieser Runde und an diesem Ort hatte sie sich lange nicht gefühlt. Gemeinsamkeiten und Anknüpfungspunkte wurden gefunden, Ideen ausgetauscht, Pläne geschmiedet und die beiden Netzwerke Arinas verschmolzen zu einer größeren Gemeinschaft.

Die Tatsache, dass es außerhalb der Mauern des Anwesens auch Menschen gab, die ebenfalls auf der Suche nach Freundschaft und Sinnhaftigkeit waren, machte allen deutlich, dass ein Rückzug keine Lösung war. Eine

Insel/ein sicheres Zuhause zu haben, ist ohne Zweifel wichtig, aber ohne Kontakte nach außen und ohne Veränderung der Gesellschaft, wäre auch diese Insel irgendwann dem Untergang geweiht. Und nach allem, was Arina in der Stadt erlebt hatte, schien dieser gesellschaftliche Untergang durchaus in Sichtweite. Aber wer etwas Schreckliches kommen sieht, kann – und sollte – agieren und genau das tat sie!

Es war ihr schon recht bald klar geworden, dass sie diese Erbschaft nicht wirklich ausschlagen konnte, denn das wäre egoistisch gewesen. Mit Ablehnung des Erbes hätte sie zwar ihre Ruhe gehabt, aber sich auch vor der Verantwortung gedrückt und letztlich das zerstört, was ihr Großvater in seiner Firma aufgebaut hatte. Ganz davon abgesehen, dass die kleine Gemeinschaft dann auch diesen Rückzugsort, also ihr Zuhause, verloren hätte – denn natürlich war das Anwesen Teil der Erbmasse und wäre ebenfalls in das Eigentum ihrer Verwandten übergegangen. Durch die Annahme der Erbschaft waren ihr hingegen die nötigen Mittel und Möglichkeiten gegeben, um ihr Zuhause sowie das Firmenerbe zu erhalten und gleichzeitig gesellschaftliche Veränderungen anzustoßen - was sie, unterstützt von ihren Freunden, tat. Sie hatte erkannt: Nicht Rückzug war die Lösung, sondern ein aufeinander zugehen.

Für die Firma und die Gesellschaft als Ganzes richtete sie das Augenmerk besonders auf die Kinder, was freilich eine Maßnahme von mittelfristiger Wirkung war: Die Villen an den Firmenstandorten wurden entweder verkauft oder in

Kindergärten/Schulen umgewandelt, welche zunächst für die Kinder der Mitarbeitenden geöffnet wurden. Es wurde hier nicht mehr am Smartable unterrichtet, sondern die Kinder lernten gemeinsam in einem Raum oder draußen im Garten und alle Inhalte hatten wirklich mit dem Leben zu tun: Gärten, Teiche, Felder, Tiere, Bibliotheken und Labore gehörten zur notwendigen Ausstattung, so dass den Kindern Wissen spannend und anschaulich vermittelt werden konnte, während sie zwischendurch herumrennen oder miteinander spielen und so kommunizieren sowie soziales Verhalten lernen konnten. Da es keine ausgebildeten Lehrenden gab, wurden Menschen gesucht – und gefunden – die Freude daran hatten, ihr Wissen den Kindern weiterzugeben. Die Kinder lernten aktiv etwas zu tun, statt sich berieseln zu lassen. Informationen kritisch zu hinterfragen, statt Antworten der Smartable als einzige mögliche Wahrheit zu akzeptieren. Sie lernten wieder Regeln, Kompromisse und ein Miteinander kennen, statt sich vor lauter Smartable gegenseitig nicht einmal zu bemerken. Das Interesse an dieser neuen – aber ja eigentlich alten – Form der Schule war so groß, dass bald schon weitere Kinder aufgenommen wurden und das Konzept eine Reform des Schulwesens in Gang brachte. Jedes Kind hatte damit wirklich die Chance, die beste Version von sich selbst zu werden und sein Potential zu entfalten, da keine PI darüber entschied, welche Entwicklungsmöglichkeiten es hatte.

Die Insel im Pazifik wurde zum Naturreservat erklärt und war einer der ersten Orte, an denen die Natur wieder ganz sich selbst überlassen blieb und ihr eigenes natürliches

Gleichgewicht entwickeln konnte. Armand wurde mit einer neuen Biografie von Olaf Solbach beauftragt, in der auch die Gemeinschaft, ihre Vorstellung und ihre Lebensweise einen wichtigen Platz einnahmen. Was eOUSO anging, so wurden die Mitarbeitenden zu Miteigentümern gemacht, um die Gemeinschaft und das Verantwortungsgefühl zu steigern, während Amir Essa den Vorstandsvorsitz behielt, so wie es im Konzept Oles vorgesehen war. Arina lebte ein friedliches Leben, so wie sie es sich gewünscht hatte, aber im Bewusstsein, dass gesellschaftliche Veränderung bei jedem selbst beginnt. So wurde sie, auch durch Graciellas Unterstützung, zu einer bedeutenden Figur in den sozialen Medien, die sich gegen Oberflächlichkeit, Wegwerfmentalität sowie Egoismus, für Menschlichkeit, Achtsamkeit und Wertschätzung einsetzte.

Ende ...

aber eher ein Anfang!

Dank

Mein großer Dank gilt besonders Katja und Geli, die mein Manuskript geduldig mehrfach gelesen und mit Korrekturen und unendlich wertvollen Anregungen bereichert haben! Auch Christiane und Melanie gebührt dieser Dank! Alle doch noch vorhandenen Fehler im Text sind einzig und allein mir zuzuschreiben.

Bei der Umschlaggestaltung haben mir Petra und Heiko beigestanden und so ist in gemeinsamer Arbeit ein wirklich passendes Cover entstanden.

Die Veröffentlichung auf meinem Blog während des Schreibprozesses hat mich sehr motiviert und die Rückmeldungen beflügelt und gestärkt! Ich danke allen fürs Lesen, dabei bleiben und das wundervolle Feedback!

Dieses Buch ist auch ein Andenken an die wiederholten Gespräche mit Peter über den Werteverlust unserer Gesellschaft. Ich denke, ihm hätte dieses Buch gefallen.

Zur Autorin

Cora G. Molloy, geboren 1968, wuchs in einem Elternhaus mit vielen Büchern auf. Kein Wunder, dass Bücher, Lesen und Worte zu ihren Leidenschaften gehören. Schon früh verfasste sie Gedichte und erfand Geschichten. In allen Lebensphasen schrieb sie: Tagebuch, Briefe, Aufsätze, Buchrezensionen, Gedichte und Geschichten. „Die wertlose Gesellschaft" ist ihr dritter Gedankenroman. 2017 erschien „Unglaublich, Stina" und 2019 „So ist das Leben einfach".

Auf ihrem Blog https://coraschreibt.wordpress.com/ finden sich zahlreiche Gedichte und Geschichten. Dort hat sie auch 2023 während des Schreibens in wöchentlichen Beiträgen die Rohfassung von „Die wertlose Gesellschaft" veröffentlicht.

Sie lebt im Rheinland, wo sie als Bibliothekarin arbeitet, aber auch als Entspannungscoach tätig ist.